中文社会科学引文索引
（CSSCI）来源集刊

JOURNAL
OF
MODERN
CHINESE HISTORY

华中师范大学中国近代史研究所 主办

近代史学刊

第18辑

马敏 主编

社会科学文献出版社
SOCIAL SCIENCES ACADEMIC PRESS (CHINA)

本刊编委会

主　编　马　敏
委　员　(按姓氏笔画排列)
　　　　马　敏　华中师范大学中国近代史研究所
　　　　王奇生　北京大学历史学系
　　　　王　笛　澳门大学历史学系
　　　　石川祯浩　日本京都大学人文科学研究所
　　　　朱　英　华中师范大学中国近代史研究所
　　　　刘　宏　新加坡南洋理工大学人文与社会科学院
　　　　刘　迅　美国罗格斯大学历史系
　　　　村田雄二郎　日本东京大学大学院综合文化研究科
　　　　李培德　香港大学经济与工商管理学院
　　　　郑成林　华中师范大学中国近代史研究所
　　　　罗威廉 (William T. Rowe)　美国霍普金斯大学历史系
　　　　章　清　复旦大学历史学系
　　　　渡边佑子　日本明治学院大学教养教育中心
　　　　彭南生　华中师范大学中国近代史研究所
　　　　虞和平　中国社会科学院近代史研究所

本期执行编辑　郑成林

目 录

· 中国近代大学与社会 ·

主持人语 ·· 章 清 / 1
职位之谜与负谤之痛：柳诒徵在东南大学的进退
　（1916—1925） ····································· 牛 力 / 2
"派系撕裂校园"：暨南大学驱长风潮研究
　（1933—1934） ···································· 陈 岭 / 20

· 近代中国宗教社会史 ·

主持人语 ·· 刘 迅 / 43
从管理寺庙到监督寺庙
　——民国时期宗教立法观念的转变 ············· 何建明 / 45
清末陕西沔县武侯祠的管理纠纷
　——地方儒生与全真道士从合作到冲突的个案分析········ 尹志华 / 57

· 专题研究 ·

从边陲到圣地："延安"政治象征符号的构建 ············· 尹 倩 / 68
世事难料：陈克文日记所见之抗战 ························ 洪富忠 / 82
搁浅的富国梦
　——甲午战后清政府主导的第二轮开矿高潮
　（1895—1899） ···································· 张海荣 / 99

自由制与包商制：1920年代广东盐税征收制度的嬗变 …… 于　广 / 135
从神光寺事件看徐继畬与林则徐对西方的认识差异 ……… 尹素敏 / 152

· 书　评 ·

胡适早期生命史的解构与重构
　　——评江勇振著《舍我其谁：胡适（第一部　璞玉成璧，
　　1891—1917）》…………………………………… 张少鹏 / 174

· 学术综述 ·

近代湖北财政史研究述评 …………………………… 罗　凯 / 214

· 会议综述 ·

"大学与近代中国学术研讨会"综述 ………………… 李建国 / 241
第二届"新革命史工作坊"会议综述 ………………… 彭　晗 / 249

Table of Contents ……………………………………………… 258

稿　约 ……………………………………………………………… 263

中国近代大学与社会

主持人语（章清）

继"中国近代大学与社会"（一）之后，《近代史学刊》再辟专栏，为"中国近代大学与社会"（二）。这既表明华中师范大学中国近代史研究所组织的重大课题"中国近代大学通史"已吸纳更多年轻学者加入其中，同时也意味着围绕近代大学与社会，确实还有不少问题有待深入检讨。

本期所收两篇专论，系以东南大学、暨南大学为个案，并大致围绕近代中国大学的"学术生态"与"政治生态"，检讨大学治理面临的困境和抉择。每所大学有每所大学的"故事"，以个案研究的方式展示大学的"学术""政治"生态，无疑有助于更好把握近代中国大学的成长，自是值得鼓励的研究。

牛力的专论《职位之谜与负谤之痛：柳诒徵在东南大学的进退（1916—1925）》，审视的是柳诒徵在东南大学的进退。柳之于东南大学，算得上标志性的人物，然在该校以西洋学理改造传统学科的学术转向中，缘于人事的纠葛和办学理念的差异，柳诒徵与郭秉文校长所代表的校方管理层渐行渐远。柳倡言改进校务，并成为校内"倒郭"力量的重要代表，但最终的结局却是其不得不远走关外。陈岭《"派系撕裂校园"：暨南大学驱长风潮研究（1933—1934）》一文，分析的则是发生在暨南大学的由政治力量所主导的驱长风潮。风潮涉及多方力量的博弈，既有学生、校长、教职员、校友等暨大内部群体，也牵涉地方政府、中央高层。追求自主办学且尚能与派系力量一较短长的校长郑洪年的离职，也导致派系势力对暨大的全面渗入。此亦可见斯时的大学校长在校内外种种力量掣肘下办学之艰难，更可窥见国家权力干预下近代大学治理的隐痛。

职位之谜与负谤之痛：柳诒徵在东南大学的进退（1916—1925）

牛 力

内容提要 柳诒徵是民国时期东南大学的知名教授，备受学生拥戴。但在大学的权力格局中，他却有着迥乎不同的境遇。柳诒徵曾任南京高等师范学校国文史地部主任，但在学校以西洋学理改造传统学科的学术转向中去职。基于人事的纠葛和办学理念的差异，柳诒徵与学校管理层渐行渐远。他先后两次拒任东南大学史学系主任，并倡言改进校务，成为校内"倒郭"力量的重要代表。易长风潮中的柳诒徵，因被师生指责为"汉奸"，最终远走关外。柳诒徵在东南大学的进退沉浮，是校园权力格局转变的缩影，并体现着大学治理面临的困境和抉择。

关键词 柳诒徵 东南大学 徐则陵 易长风潮

柳诒徵是民国时期"南高学派"的领军人物。从 1916 年来到南京高等师范学校，到 1925 年离开东南大学，他在南高、东大[①]任教近十载，在师生中有着广泛影响。与柳共事东大且私交甚笃的吴宓后来评价说："南京高师校之成绩、学风、声誉，全由柳先生一人多年培植之功。"[②] 南高旧友胡先骕也指出，其门下弟子"多能卓然自立"，时有"柳门"之誉。[③] 1923 年 5 月，东大校内传闻柳氏将于暑假后辞职，文史地部学生 65 人联名致函校长郭秉文，力陈"柳先生任职本校多历年所，学博而识卓，行高而言蔼，使生等得窥门径"，"本校史学一系，遂炳焉有声"，恳请校方"留此明师，

[①] 南京高等师范学校（1915—1923）和东南大学（1921—1927）在历史演进中有数年重叠，而实为一体。本文因行文和称呼之便，除需要特别指称为南京高师之处外，以东南大学称之。

[②] 《吴宓自编年谱》，三联书店，1995，第 228 页。

[③] 《胡先骕文存》上册，江西高校出版社，1995，第 513 页。

以慰来学"。① 足见其在学生中的影响力。但是,在1925年东大易长风潮中,柳氏却成为校内"倒郭派"的骨干力量。最终因受师生指责,不得不"负重谤"远走关外。这一转变,对柳诒徵个人的人生历程有着重要影响,也让后来者难以理解其间的曲折和隐情。

关于东南大学时期柳诒徵的研究,多集中在其史学和文化思想上,对和他关系密切的《学衡》《史地学报》以及东南学术圈,历来为研究者所关注。② 但对于柳氏置身其间的大学场域,尤其是他任职的南高国文史地部和东大史学系,其间的人事脉络、学术取向,以及他在校园政治中的处境,都缺少深入细密的考察。大学场域对柳氏人生境遇的影响,也未引起足够的重视。甚至一些基本的史实(如柳诒徵的职位问题),尚待进一步明晰。因缺乏对于校园权力格局和文化环境的观照,难以呈现柳诒徵在大学学术发展、人脉交往和校务管理等方面的复杂面相。柳氏从备受拥戴的"明师"到被迫远走关外的境遇,也因此让人颇费思量。有鉴于此,本文将围绕南高国文史地部和东大史学系主任职务的更替,考察柳诒徵在东大权力格局中的境遇,理解其言说、立场和行为;并通过柳诒徵的进与退,来呈现东南大学的学术取向、理念冲突和校园文化。

一 职位之谜

柳诒徵在东大的职位是个常被人道及却语焉不详的谜题。数十年后,吴宓在回忆中说:"东南大学之教授人才,亦以柳先生博雅宏通,为第一人。而乃取消柳先生多年连任之史地部主任及历史系主任,使屈居徐则陵之下,此刘伯明之过,而东南大学之羞也!"③ 同样关注此事的还有海峡彼岸的郭廷以,郭曾在东大历史系读书,他在晚年自述中说:"徐先生离开历

---

① 《高师文史地部学生致郭秉文函》(1923年5月),中国第二历史档案馆藏国立中央大学档案(以下简称"中大档"),全宗号648,卷宗号332,第76页。
② 关于柳诒徵的研究,虽然近年来逐渐增多,但与其南高学派的领袖地位仍不相称。2002年上海书店出版社出版的《劬堂学记》,是对此前研究的一次总结。近年来关于柳诒徵的研究,多集中在其史学和文化思想和以柳氏为中心的东南学术圈上,其中以沈卫威、范红霞、吴宗良、陈宝云等人的研究为代表。主要有范红霞《柳诒徵文化思想研究》,人民出版社,2010;沈卫威:《学衡派谱系》,江西教育出版社,2007;陈宝云:《学术与国家:史地学报及其学人群研究》,安徽教育出版社,2010;吴忠良:《柳诒徵与东南大学易长风潮》,《东方论坛》2013年第2期。
③ 《吴宓自编年谱》,第228页。

史系后系主任不给柳先生,始终虚悬者,柳先生很不愉快。"① 吴、郭两代人数十年后的回忆,内容或有错漏,但都指向于此。尤其是徐则陵和柳诒徵的矛盾,不仅老师辈的吴宓看在眼里,连学生辈的郭廷以也是念念不忘,不能不说此事在师生中印象之深刻。

对此问题,柳诒徵在简短的自传中一字未提。柳氏后人所作"柳诒徵年谱简编"也没有交代。② 门下弟子如张其昀、陈训慈等在回忆中也所言甚少。1919年进入南高读书的张其昀就认为,当时的文科主任为刘伯明,柳诒徵仅任"国文历史教授"。③ 以张其昀与柳诒徵的关系,他并无隐瞒的必要。之所以如此说,可见他对于此事之印象,也代表了当时众人的观感。张的说法在郭秉文纪念刘伯明的文章中得到了呼应。郭提到,"民国八年,君(指刘伯明——引者注)遂辞金陵大学教席,专任高师训育主任及文史地部主任"。④ 此文作于1924年初,回忆当更为准确。两相对照,此事似已成定论。而吴宓所言"取消柳先生多年连任之史地部主任及历史系主任"一事,或为误记。吴宓来到东大是在1921年9月。当时国文史地部主任一职,自1920年9月以来一直由刘伯明担任,多处文献已有明确交代。东大于1921年9月开校,史学系旋即成立,首任主任由徐则陵担任(后详)。吴宓所言与事实多有出入。但作为后来者的吴宓既然要为柳诒徵打抱不平,也没有无中生有的必要。显然他了解到在自己来校前的南高时期,柳诒徵曾在校内身居高位,即所指国文史地部主任一职。以二人的交谊,了解此事当不困难。⑤ 对此问题,兹有进一步辨析的必要。

南高文史地部的发展,可以1919年分为前后两个时期,此前称为国文部。1919年南高呈请将国文部改为国文史地部,但部下并不分系。柳诒徵若担任主任,非历史系主任,只能是国文史地部主任。据记载,在1917学年⑥国文部主任为王伯沆。⑦ 而在1920学年,国文史地部主任已由刘伯明出任,并一直到1923年南高并入东大(张其昀和郭秉文的上述论说,当与刘

---

① 张朋园等整理《郭廷以口述自传》,中国大百科全书出版社,2009,第95页。
② 柳曾符、柳佳编《劬堂学记》,上海书店出版社,2002,第352页。
③ 柳曾符、柳佳编《劬堂学记》,第112页。
④ 郭秉文:《刘伯明先生事略》,《学衡》第26期,1924年2月。
⑤ 吴宓在1924年赴东北大学任教后,曾作《书上柳翼谋先生》诗,其中描述二人关系"平生风义兼师友,三载追陪受益多"。其在东南大学时期的交谊,可见一斑。
⑥ 这里所谓的学年,指从当年7月至翌年6月。下同。
⑦ 《南京高等师范学校职教员一览表》(1917年9月),中大档,全宗号648,卷宗号49,第57页。

伯明长期担任国文史地部主任职务有关）。如果柳诒徵曾任该职，只能在1918或1919学年。细加考辨，在1919年国文部改为国文史地部后，主任一职正是由柳诒徵担任。

其一是南高校务会议的记录。1919年9月，郭秉文重组校务会议，由各部科（当时南高设两部、六专修科）分别选派两名代表出席。一名为当然代表，由部科处主任担任；另一名则由部科推举产生。根据1919年度的南高校务会议名单，国文史地部代表为柳诒徵和王伯沆。在一份标明《校务会议代表》的文件中，列举了当年由部科推举产生的代表，其中国文史地部代表为王伯沆。① 可以推断，柳诒徵是以当然代表的身份参加校务会议，正因其国文史地部的主任身份。

其二是个人薪金的变化。同样以王、柳二人做比较。1918年，两人的薪水都为180元。但1919年，柳诒徵的薪金突然增加到220元，而王则为200元。更为诡异的是，1920年，柳诒徵的薪金降到200元，这在当年全校可谓绝无仅有。对比同时期的刘伯明和数理化部主任张子高薪水的变化，更能明白其中缘由。刘伯明在1919年因出任学监主任，薪水增至160元。1920年因出任校长办公室副主任和国文史地部主任，薪水更陡增至250元。张子高在1918年出任数理化部主任后薪水便达到200元，1919年更因兼任附中主任增至240元，此后也有增无减。对于柳诒徵薪水增降的合理解释是：1919年，柳诒徵因担任国义史地部主任职务，而额外加薪40元；1920年刘伯明接任主任后，柳又变回原薪（见表1）。

表1　1917—1920年南京高师部分人员月薪变化情况

单位：元

姓名	1917	1918	1919	1920
王伯沆	180	180	200	200
柳诒徵	160	180	220	200
刘伯明	80	100	160	250
张子高	160	200	240	250

资料来源：根据《1917—1920年各年度南京高师教员一览表》制作，见中大档，全宗号648，卷宗号49。

---

① 《校务会议代表》（1919年10月），中大档，全宗号648，卷宗号29。之所以认为这份名单为部科推举代表，因为在此表所列代表中都没有出现各部科主任。在当时，除国文史地部外，各部科主任都有据可查。

其三是该学年校内的公函往来中，国文史地部诸多事务，都是由柳诒徵处理。如1920年5月，学校致函各部科主任"催交本科三年级生研究问题"，并列的寄发名单中均为各部科主任，其中国文史地部便是写给柳诒徵。① 1920年5月28日，郭秉文给柳诒徵的信中写道："文史地部三年生学行成绩等第，介绍部因介绍学生，急须参考，请烦即行评定交下，无任祷盼。再文史地部计划及试题、研究题均已阅过。兹特奉还。"② 可见，柳诒徵不仅要给国文史地部的毕业生评定学行成绩，而且负责拟定该部的发展计划，这些都是主任的职责所在。

这说明在1919年国文史地部成立后，柳诒徵曾出任该部首任主任。吴宓所言，并非空穴来风。至于1918年度国文部主任是否也为柳诒徵，缺少直接的证据支持。考虑到多人对柳氏国文史地部主任职务的忽视，其任期当较为短暂。若连续两年主持该部，应很难不被提及。但让人费解的是，在南高编制的1919年度教员一览中，对其他科部主任（如张子高为"数学理化部主任教员"、邹秉文为"农业科主任"、杨杏佛为"商科主任"等）都明确注明其职务，唯对柳诒徵仅称为"国文历史教授"（与张其昀所说一致），而不称主任职。③ 笔者起初认为，可能是柳诒徵主任职务仅为代理性质，以教授身份主持部务，虽有主任之实，而无主任之名。代理主任之设在当时南高也并非个例。1920年工科主任贺懋庆辞职后，郭秉文便请工科教授涂羽卿代理。涂羽卿不仅享受主任薪金，也以当然代表身份入选校务会议，并负责处理工科各项事务。④ 笔者翻阅1920年南高教职员一览表时，也明确注明了涂羽卿系代理主任职务。柳诒徵若曾为代理主任，理当注明，不应厚此而薄彼，校方编写的教职员一览表显然并非故意遗漏。柳诒徵虽然代行主任职务，但应该没有被正式聘为主任或代理主任（像涂羽卿那样）。

在柳诒徵的职位问题上，存在一些难以明辨的史实，但至少有两个较明确的推论。第一，在1919学年，柳诒徵实际上担负着国文史地部主任的职责。第二，柳诒徵虽有主任之实，却无主任之名。这种有实无名的主任身份，造成了诸多歧义和费解之处，郭秉文、张其昀、吴宓等人看似矛盾

---

① 《致各部科主任函》（1920年5月26日），中大档，全宗号648，卷宗号84，第6页。
② 《郭秉文致柳诒徵函催评定文史地部学生成绩》（1920年5月28日），中大档，全宗号648，卷宗号84，第9页。
③ 《南京高等师范学校教员一览表》（1919年），中大档，全宗号648，卷宗号49，第98页。
④ 《郭秉文致涂羽卿函》（1920年8月17日），中大档，全宗号648，卷宗号47，第188页。

的论说，或正源于此。校方不给名分的做法，显然认为柳诒徵并不是国文史地部主任的理想人选，在某种程度上昭示着"以待贤者"的过渡色彩。1920年夏，刘伯明出任国文史地部主任，校方或早有安排。这种变动对柳诒徵而言，也应不在预料之外。

二 国文史地部的学术取向

问题在于，对于已经在南高执教近五载的柳诒徵，学校为何又执意弃而不用？柳氏为何也能很坦然接受这一人事安排并仍留校任教呢？① 显然这不是刘、柳二人的个人恩怨，也与更广泛的政局变动无涉。柳诒徵和刘伯明的这次更替，应从国文史地部乃至南高内在的发展脉络理解。

从最直接的原因看，柳诒徵的去职与教育部视察国文史地部办学不无关系。1919年初南高呈请改国文史地部时，教育部曾有"遽改为国文史地部，恐贻名实不符之诮"的指令，希望对在读学生，能改定课程，以便名实相符。② 于是，1919年12月，南高以该部"业照改定课程表实行教授"，呈请在来年毕业时，由教育部派员监试。如所授课业确能合格，仍请准予更名为国文史地部毕业。③ 翌年5月，教育部派视学钱家治来校监试。但钱在回京后给教育部的报告中，对该部办学评价不高，称"检阅该部学生研究报告，虽多偏而不全之作，大致尚斐然可观。惟关于地理一科，研究者独少"，学生研究报告"多东鳞西爪，抄袭成文，鲜有心得"。以至于6月26日教育部训令南高，"只准改为国文历史部毕业。若必欲加入地理名称，应由该校将地理科中教授未竣之各目，展期补习，俾归完善，再行报部备核"。④ 南高在改称国文史地部上的再度挫折，署理部务的柳诒徵应负有责任，也印证了校方认为柳诒徵并非主任理想人选的判断。

抛开事件本身，课程设置在当时实为学校办学的重点。而课程的好坏又和师资的优劣密切相关。1919年秋国文史地部开设的三年级课程中，备受钱家治诟病的地理类课程仅有童世亨开设的"地理"一门，每周授课时

---

① 1920年夏的南高，还有商科主任杨杏佛和工科主任贺懋庆的请辞。最终杨杏佛被郭秉文婉言慰留，而贺则离校而去。唯独柳诒徵继续留校任教。
② 《教育部指令第379号》（1919年3月26日），中大档，全宗号648，卷宗号24，第51页。
③ 《南京高师呈教育部文》（1919年12月26日），中大档，全宗号648，卷宗号64，第161页。
④ 《教育部指令第500号》（1920年6月26日），中大档，全宗号648，卷宗号64，第173页。

间竟多达9学时。① 这样改定课程"恶补"的结果可想而知,受到批评自在情理之中。1920年秋,南高又将在全校推行选科制,教员何处来,学程如何开,对国文史地部的发展无疑提出了更高要求。

南高创立初年,国文占据着重要地位。1915年南高开校时,除招收国文部和理化部各一班,还专门招有国文专修科一班。国文部创立之初,立足于培养中学国文教员。"以发扬国光,振兴文学为职志。教授科目,悉遵部章,储中学之师资,应各省之需要。"② 当时的校长江谦将国文视为"科学之根本",认为"教科中之最要者,厥为国文"。③ 学监主任陈容、国文部主任王伯沆,以及后来的柳诒徵都是传统经学出身。但1917年后,随着留美学生开始返国任教,尤其是1918年中国科学社将总部从美国迁至南高校园后,大批接受现代学术训练的留学生进入南高,并成为教授群体的主流。学校在国文部和理化部外,相继增设体育、工艺、商业、农业、教育和英文六个专修科,各科主任均由留美学生或外籍教员出任。④ 强调吸收学理新知,推动学科和课程的革新,一时蔚为风气。以至于教育部在1919年都认为:"该校职教各员,多经留学欧美,学有专长。校内一切用最新式组织,条理井然,循此精进,不难蒸蒸日上。"⑤

国文史地部却是另一番光景。1919年该部教员中除刘伯明外,无一人有西洋留学背景,而且年龄偏大,这和其他科部的蒸蒸日上形成了鲜明对比。1919年,南高新聘教员中有11名留美学生,但其中无一人进入国文史地部。⑥ 在学校整体的趋新氛围下,国文史地部的教员队伍显得陈旧、老化(见表2)。如何通过引入具有西洋学术背景的年轻学者,改革该部师资和课程状况,成为当时以郭秉文和刘伯明为首的学校管理层的重要考虑。

---

① 《文史地部三年级每周上课时间表》(1919年9月),中大档,全宗号648,卷宗号29,第36页。
② 《更改国文部为国文史地部理由说明》(1919年),中大档,全宗号648,卷宗号24,第43页。
③ 《江易园先生讲演国文教育之根本》,《教育研究》第24期,1915年。
④ 当时南高数理化部主任张子高为麻省理工大学学士,农科主任邹秉文为康奈尔大学学士,工科主任贺懋庆为麻省理工大学学士,教育科主任陶行知肄业于哥伦比亚大学师范科,商科主任杨杏佛为哈佛大学商科硕士,英文科主任张士一为哥伦比亚大学硕士,体育科主任绕冰斯为美籍教员。
⑤ 《南大百年实录》编辑组:《南大百年实录》上卷,南京大学出版社,2002,第65页。
⑥ 这11人分别为杨杏佛、陈鹤琴、何鲁、廖世承、孙洪芬、涂羽卿、王伯秋、张士一、胡步曾、汪德章和美籍教员绕冰斯。

职位之谜与负谤之痛：柳诒徵在东南大学的进退（1916—1925）

表 2　1919 年秋季南高国文史地部主要教员情况

姓名	出生年份	担任课程	周课时	经历
柳诒徵	1879	国文、历史	8	江南高等学堂教员，两江师范学堂教员，明德大学教员，镇江中学校长
王伯沆	1871	国文	12	南京图书馆编辑员
顾实	1878	国文	12	日本大学法科毕业，江苏第二、第三师范教员，广东优级师范教员
刘伯明	1887	伦理学、哲学、语言学、论理学	11	美国西北大学哲学博士，金陵大学哲学社会学教员
童世亨	1883	地理	9	江苏省立第一工业学校校长，上海商务印书馆地图部主任

资料来源：《南京高等师范学校教员一览表》（1919 年），中大档，全宗号 648，卷宗号 49，第 98—104 页。

正是在这种背景下，郭秉文于 1920 年 1 月致函新文化运动的旗手胡适和新教育的倡导者蒋梦麟，请为国文史地部介绍一位"精通中西文学者为教授"。① 同样在 1920 年春间，刘伯明函请当时尚在哥伦比亚大学孟禄门下攻读博士的徐则陵，因"校中急需用人"，希望尽快返校任教。徐在回信中称，若"以历史人种学教授相托，鄙意以为最好宽我一年归期。得将该两科教授上需用品（如幻灯片，史用地图及人种学图型等）从容采集，以备教授上应用。使往古现实引起学者奥味，实行改良历史教授法，为教育界别树一帜"。②"别树一帜"的提法，表达了对于国内历史教学的不满，以及改良课程和教学方法的意愿，这正契合了南高当时的需求。在此前，国文史地部的西洋史和教育史课程，只能请教育科的姜琦和商科的朱进兼任。③ 1920 年 4 月，郭秉文又写信给徐则陵，并汇美金六百元为其购置书籍和回国旅费之用。郭在信中表达了刻不容缓的急切姿态："校中历史及教育史两科，下学年必须请先生担任。"④

南高当年在聘任姚明辉一事上的曲折，更能说明学校的风气和取向。1920 年 2 月春假期间，江苏省教育会副会长黄炎培曾致函郭秉文，介绍精

---

① 《郭秉文致胡适、蒋梦麟函》（1920 年 1 月 27 日），中大档，全宗号 648，卷宗号 46，第 69 页。
② 《徐则陵至郭秉文函》（1920 年 2 月 27 日），中大档，全宗号 648，卷宗号 46，第 203 页。
③ 《文史地部三年级每周上课时间表》（1919 年 9 月），中大档，全宗号 648，卷宗号 29，第 36 页。
④ 《郭秉文复徐则陵函》（1920 年 4 月 24 日），中大档，全宗号 648，卷宗号 46，第 205 页。

于经学和地理的姚明辉为南高教员。姚氏和柳诒徵都曾在清末担任两江师范学堂（该校为南京高师的前身——引者注）教员。但在新文化运动时期，姚氏守旧的文化态度备受新派批评。1919年《新青年》刊登了姚明辉的《三从说》和《妇顺说》，被钱玄同冷嘲热讽。① 黄炎培为打消郭的顾虑，在信中特别强调姚氏"近来极倾向于新的方面"。② 虽有黄的举荐，郭秉文对此事仍多有保留，乃以"现在校中是否需要，尚难确定，容稍缓再商"。③ 实际上就在九天前，郭秉文还请胡适和蒋梦麟为国文史地部物色精通中西文学之教员。在郭看来，"守旧"的姚明辉无论"倾向于新"到何种程度，可能都难符合南高校园的趋新需要。当年7月，因地理教员童世亨离任，黄炎培再提前议。郭秉文仍以"经济异常困难"为由，婉言谢绝。在1920年7月写给黄炎培的信中，郭秉文道出了真正原因。"姚君事，除经济问题外，尚有三因。一、学生方面表示不甚满意，二、教职员方面重要分子极力反对，三、杂志中新言论家曾有文字攻击。弟于前二因曾设法疏通，未有好果。故为慎重校务计，特决从缓聘。"④ 可见，姚明辉的守旧色彩，在当时便受到校内师生的抵制。虽不知教职员骨干分子所指为何，但足以表明在南高校内有一股强大的趋新势力，并主导着学校的校务和学风。⑤

在1920学年开始之时，国文史地部悄无声息中进行了一场大换血。首先，由更为年轻、更通晓西洋学理的刘伯明出任该部主任。在文学上，因刘伯明的召唤，曾留学哈佛大学的梅光迪从南开转投南高，并由此为学衡派的崛起打下基础。在史学领域，徐则陵放弃了攻读博士学位的机会，毅然回校任历史学教授，担负起"改造"历史教学的重任。在地理学方面，哈佛大学气象学博士竺可桢来校，填补了童世亨离职后的空缺。这次调整，不仅使国文史地部的队伍结构得以显著改善，其主导性的学术精神也在悄然发生变化。1920年刘伯明接手国文史地部之后，在该部宗旨中提出："本部旨在培养融贯中西学术之人才……使学者以西洋眼光及方法，观察及研究吾国固有学问。不泥于古，不迷于新。"⑥ 这种人才培养的理念与国文部

---

① 姚明辉：《妇顺说》，《新青年》第6卷第6号，1919年。
② 《黄炎培致郭秉文函》（1920年2月4日），中大档，全宗号648，卷宗号119，第185页。
③ 《郭秉文复黄炎培函》（1920年2月5日），中大档，全宗号648，卷宗号119，第186页。
④ 《郭秉文致黄任之函》（1920年7月31日），中大档，全宗号648，卷宗号47，第366页。
⑤ 1925年蒋维乔代理东大校长。在蒋的敦请下，姚明辉最终来到东南大学文科任教。前后对比，更凸显了1920年前后，留美学生群体对于学校校务的主导。
⑥ 《文史地部上年度概况》（1920年），中大档，全宗号648，卷宗号24，第136页。

职位之谜与负谤之痛：柳诒徵在东南大学的进退（1916—1925）

时期已迥然不同。实际上与后来《学衡》"昌明国粹，融化新知"的宗旨颇为一致。南高国文史地部1919级学生中名家辈出，被吴宓称为"空前而绝后"的一届。① 这与1920年教育部视学对该部毕业生的评价形成了鲜明对比。但其间隔，也不过数年而已。其间的变化，与1920年前后国文史地部教员结构调整、学程改订和学术精神的转变有着密切关系。柳诒徵和刘伯明的这次替代，应从这种大学学科发展和学术路径的转型中来理解。

三　柳诒徵与徐则陵

1921年9月东南大学成立，设文理、农、工、商、教育五科，其中在文理科下设史学系。当时教员中，柳诒徵和徐则陵分别担任中国史和西洋史教授。但史学系主任职务，并没有请曾主持高师国文史地部的柳诒徵担任，而是由徐则陵出任，也因此引发了前述吴宓和郭廷以的一番议论。直到1923年8月，因教育科主任陶行知离职，学校改请徐则陵出长教育科，史学系主任出现空缺。郭廷以认为学校"系主任不给柳先生，始终虚悬者"。但实际上，当时身为文理科主任并代理校务的刘伯明曾在1923年夏有意请柳诒徵出任史学系主任。因柳与吴宓交好，刘伯明还请吴宓前往"代劝柳先生担任历史系主任之职"。为此吴宓于9月8日"谒柳先生言之，柳先生意似可而语未可"。② 吴宓的这种描述可以理解为，柳诒徵内心是愿意就任的，口头上却说不愿意。面对这一模棱两可的态度，刘伯明没有坚请。此后的史学系主任也确实"始终虚悬"。

东大时期徐则陵和柳诒徵的矛盾可谓公开的秘密，连学生辈的郭廷以晚年都还记得二人"不大合得来"。作为史学系的两大柱石，柳、徐二人虽明争暗斗，但并未演化成公开冲突，后来对此问题也讳莫如深，让后来者对于其间的脉络难以把握。从后见之明来看，徐则陵的学术成就和影响都无法与柳诒徵相提并论。但在当时，徐则陵在东大校园的地位却在柳诒徵之上。

1920年，要"为教育界别树一帜"的徐则陵来到南高后，便被委以重任。当年，他在南高开设了普通教授法、西洋文化史和西洋教育史三门课程，③ 并

---

① 《吴宓自编年谱》，第224页。
② 《吴宓日记》，三联书店，1998，第253页。
③ 《南京高等师范学校教员一览表》（1920年），中大档，全宗号648，卷宗号49，第135页。

11

担任史地研究会西洋史和西洋教育史指导员。曾在芝加哥大学和哥伦比亚大学研究欧洲史和教育史的徐则陵，熟知新史学的理论与方法。他在《史地学报》等刊物上发表了多篇文章，致力于西洋史学理论和史学方法引进，对学生陈训慈、刘掞藜等人有很大影响。① 当时国文史地部学生主办的《史地学报》，呈现"预世界之流"学术气象，离不开徐则陵的引介之功。郭廷以在回忆中便称，他在治学方法上受徐则陵的影响很大。"他用中国的历史作例证来解释西洋的新史学方法，他精通西洋历史及研究方法，中国的学问也有根基，讲来融会贯通，使人倾服。"② 当时徐则陵开设的西洋史在校内"很有名"。后来因就任教育科主任，无法为史学系学生开设此课，多人以此为憾。③ 在1925年易长风潮后，因史学系教授乏人，徐则陵又回到该系开设西洋文化史。

更为重要的是，徐则陵回国后迅速成为校内一颗耀眼的新星，身居要职。1921年，徐则陵任史学系主任，并当选为东大评议会成员。1923年他担任教育科主任后，被郭秉文委任为行政委员会委员。而行政委员会作为大学行政之中枢，实为校务管理最为核心的机构。徐则陵受到如此优待，一方面因其西洋留学生的身份，且致力引进西洋晚近的史学和教育学理论和方法，与前述南高倡导以西洋新知推进学科改造的总体取向相一致；另一方面，在人脉的编织上，徐则陵与当时校内最具权势的郭秉文、陶行知、刘伯明等人私谊甚笃。徐则陵与陶行知、刘伯明曾为金陵大学的同学或同事。④ 徐在哥伦比亚大学师从孟禄研究教育史，与陶、郭有着相似的教育背景和研究领域，因此互相引为同调。郭秉文甚至以"中国的孟禄"相称，可见对其之倚重。徐则陵也能投桃报李，毅然放弃攻读博士学位，受邀任教南高，并迅速进入学校权力的核心层。在校外，东南大学与江苏教育会有着密切关系，并以教育科为平台深深介入江苏地方教育的建设和发展，徐则陵在其中承担了重要角色。1922年5月，江苏省曾请徐则陵出任省立六中校长，但为徐婉拒。⑤ 徐则陵后来又成为江苏省教育会会员，并在1924

---

① 赵永青、许文彦：《殊光自显不须催：徐养秋传》，南京大学出版社，2015，第69页。
② 张朋园等整理《郭廷以口述自传》，第94—95页。
③ 张朋园等整理《郭廷以口述自传》，第95页。
④ 刘伯明1923年病逝后，在12月13日举行的校内追悼会上，由徐则陵报告刘伯明的生平事迹，足见二人关系之密切。
⑤ 《复教育厅不允徐则陵为第六中学校长》（1922年5月23日），中大档，全宗号648，卷宗号625，第7页。

职位之谜与负谤之痛：柳诒徵在东南大学的进退（1916—1925）

年8月当选省教育会评议员。①

相比徐则陵的蒸蒸日上，柳诒徵显得黯然失色，也就是吴宓所谓"屈居于徐则陵之下"。1920年柳诒徵卸任国文史地部主任后，还以教授推举代表的身份担任南高校务会议委员。1921年3月，他在校务会议提出"请设国文特班案"，其本意"在罗致社会中于国文素有研究之人，使再研究最新之哲学、教育学等。以期更换其思想，使与近今世界思想接近"。② 但这一提案在会上遭到质疑，认为此举系"招致一般陈腐之人授以高师毕业证书"。该案最终没能通过。1921年东大成立后，柳诒徵除参加教授会或出版委员会活动外，很少参与校务，逐步淡出大学的管理层。之所以如此，固然是不在其位不谋其政，但与大学领导层的隔阂和分歧，才是根本原因。

柳诒徵在清末便有办学堂的经验，他对于办学和校务的理解，与以徐则陵为代表的东大当局分歧很深。众所周知，东南大学是1920年代中国推行新教育的大本营，郭秉文、陶行知、徐则陵、陈鹤琴、郑晓沧、廖世承等人云集东大教育科，一时蔚为风潮。与他们强调引入世界新潮改造中国教育不同，柳诒徵对教育的理解有着迥然不同的路径。其一，柳诒徵认为中国教育的发展不能简单模仿欧美新法，要从中国传统的文化资源寻找出路。1924年2月，柳诒徵在《教育之最高权》中倡言："讲教育而不本之中国古义，徒执欧美近事以为法，洵所谓弃家鸡而宝野鹜矣。"③ 表达了他对于教育现状的强烈不满。其二，柳诒徵将人伦之谊视为中国文化的根本，也是中国教育的根本。但当时的新教育徒托新说，不仅于教育无补，实际已沦为新的权势和利益交换的工具，并造成了学校的舞弊和贪腐。在他看来，许多从事教育者毫无人格可言，"惟奔走索薪呼号固位为事。其巧滑者，则假教育为名高，阳以取青年学子之尊崇，阴以弋军阀商贾之贿赂，人格扫地，师道陵夷"。④

所以早在1923年5月，校内便传出柳诒徵下学年将辞职他就的消息，不过在学生和学校当局的极力挽留下而作罢。但柳氏对学校当局的不满开始逐渐浮出水面。同年9月，柳诒徵又以模棱两可的态度拒任史学系主任。这一方面说明他与当局者的对立尚未公开化；另一方面也是不愿拾人牙慧，

---

① 《江苏省教育会现任职员录》，《江苏省教育会年鉴》第10期，1925年。
② 《南京高师第23次校务会议纪录》（1921年3月16日），中大档，全宗号648，卷宗号29。
③ 柳诒徵：《教育之最高权》，《学衡》第28期，1924年4月。
④ 柳诒徵：《教育之最高权》，《学衡》第28期，1924年4月。

有着"道不同不相为谋"的意味。刘伯明不做强求,也应是深明其意。1924年夏,东大校方旧事重提。接替刘伯明的文理科主任孙洪芬多次面请柳诒徵出任史学系主任,最后干脆直接将聘书送上,但终为柳诒徵辞却。柳诒徵在给郭秉文的信中写道:"诒徵自审才力只能担任历史教授,不能兼充主任,前已屡向孙洪芬先生声明。兹奉聘约,猥以主任相属,殊弥惶悚,谨再声明,请悬兹席以待贤能。俾诒徵专心授课,毋至陨越。"① 这里可以看出,在徐则陵离开史学系后,学校并没有刻意压制柳诒徵,而是多次请其主持系务。反倒是柳诒徵多次推辞,前后态度的变化也颇为微妙。1923年,他对此"意似可而语未可"。但一年之后,其辞意已非常坚决。这种态度的变化,显示出1924年的东大校园,分歧与对立已变得难以调和。

四 "负重谤而走关外"

在1924年东南大学诸多乱象中,最让柳诒徵痛心的无疑是学衡派同人的被迫出走。按照梅光迪的说法,学衡派实由"校内少数倔强不驯之分子"组成。② 所谓的倔强不驯,体现出对于主导校园的权力格局和文化氛围的抗拒。其内在的张力不仅体现在科学主义和人文主义的分野,更具体化为人事上的对立。1923年秋,作为学衡派"魁首"的刘伯明突然病逝,不仅让该派失去了行政上的保护伞,而且使经年累积的人事矛盾加速激化。1924年吴宓在写给白璧德的信中沉痛地说:"本校副校长(他是这里惟一懂得文学并且喜欢我们的重要人物)去世。形势自此急转直下。"③ 1924年春开学,学校传出有裁撤西洋文学系之意,并最终在4月的校董会上通过。吴宓认为"经此变后,与吾人同心同德之士,几于悉行驱逐,而此校只余科学实业家之教员,与市侩小人之执政(指校务)者而已"。④

西洋文学系是学衡派的大本营,该系取消后,梅光迪、吴宓、李思纯和楼光来四人全部出走。尤其是吴宓远走东北大学,让柳诒徵尤为痛心。其实,吴宓本无须离开。西洋文学系撤销后,郭秉文曾于1924年5月请吴宓组织委员会处置善后事宜,吴宓以"非一系主任,在校向不与行政之事"

---

① 《柳诒徵致郭秉文函》(1924年7月17日),中大档,全宗号648,卷宗号343,第106页。
② 梅光迪:《九年后之回忆》,《国风》第9号,1932年11月。
③ 吴学昭整理《吴宓书信集》,三联书店,2011,第25页。
④ 吴学昭整理《吴宓书信集》,第94页。

职位之谜与负谤之痛：柳诒徵在东南大学的进退（1916—1925）

而予以拒绝，并表示"宓于授课而外，一切不闻不问，静待校中解决"。①该年6月，学校还曾两度挽留吴宓继任东大教习，但吴宓誓与西洋文学系共存亡，坚决辞职他去，②足见其间的对立和分野。在此背景下，柳诒徵于该年7月坚辞史学系主任，也显得更易理解。

与吴宓不同，柳诒徵选择留在他已经执教八年的东南大学，并成为校内反对学校当局、倡言改进校务的代表。柳诒徵对于改进校务的要求，集中于"经济公开"和"教授治校"两方面。他后来说自己反对学校当局，其原因在于"反对教育界贪墨。至1924年遂为拥护贪墨者所排斥"。③ 在日记中，他认为"南高之腐败为尤甚"，"对南高东大之经费'决算，久不报销'。损公肥私，最为深恶痛绝"。④ 而在大学的权力格局中，郭秉文对外依赖以江苏省教育会为代表的地方名流，借校董会把持校务；对内则废除评议会，由行政委员会总揽全校行政。在此局面下，教授群体难以参与校务管理，引发普遍不满。柳诒徵进而认为，以江苏省教育会为代表的地方名流对江苏地方政治、军事、经济和教育的把持，是造成这一局面的根源。而东大作为该会"极大之要塞"，也成为其固位肥私的重要工具。柳诒徵对校务和学校管理层的批评，实源于对所谓"东南学阀"把持教育的不满。在1925年易长风潮中，他曾对此格局有一段深刻的揭露。

> 十数年来，江苏教育之策源地何在，其由江苏而影响于全国者若何，特患无意识者不之察耳。苟属有心人，默察江苏之政局、财政、军事、实业以及各学校、各官厅相互之关系，当无不知其为一系一会所主持。东南者，虽非此系之大本营，然亦可谓为极大之要塞。使有非此系之学者，入此壁垒，拔赵帜而易汉帜，则学阀摇动，一系一会之威位扫地，不独不能以教育家名义，觊干政之机，操入阁之券，胁省政府使受其牢笼，即牵制省立学校，使各校长悉仰其鼻息之威信，亦将随东大易长之潮流而去矣。⑤

---

① 《吴宓致郭秉文函》（1924年5月8日），中大档，全宗号648，卷宗号650，第66页。
② 《吴宓致郭秉文函》（1924年6月18日），中大档，全宗号648，卷宗号374，第42页。
③ 《柳诒徵自述》，安徽文艺出版社，2013，第4页。
④ 柳曾符、柳佳编《劬堂学记》，第96页。
⑤ 柳诒徵：《东南大学留长拒长之真谛》，《民国日报》（上海）1925年3月21日、22日。

东大时期的柳诒徵因倡言改进校务与学校管理层日渐疏远，但在校内师生中仍然享有很高的声望。1923年5月传言柳诒徵离职时，曾有国文史地部65名学生集体签名挽留（当年国文史地部全部学生仅有85人）。① 同年12月，东大最重要的建筑口字房不慎失火，学校损失达40万元之巨。全体教职员为此组织了火灾善后委员会，柳诒徵被高票推举为该会委员。② 值得注意的是，在当选的七位委员中，还有竺可桢、秉志、杨铨、胡刚复、萧纯锦和陆志韦六人，其中多人都是后来易长风潮中"倒郭派"的要角。1925年1月易长风潮初起时，1月8日东大召开全体教职员会讨论对策，决定组织临时紧急校务委员会处理局面。柳诒徵当天并未出席会议，但仍被推举为九位委员之一。③ 这些都表明，在东大校内，以柳诒徵为代表倡言改进校务的教授们在教职员中有着很强的号召力。

为了改变"东南学阀"把持校务的局面，不满校务的教授们逐渐形成合力，并谋求改变大学校园的权力格局。1924年9月江浙战争爆发，不仅给东南大学造成了前所未有的经费压力，其带来的动荡破坏也给大学依托地方势力的发展模式一记响亮耳光。同年9月，《学衡》开始公开批评校务，其中以国文史地部学生王焕镳的《上郭校长书》和柳诒徵的《学者之术》为代表。柳诒徵在文中对那些"把持一省，武断一校，逢迎武人，联络官吏，植党营私，排除异己"的假学者给了尖锐的批评。他直言"诣官僚，拜军阀，是得为学者乎？"④ 其笔锋所指已是昭然若揭。

与此同时，柳诒徵和校内以国民党为主的左派教授交往频繁，其中以萧纯锦、杨杏佛、熊正理、胡刚复、陈去病等人为代表。⑤ 杨杏佛在1924年8月31日给妻子赵志道的信中写道："此间日常见面者，为竺（可桢）、

---

① 《十一年度下学期高师各科各级学生人数表》，中大档，全宗号648，卷宗号49，第282页。
② 《东南大学全体教职员致郭秉文函》（1923年12月28日），中大档，全宗号648，卷宗号597，第45页。
③ 《全体教职会议纪录》（1925年1月8日），中大档，全宗号648，卷宗号335，第8页。
④ 柳诒徵：《学者之术》，《学衡》第33期，1924年9月。
⑤ 东大1921级政法经济系学生罗时实曾忆及当时的情形："柳翼谋先生拿着旱烟袋和几个人边笑边说，'刘经庶（即刘伯明——引者注）在清末就是同盟会员，他如活着必然是和我们一起'。"虽不能证明柳诒徵当时已加入了国民党，但是其倾向国民党，并同国民党教授交往密切，应是实情。见罗时实《十四年东大学潮与我》，《传记文学》（台北）第1卷第5期，1962年。

职位之谜与负谤之痛：柳诒徵在东南大学的进退（1916—1925）

胡（刚复）、柳（诒徵）、任（鸿隽）、熊（正理）诸人。"① 1924 年 11 月，柳诒徵又因整理清宫文物与国民党员陈去病、顾实等人赴京，和当时同在北京的杨杏佛多有往来。在杨杏佛等人的运作下，北京教育部于 1925 年 1 月突然宣布罢免郭秉文校长职务，并因此引发了持续数月的易长风潮。② 毫无疑问，柳诒徵是易长风潮幕后重要的推动者。当年"倒郭派"学生骨干罗时实在回忆中就曾提到，1925 年 2 月初，柳诒徵、胡刚复和萧纯锦等人在文德里中国科学社商量倒郭事宜，并要求他"发动同学，作拥护新校长胡敦复先生的活动"。③ 2 月 22 日萧纯锦写给胡刚复和柳诒徵的信中，对此有着清晰的表述。信中提到，"兹奉来电，嘱呈部恢复评议会，业已遵命照办，并进一步请部取消董事会。想此事已得精卫、稚晖诸人合作。弟今日午后晤夷初，亦允考虑，且声明恢复评议会为当然之事，大约不久即可发表。惟取消董事会一层，则取审慎态度。至电促敦复就职，则允即刻照办"。④ 该信 3 月 3 日被《时事新报》披露后，因涉及校内教授与国民党力量联合倒郭的图谋，在校内激起轩然大波，被视为"倒郭派"勾结外人的罪状而广泛传布。为此，柳诒徵于 3 月 4 日致函学校行政委员会，质问校方私自拆阅并公开信件之行为，实为"干犯法纪，蹂躏人权"。并宣布即日起不再到校授课。⑤ 同时，顾实、竺可桢、叶企孙等 10 名教授也联名致函学校，强烈谴责"此种盗拆信件，制版登报之举，实为中外共同之法律道德所不许，应请尊处迅即查明真相，公布于众。以维校誉，而释群疑"。⑥ 教授群体出现了公开分裂，校内群情激愤。3 月 9 日，乃发生东大学生殴打新任校长胡敦复的激烈举动。也就是在这一事件中，徐则陵在图书馆月台演讲，公开将柳诒徵等人指为校内的"汉奸"。

---

① 《杨杏佛致赵志道》（1924 年 8 月 31 日），中华人民共和国名誉主席宋庆龄陵园管理处编《啼痕——杨杏佛遗迹录》，上海辞书出版社，2008，第 283 页。
② 东南大学 1925 年易长风潮历来备受研究者关注，其中以吕芳上和许小青的研究最为代表，在此对于具体细节兹不赘述。吕芳上：《"学阀"乎？"党化"乎？——一九二五年的东南大学学潮》，见吕芳上《民国史论》（中），台湾商务印书馆，2013；许小青：《政局与学府：从东南大学到中央大学（1919—1937）》，中国社会科学出版社，2009。
③ 罗时实：《十四年东大学潮与我》，《传记文学》（台北）第 1 卷第 5 期，1962 年。
④ 中国社会科学院近代史研究所、中华民国史研究室编《胡适来往书信集》（上），社会科学文献出版社，2013，第 231 页。
⑤ 《柳诒徵致行政委员会函》（1925 年 3 月 4 日），中大档，全宗号 648，卷宗号 335，第 145 页。
⑥ 《顾实等致校长办公室函》（1925 年 3 月），中大档，全宗号 648，卷宗号 335，第 151 页。

徐则陵指称柳诒徵为校内"汉奸"一事，实为二人矛盾中最为激烈的一笔。对此，当时人和后来者看法多有不同。陈训慈在《劬堂学记》中回忆说，徐则陵"在群众云集之广场上，高声向众扬言：说是教育部突然更动我们校长，是因为校内有'汉奸'，说'汉奸是谁？就是柳某某'（就直呼柳师之字——此据当时在校之旧同学告我，不少老友留母校者皆听到而不平）"。① 相对中立的郭廷以晚年也提到此事。他说："教育系主任徐则陵则在图书馆外月台说：'我们乱得这个样子，是有汉奸在我们里面。'"② 但没有说汉奸就是柳诒徵。根据当时的记载，"三九事件"发生后，拥胡势力曾多次公开通电，谴责此次暴力行为。③ 其中虽提到徐则陵"聚众演说，嗾合暴动"，但都没有言及"汉奸"一事。反倒是"拥郭派"的东大教授会，在3月17日《申报》刊登的来函中说："徐教授即力劝学生勿得用武，此为同行及在场之师生所共睹共闻。并推原祸始，斥责柳翼谋、胡刚复、萧纯锦三人为汉奸。此亦公意，非徐君一人之私言。"④ 这一声明，应能证明徐则陵指称柳诒徵等人为汉奸确有其事。虽然教授会强调"此亦公意，非徐君一人之私言"，但考虑到长期以来徐、柳二人或明或暗的矛盾，两位当事人对此应有不同的体会。

对于校内日渐高涨的对立情绪，"汉奸"之说可谓推波助澜。3月9日下午，东大学生便召开全体紧急大会，"请胡、柳、萧三教授自动辞职"。⑤ 在此局面下，柳诒徵结束了自己近十年的南高、东大教授生涯，"负重谤走关外"。⑥ 这里所说的"重谤"，正是指"汉奸"的罪名。对于此事，后来人或能予以了解之同情。柳诒徵对学校当局的批评和责难，乃至后来参与"运动官厅"的行为，不过是基于改进校务的初衷。但是在当年东大校园，绝大部分师生显然认可了"汉奸"的指责，甚至弟子陈训慈对他这种"秘密运动之手段"也多有微词。⑦ 在易长风潮势如水火的对立情绪中，原本改进校务的努力被贴上了"党化"的大标签，并和背后的政治图谋联系在一

---

① 柳曾符、柳佳编《劬堂学记》，第93页。
② 张朋园等整理《郭廷以口述自传》，第104页。
③ 《东大教授汤锡予等之快函代电》、《胡敦复之快邮代电》，《申报》1925年3月13日。
④ 《国立东大易长风潮消息》，《申报》1925年3月17日。
⑤ 《国立东大易长风潮之昨闻》，《申报》1925年3月11日。
⑥ 《柳诒徵自述》，第61页。
⑦ 陈训慈：《东南大学风潮评议》，《商报》1925年3月15日。

起，被反复渲染，甚至被误读。对于柳诒徵而言，这又是何等痛心的经历。[①]

结　语

对于自己在1925年东大易长风潮的处境，柳诒徵在自传中有一段极简的描述："东大风潮中受人攻讦，说我想做文学院长，又说我想做江苏教育厅长，我也不敢分辩，辞了东大教授应了东北大学的聘。"[②] 柳氏将东大风潮中受人攻讦归因于职位问题（当时东大并无文学院之设，应为事后回忆之误），却有些出人意料。细细品味，柳氏所言实际上包含了三个层面的意味：其一，柳诒徵自己是否有意；其二，当时攻击柳诒徵的人认为他有此意；其三，柳诒徵认为这不过是反对他的人以此相攻讦。对于最后一点，柳诒徵表现出不愿分辩的姿态，最后一走了之。对于第二点，至少在当年攻击他的人看来，职位问题是他在校内鼓动风潮的重要原因。考虑到连吴宓和郭廷以多年后对此仍念念不忘，此问题在当时校内应是公开的秘密。而对于第一点，柳诒徵曾经是南高国文史地部首任"有实无名"的主任，后来又两次拒任东大史学系主任职。他更关注的，显然并非个人的荣辱得失，而是大学场域的权力格局和教育学术的发展走向。

（作者单位：南京大学校史研究室）

[①] 正是这种痛心，使后来的柳诒徵"把定宗旨不再入该校"（1951年柳诒徵日记，见《劬堂学记》，第96页）。但1927年南京国民政府改组东南大学之时，柳诒徵还是作为筹备委员参与了第四中山大学的改组，并对历史系的人事安排多有介入。如1927年底，正是在柳诒徵的推荐和坚持下，学校聘请陈汉章为历史系主任。当陈汉章以生病推辞时，柳诒徵还专门请弟子张其昀亲赴象山拜谒，请其出山［见《柳诒徵致学校函》（1927年10月5日），中大档，全宗号648，卷宗号709］。

[②] 《柳诒徵自述》，第12页。

"派系撕裂校园"：暨南大学驱长风潮研究（1933—1934）*

陈 岭

内容提要 1933年底，国民党黄埔系、CC系操纵暨南大学学生，发动了驱逐校长郑洪年的风潮。这是派系势力与郑洪年长期矛盾的结果。建政南京后，国民政府力图在老牌侨校——暨南大学推行党化教育，打造其为"三民主义化之华侨最高学府"，引来各派政治势力对暨大及校长职位的觊觎与争夺。校长郑洪年的政界出身及其打击派系活动、平衡政学关系的治校举措，未能收到理想效果，反激化了与派系势力的矛盾，最终酿成了本次驱长风潮。在校内外"驱郑"与"拥郑"力量的多方博弈下，郑黯然下台，显示了派系势力对大学治理的破坏。

关键词 郑洪年 暨南大学 驱长风潮 派系斗争

海外华侨素来是国民党从事革命的重要倚仗。南京国民政府成立后，很重视华侨教育在形塑华侨社会对国民党政治认同中的作用。在党化教育体制下，老牌侨校——国立暨南大学（以下简称"暨大"）肩负着特殊的侨教使命，更被国民党致力打造为"三民主义化之华侨最高学府"，①办学受到政治方面的较多牵掣。各派政治势力在暨大竞相角逐，校中情势颇显复杂。首任校长郑洪年②身跨官学两界，面对复杂校局，不得不尽力平衡政学

---

* 本课题的研究得到华中师范大学中央高校基本科研业务费项目（项目号：CCNU16Z02004）资助。

① 《国立暨南大学董事会为呈报董事会成立日期并送董事会章程请查备案呈教育部》（1931年2月17日），上海市档案馆藏，案卷号：Q240 - 1 - 682。

② 郑洪年（1876—1958），字韶觉，广东番禺人。早年与梁启超一同受教于康有为，后毕业于两江法政学堂。1906年出任暨南学堂（暨大前身）首任堂长，为近代华侨教育开创者之一。1911年加入同盟会。北洋时期为"交通系"要员，1921年任交通部次长及全国铁路督办。1922年担任暨南学校（1918年由暨南学堂规复而来）董事，与侨界、学界往还颇密。1924年出任广东军政府财政厅厅长、军需副监，深受孙中山信任，与孙科等人关系密

"派系撕裂校园"：暨南大学驱长风潮研究（1933—1934）

关系。一面追求大学自治，全力打压政治派系的渗透活动，一面紧靠政治，谋求办学资源，努力扩大个人治校权威。但政治与学术上的两全难以实现，校内校外对郑洪年的评价趋向两极，郑与派系势力的矛盾也越来越深。最终，在1933年底，黄埔系、CC系势力操纵学生发动了驱逐郑洪年的风潮。在师生、校友、政府高层等多方力量的反复博弈中，郑黯然下台。既有研究多关注郑洪年对暨大华侨教育所做的贡献，①对郑任内暨大的复杂情势及遭遇的派系挑战认识不足，对致其下台的驱长风潮更少有探究，甚至语焉不详。②因此，本文试图厘清暨大驱长风潮的因缘脉络，以深化理解引发风潮的政治社会土壤及派系政治对大学治理的影响，展现国立大学校长受制于内外力量的艰难办学历程。

一 "与所谓派系者敌"：驱长之潜因

在暨大历史上，郑洪年是无法绕开的重要人物。他与暨南渊源深厚，在长校的七年时间里（1927—1934），对学校的肇建与发展贡献极大，被师生称誉为"两长暨南，经纬万端，艰难缔造，大计百年"。③

1927年6月14日，郑洪年奉命出任带有中等教育性质的暨南学校校长。经其大力擘画，学校很快改组升格为完全大学——国立暨南大学，成为国内唯一的华侨最高学府，在海外华侨社会的声望迅速提高。出于对暨大侨校地位的看重，国民党当局试图在党化教育体制下，将其打造成"三

切。1927年夏，郑洪年出任暨大首任校长，并任大学院理事，全国建设委员会、华侨事务委员会、庚款委员会等院会委员。同时，郑长期在政府任职，追随孙科、孔祥熙管理全国财政、交通，历任财政、工商、实业等部次长，以及行政院秘书长、立法院委员等要职。

① 代表性的著述有马兴中《郑洪年的华侨教育思想与实践》，《暨南学报》（哲学社会科学版）2001年第1期；夏泉、刘晗：《试论郑洪年与民国华侨高等教育的创办发展——以国立暨南大学为中心的考察》，《民国档案》2012年第1期。刘晗、夏泉还专门对学界的郑洪年研究状况进行了回顾与总结，但仍围绕着郑作为教育家的理念实践以及他对暨大与华侨教育所做的贡献展开（见刘晗、夏泉《民国华侨教育家郑洪年研究综述》，《暨南高教研究》2011年第1期）。

② 刘增合在《"一·二八"事变后国立暨南大学的损失与重建》（《暨南史学》2007年第5辑）一文中点出了政治因素对郑去职的影响，但未提及驱长风潮。赵永利提到了派系势力在郑去职中的作用，但也未提到该风潮。见氏著《教育变革与社会转型——近代上海高等商科教育活动研究（1917—1937）》，华中科技大学出版社，2014，第206页。

③ 李邦栋编《郑洪年教育言论集》第1集，国立暨南大学，1929，第2页。

民主义化之华侨最高学府",来增强海外华侨对国民党的认同。1931年2月,国民党中执会仿照其在中山大学设立董事会的先例,① 在暨大也设立了董事会,负责校务改进、学风整饬、校长选任、文化宣扬等学校建设要务。中执会推选党政要员孙科、林森、陈立夫、孔祥熙、宋子文、马超俊、余井塘、吴铁城、郑洪年、陈耀垣、萧佛成11人为董事,并以郑洪年、孙科、陈立夫3人为常务董事。② 董事会权力极大,对校务握有最高决策权,实际上是国民党控制暨大的制度凭借。斯时,国立大学早已奉令废除董事会,③ 而能得国民党中央允准且由其主持恢复董事会建制的,除老牌"党校"——中山大学外,便只暨大一家,背后的政治意涵不言而喻。

　　国民党对暨大地位的抬升,进一步引发了党内派系势力的争夺。九一八事变后,国民党CC系、黄埔系加紧了在校内的秘密活动。CC系潘公展与吴醒亚等人领导的上海青运组织在暨大设有潜伏性的秘密组织,由国民党员平祖仁(暨大毕业后留校任教)负责。④ 该组织以国民党籍学生周世辅等人为骨干,积极向学生会等学生团体渗透,力量不断扩张。⑤ 黄埔系则控制着学生军训事宜,复兴社骨干刘炳藜、牛沛江等曾在暨大出任教职,收拢了部分教职员生,与校内CC、共产党力量争斗激烈。⑥ 在派系政治的运作下,暨大的师生、团体多少都有点政派背景,校园渐呈"分裂"之势。如何在践行国家侨教意志的同时,保持学校的独立自主,排除政治力量对学校发展的干扰,考验着郑洪年的政治智慧和办学策略。

---

① 1929年9月23日,国民党中执会第37次常会决议在广州中山大学设立董事会。这是国民政府在国立大学设立的首个董事会。
② 《国民党中央执行委员会为议决暨南大学设立董事会并选任孙科等十一同志为董事案函行政院》(第1659号,1931年2月14日),"暨南大学案","国民政府/教育(文化)/高等教育/大学",台北"国史馆"藏,典藏号:001-091011-0003。
③ 1929年7月16日,出于加强教育行政的考虑,国民政府颁布《大学组织法》,废除了国立大学长期设立的校董会,转行校长负责制。见《国民政府颁布〈大学组织法〉》(1929年7月26日),中国第二历史档案馆编《中华民国史档案资料汇编》第5辑第1编"教育"(1),江苏古籍出版社,1994,第171—173页。
④ 参见黄敬斋《国民党CC系的干社》,中国人民政治协商会议全国委员会文史和学习委员会编《文史资料选辑(合订本)》第36卷总第104—106辑,中国文史出版社,2011,第403、第406页;季灏、周世辅、王健民:《潘公展传》,台北市新闻记者公会,1976,第55—56页。
⑤ 周世辅:《周世辅回忆录》,东大图书股份有限公司,1993,第49、86页。周1931年秋由复旦转学暨大,1934年夏毕业。
⑥ 参见刘向东《刘向东自传》,中共广州市委党史研究室编《中共东京支部(1935—1938)》,中共广州市委党史研究室,2013,第189页;〔美〕魏斐德:《间谍王》,梁禾译,新星出版社,2013,第154—156页。

"派系撕裂校园"：暨南大学驱长风潮研究（1933—1934）

郑洪年身在政界多年，政治资望深厚，与文教界关系密切。不过，郑洪年始终未能摆脱北洋旧身份的羁绊，在国民政府中仅为实务性高官，不得不周旋于党内各派之间。① 出于早年革命交谊，郑洪年与李石曾、蔡元培等元老联系紧密，正是在他们的支持下，郑才得以出掌暨大。② 某种程度上，郑洪年后来被驱也带有蒋介石一系清除元老派在教育界控制权的色彩。同时，郑洪年与孙科关系最厚，党内更有人将其视为孙派人物。③ 由于郑一直支持孙科等人反蒋，④ 蒋介石一方如CC系、黄埔系等对郑洪年并无好感。并且，郑洪年长期出任地位重要的暨大校长，任职期间又竭力打压派系活动，更加深了与他们的矛盾与对立。这些成为驱长风潮发生的深层原因。

郑洪年很清楚党内各派对其执掌暨大的态度，一门心思将暨大当作"老年名山事业"来做，⑤ 尽可能争取文教界的支持。同时，紧紧抓住现职官员的身份，为暨大争取各种办学资源，提升其校内威望。即便在1930年10月，国民政府禁止政治人物兼任国立大学校长，⑥ 郑洪年也只是明面上表态支持，暗中则借故拖延。甚至在1931年宁粤对峙时，还出任孙科内阁的行政院秘书长。此事遭到各派抨击，郑虽将其抹平，⑦ 但社会影响并不好，也激化了与派系势力的矛盾。

基于上述因素，郑洪年将暨大视为权力所寄的重要倚仗，在校内全力打造个人班底，通过控制人事行政来扩大权力基础，牢牢掌控治校大权。⑧ 其旧属如樊守执、杨裕芬等均被拉进暨大，充任学校领导层。校中主要职员皆与郑有旧，教员聘任也深受郑个人意志的影响。文学院院长陈钟凡等人因与郑关系较近且长期在任，被视为郑之私属。由此种种，郑洪年任用私人之"恶名"间有耳传。此外，为了牢牢掌控校内人事，郑洪年还随时

---

① 病鸳：《记郑洪年之生平》，《大亚画报》第378期，1933年4月26日，第2页。
② 《郑校长呈辞工次》，《暨南校刊》第83期，1930年10月13日，第25页。
③ 参见黄敬斋《国民党CC系的干社》，中国人民政治协商会议全国委员会文史和学习委员会编《文史资料选辑（合订本）》第36卷总第104—106辑，第406页。
④ 参见郑宝伦《关于郑洪年生平事迹的两封信（摘要）》，暨南大学华侨研究所编《暨南校史资料选辑（1906—1949）》第1辑，暨南大学华侨研究所，1983，第210页；止滔：《郑洪年致戴季陶的庚电》，《民声周报》第3期，1931年10月17日，第2页；中国国民党中央执监委员非常会议编印《讨蒋文电集汇编》第2集，1931。
⑤ 曹聚仁：《暨南的故事（上）》，暨南大学华侨研究所编《暨南校史资料选辑（1906—1949）》第1辑，第66页。
⑥ 《国立大学校长纷纷辞职》，《教育杂志》第22卷第10期，1930年10月，第124—125页。
⑦ 《郑洪年辞职无下落》，《学校生活》第24期，1933年3月25日，第12页。
⑧ 《郑洪年氏关于暨大校务谈话》，《申报》1931年2月19日，第6版。

更换职能部门负责人,"三月一小变,半年一大动"。曹聚仁便声称其在暨大五年(1929—1934),职务"转来转去,不知变了多少回"。郑洪年的官场驭人手法,强化了校长权威,打击了派系力量,但校内机关因人设置,叠床架屋,效率低下,学府渐滋官场习气,师生渐有异议。① 这最终演变成派系力量反对郑洪年的校内基础,郑不得不自吞苦果。

但话说回来,郑洪年如此做法,除个人权欲外,更多是为了对付校内的派系力量。从暨大董事会的设立与运作中,也能看到郑的这种心理。国民党在暨大设立董事会,明显是为了加强对暨大的控制,但也有提升暨大地位的有利一面。因此,郑洪年积极奔走,努力促成此事,并在董事会中占据了重要地位。暨大董事会主要由陈立夫、余井塘的CC系,孙科、马超俊的太子派,吴铁城代表的上海地方实力派,以及与郑洪年关系不错的林森、孔祥熙、宋子文、陈耀垣、萧佛成等政界人士组成。郑洪年为了抗衡CC系等党化势力,既以太子派为后盾,拉拢孔祥熙等人,也尽量与吴铁城等他派力量保持面上关系。由是,在负责董事会事务的三位常务董事(郑洪年、孙科、陈立夫)中,郑洪年占据了相对优势地位。他还利用董事们通常无法召齐开会的实际,只在其认为必要时才行使常务董事提议开会的权力,② 无形中提高了在董事会的话语权,校长权威得到进一步提升。

经郑洪年的打击,派系渗入暂时得到遏制。在1931年6月14日的校庆纪念日上,郑不无得意地表示,"年来党同伐异,随地皆然,教育界以高尚自鸣,而亦同此污浊。余以一身与所谓派系者敌,彼以私来我以公应。人之欲取暨南大学为播植势力计者,卒亦废然以返。往年,亦常有因缘波荡而成之风潮。近乃师生相安,一无间然"。③ 然而,随后,派系活动因转入地下而更为隐秘,破坏性更大,连CC骨干学生周世辅都感叹"是时暨南大学为最复杂的学校",④ 郑更受忌恨。1932年以后,具有CC系(或黄埔系)背景⑤

---

① 曹聚仁:《暨南的故事(中)》,暨南大学华侨研究所编《暨南校史资料选辑(1906—1949)》第1辑,第70页。
② 《国立暨南大学董事会章程》(1931年3月5日国民党中央第131次常会议决备案,1931年2月25日),上海市档案馆藏,案卷号:Q240-1-682-59。
③ 郑洪年:《纪念词》,《申报》1931年6月14日,第16版。
④ 周世辅:《周世辅回忆录》,第49页。
⑤ 目前,学界对《社会新闻》具有派系背景并无异议,但其究竟是受CC系支持还是受黄埔系(复兴社)支持,目前并无定论。美国学者易劳逸认为其是蓝衣社(复兴社)的出版物,但一些CC系分子在回忆中却又将其指认为CC系的刊物。可参见王奇生《党员、党权与党争:1924—1949年中国国民党的组织形态》,华文出版社,2010,第272页。

的《社会新闻》等杂志频频对郑洪年进行人身攻击,抨击其治校无方,使AB团、社会民主党等"反动"势力混入暨大,导致校风不正,乱象丛生,给郑洪年本人及暨大带来了相当不好的社会影响。① 郑洪年曾在校内外公开发声指斥,② 但效果并不好,当局对其治校评价逐渐转低。此外,CC系等派系势力将暨大师生素来的激进言行(尤其是九一八事变后的激烈救亡举动),归罪于郑洪年施行党化教育不力,《社会新闻》等刊物正是在授意之下对郑及其治下的暨大进行抨击的。双方的矛盾因此愈益激化。

国民党希望暨大成为党化教育的标杆。而作为大学校长,郑洪年则试图使党化教育在达到官方要求的同时,不使学生心生反感。与绝对意识形态化灌输的官方模式不同,郑注重三民主义的理念传承,而不斤斤于教条式理解,力图将三民主义信仰内化于"学生整个身心全部",使"各科学皆以三民主义为中心,有若辐射焉,而以无处不具备三民主义之功用为归结",而非"仅标榜三民主义之名目所能受效……亦非仅如今之添设党义一学所能毕事"。③ 他认为斯时党化教育所以成效不大,实"因知之未深,而力行未笃"。④ 因此,郑洪年强调通过柔性的疏导方式强化学生的三民主义信仰,避免威迫式灌输带来的弊端。在这种观念下,郑甚至主张以持平的态度展开对三民主义甚至马克思主义的学术研究。⑤ 许德珩、邓初民、李达等马克思主义者能在暨大任教,与郑的这种态度不无关系。

然而,令郑洪年始料未及的是,这种方式不但未取得理想效果,反在客观上触发了师生对各种主义性学说的关注和对现实政治的关切,学生的

---

① 详见华生《暨南大学的纠纷》,《社会新闻》第1卷第8期,1932年10月25日;飞探:《AB团灰化暨南》,《社会新闻》第1卷第12期,1932年11月6日;飞探:《AB团灰化暨南(续)》,《社会新闻》第1卷第13期,1932年11月9日;《因本刊而起的祸端》,《社会新闻》第1卷第13期,1932年11月9日;诚:《谈谈暨南大学文学院》,《社会新闻》第1卷第28期,1932年12月24日;虹:《暨南大学之武剧》,《社会新闻》第2卷第4期,1933年1月10日;侦:《暨南师生决斗记》,《社会新闻》第2卷第9、10期,1933年1月25日;剑:《暨南的反陈斗争》,《社会新闻》第2卷第22期,1933年3月6日。
② 郑洪年:《谣言不足信,事实胜雄辩——校长在纪念周训话》(1932年11月21日),《暨南校刊》第42期,1932年11月28日,第3页;大庸:《郑洪年办杂志》,《社会新闻》第1卷第14期,1932年11月12日,第306页。
③ 郑洪年:《三民主义与大学教育》,《北宁党务周报》第40、41期合刊,1932年1月10日,第75页。
④ 郑洪年:《高等教育改进之我见》,《上海教育界》第8期,1933年11月1日,第4页。
⑤ 《通盘筹算决定兴革——校长于六月十九日在纪念周训话》(1933年6月19日),《暨南校刊》第69、70期合刊,1933年7月3日,第19页。

反体制冲动也日益显露。在上海高校中,暨大成为左翼学生最集中的学校之一。① 这不但引起派系攻讦,更招致当局不满。在九一八事变后学生爱国运动高涨的情势下,暨大学生常因言行激进而被当作共产党逮捕。② 这既为力图整顿学风的当局不容,更加重了校内CC系、黄埔系分子对郑洪年的不满和攻击。以上种种,终于在1933年底的驱长风潮中彻底爆发。

二 派系操纵:风潮之发动

九一八事变后,在当局整顿学风的严令下,郑洪年加强了对学生的训育,逐步将学生活动限定在学术范围内。③ 初时学生反应平静,但到1933年3月,当郑洪年开始取缔诸如同乡会等学生组织时,④ 学生中的不满情绪滋生。9月开学后,附中主任邝嵩龄⑤严格按照郑洪年意旨行事,甚至"对学生来往书信,时常加以检查",⑥ 终于激起学生的反对。黄埔系与CC系分子利用一情势,开始酝酿从附中到大学部的驱长风潮,矛头直指郑洪年。

1933年12月26日上午9时,黄埔系骨干、前附中教师牛沛江带领10多人进入附中校园。⑦ 牛授意该人等与邱延民等人领头的20余名附中学生汇合,一同闯入邝嵩龄与各教职员办公室,以"择师自由"为口号,驱赶

---

① 韩托夫:《上海真茹时期暨南大学党团组织》,暨南大学华侨研究所编《暨南校史资料选辑(1906—1949)》第2辑,暨南大学华侨研究所,1983,第14页。
② 可参见《吴铁城电蒋中正经公安局同暨大校长查明学生洪醒钟温裕籀确系共党但袁轶群已因另案被捕解京》(1932年10月27日),"蒋中正总统文物/特交文电",台北"国史馆"藏,典藏号:002-090300-00015-242;《吴铁城电蒋中正于暨南大学缉获共党陈克难》(1932年12月6日),"蒋中正总统文物/特交档案",台北"国史馆"藏,典藏号:002-080200-00065-007;《吴醒亚电蒋中正闽变后各大学共党份子异常活动警部逮获六十五人侦讯》(1933年12月22日),"蒋中正总统文物/特交档案",台北"国史馆"藏,典藏号:002-080200-00140-045。
③ 《应开辟新途径以研究解决世界经济问题:郑校长于三月六日纪念周演说词》(1933年3月6日),《暨南校刊》第55期,1933年3月13日,第6页。
④ 《奉行遗教发扬光大——三月十三日纪念周校长训话》(1933年3月13日),《暨南校刊》第56期,1933年3月20日,第7页。
⑤ 邝嵩龄,1894年生,广东中山人。金陵大学农科学士,美国加州大学农学硕士。曾任国立广东大学农艺系主任、国立中山大学农学系主任,1932年夏任暨大附中主任。
⑥ 《暨大中学部昨已复课》,《申报》1933年12月28日,第13版。
⑦ 《陈立夫电毛庆祥转呈蒋中正如何处置牛沛江占领暨大附中鼓动罢课事》(1933年12月30日),"蒋中正总统文物/特交档案/一般资料",台北"国史馆"藏,典藏号:002-080200-00141-098。注:陈立夫将牛沛江误写为牛沛岗。

"派系撕裂校园"：暨南大学驱长风潮研究（1933—1934）

教师出校，并封锁了办公室与教室。附中遂陷入停课状态。事后，郑洪年向公众通报，肇事学生伙同"外来流氓"，携带武器，武力驱逐师长。① 事件引发广泛注目。② 邝嵩龄等教职员要求郑洪年严惩肇事学生，"必要时即解散学校，亦所不惜"。③ 事件甫经发生，郑洪年已探明黄埔系分子在其中的作用，但不便在报端披露，乃以"校外不良分子"指代。为平息事态，郑洪年决定开除邱延民等六名肇事学生，但为稳住大多数学生，亦承认邝嵩龄对学生"责备或不免过严"。他一面自兼附中主任，改换附中人事，敦促教职员生复课，一面向教育部连发数电，详陈经过，请示处置办法。④ 28日，教育部来电同意郑对肇事学生的开除处分，并"由部迳电吴市长严维该校治安"，但对郑洪年未能事先防范"殊深骇异"，痛批暨大"学风如此败坏"，对郑流露出不满。⑤ 经过郑洪年的紧急措置，28日，除邝嵩龄等少数人外，附中教师多返校上课，事件大体平复。⑥ 不过，黄埔系分子并未善罢甘休。

12月29日下午两点钟，黄埔系分子牛沛江、李新俊⑦等人坐居幕后指挥，发动了驱逐郑洪年的风潮。此时行将上课，部分学生手持武器，突然闯入教职员办公室，指斥郑洪年滥用私人，任人唯亲，将郑与教职员全部驱离，并封锁办公室、教室。⑧ 学校"顿成紊乱状态"，⑨ 大学部遂全面停课。

黄埔系的再次动作，直接侵害郑洪年的切身利益，令其不能忍受。29日，郑急电教育部，点明派系操纵的真相，要求教部严惩。翌日，教育部

---

① 《为暨大附中风潮事向社会通报》（时间推断约为1933年12月31日），上海市档案馆藏，案卷号：Q240-1-579。
② 《学生驱逐先生，说应有择师自由，暨大附中昨发生风潮》，《大公报》1933年12月27日，第3版。
③ 《暨大中学部生驱主任》，《申报》1933年12月27日，第12版。
④ 《暨大附中潮》，《大公报》1933年12月28日，第3版。
⑤ 《教育部密电13929号：致暨大校长郑洪年》（1933年12月28日），上海市档案馆藏，案卷号：Q240-1-579。
⑥ 《暨大附中已恢复常态》，《申报》1933年12月29日，第12版。
⑦ 李新俊（1905—1984），广东新会人，黄埔军校四期生，曾任力行社干事会干事，黄埔系骨干分子。
⑧ 《暨南风潮波及大学部》，《申报》1933年12月30日，第15版。
⑨ 《王世杰电杨永泰请速电吴铁城严予制裁暨南大学学潮并请示解决方略》（1933年12月30日），"蒋中正总统文物/特交档案/一般资料"，台北"国史馆"藏，典藏号：002-080200-00143-039。

回电，部长王世杰对学生连番举动"殊堪骇异"，一面继续请上海市政府出面干预，请吴铁城派警察维护暨大内外安全，"查拿鼓动滋事分子"，并决定派人秘密调查，"商承中央从严处理"，一面要求郑洪年"尽力维持，以重校务"，不使事态扩大。① 鉴于内情复杂，王世杰不敢骤下决断，除严嘱郑洪年不得泄露往来电文外，立即向最高层汇报。

30日，王世杰密电蒋介石（由南昌行营秘书长杨永泰转呈），详述了暨大风潮的内情，点出了黄埔系分子在其中扮演的角色，"据报该校风潮系由校外人牛沛江、李新俊、范慷源等等制造"。王世杰担心暨大风潮会引发各地学潮，"在此剿匪讨逆时（指福建事变）期至堪忧念"，请蒋"酌示方略"。② 王世杰在致电杨永泰前，曾致电陈立夫，询问蒋介石对此事的态度，并问及牛、李等人举动是否受命于蒋介石。陈立夫表示牛、李二人不是蒋所派，但王并不十分相信。③ 30日，陈立夫也密电毛庆祥（南昌行营委员长秘书），请其向蒋介石转呈王世杰等人的上述疑问。陈立夫表示，"自称委员长授予短刀之暨大去职教授牛沛岗（为江之误——引者注）日前率领数十人将暨大附中占领，现又鼓动学生罢课驱逐郑校长，群情惶惑"。陈立夫还提到了一个重要情况，即萧赞育（黄埔一期生，力行社创建者之一）之前曾在他面前谈及要在暨大发动风潮的情形。陈立夫向蒋介石坦白，"职虽承钧座面示，对同学予以指导……事前曾告萧赞育不可轻举，终无所补"。陈立夫言下表明，蒋介石之前似有整顿暨大、撤掉郑洪年之意，并曾与陈立夫及萧赞育等人面谈过，还让陈立夫对萧赞育等黄埔学生负起指导之责。但陈立夫向蒋呈明，萧赞育等人策动暨大风潮与己无关。陈所言，似真假参半。蒋面告陈应对黄埔门生予以指导一节，应该为真，但陈劝告萧赞育

---

① 《王世杰致郑洪年密电》（1933年12月30日），上海市档案馆藏，案卷号：Q240-1-579。
② 《王世杰电杨永泰请速电吴铁城严予制裁暨南大学学潮并请示解决方略》（1933年12月30日），"蒋中正总统文物/特交档案/一般资料"，台北"国史馆"藏，典藏号：002-080200-00143-039。
③ 《陈立夫电毛庆祥转呈蒋中正如何处置牛沛江占领暨大附中鼓动罢课事》（1933年12月30日），"蒋中正总统文物/特交档案/一般资料"，台北"国史馆"藏，典藏号：002-080200-00141-098。王世杰为何会向陈立夫询问蒋介石对复兴社骨干发动风潮的态度？从陈立夫致蒋介石的电文中或可推测蒋先前曾有让陈立夫指导复兴社人员的意思。陈原话为"职虽承钧座面示对同学（按：同学应为蒋介石对复兴社成员的称谓）予以指导"［见《陈立夫电毛庆祥转呈蒋中正如何处置牛沛江占领暨大附中鼓动罢课事》（1933年12月30日），"蒋中正总统文物/特交档案/一般资料"，台北"国史馆"藏，典藏号：002-080200-00141-098］。王世杰等人应该是知道这一内情的，故有向陈立夫询问之举。

不可妄动或有水分。从 CC 系与黄埔系暗斗的情形讲，陈立夫应该很乐意看到在蒋介石忙着处理"福建事变"的档口，萧赞育等人在暨大鼓动学潮的"不合时宜"。陈立夫还给黄埔系"上眼药"，"事后各方又来查询，无以为答，愧甚罪甚。汪先生在国防会议中公开以蓝衣社之嚣张为言。今暨大一事又足以增彼等恐怖之念，奈何奈何？此事如何处置？祈示知为祷"。① 可见，陈立夫明面上是想探明蒋介石对此事的态度，实际上有意在蒋面前揭露黄埔系学生不能为蒋分忧的无能。

蒋介石很快就对陈立夫的呈报进行了批示。内容只有短短几字："中正未知牛、李、□人必系假冒。请照律办理可也。"蒋显然对此事不知情，恼怒之下甚至指示要法办"假冒"牛、李之人。但如此表示，已是有意为其黄埔学生开脱。只是，经陈立夫的面告，黄埔系没有在蒋那里取得头彩。而可注意的是，蒋并没有立刻叫停此事，派人镇压学潮。从某种角度来讲，蒋或已默认此事。精明如陈立夫者，自然对蒋的心思摸得很透。之后，CC 系分子便取代了黄埔系。因他们更讲求时机与策略，风潮开始朝着他们的预想推进。

三 "驱郑"与"拥郑"的博弈：风潮之演进

CC 系介入后，主要利用两股力量推动风潮，一个是在 CC 骨干学生掌控的学生自治会基础上成立的"护校驱郑"会，一个是在风潮进行中被 CC 分子改组控制的上海校友会。二者分别用学生、校友的身份公开活动，刻意隐藏其派系背景，唱和配合，颇具力量。这正是 CC 系的高明之处。

暨大学生自治会于 1933 年 4 月 13 日成立。②九一八事变后，上海学生救亡运动高涨，为对付学运，CC 系骨干潘公展（上海教育局局长）、吴醒亚（上海社会局局长）等人秘密吸收上海各校的国民党籍学生，在校内建立秘密组织，并利用这些学生青运分子渗入并掌控各校的学生会组织，以加强

---

① 《陈立夫电毛庆祥转呈蒋中正如何处置牛沛江占领暨大附中鼓动罢课事》（1933 年 12 月 30 日），"蒋中正总统文物/特交档案/一般资料"，台北"国史馆"藏，典藏号：002 - 080200 - 00141 - 098。

② 《学生自治会正式成立》，《暨南校刊》第 59 期，1933 年 4 月 17 日，第 12 页。1930 年，为遏制学生的政治化倾向，国民政府曾通令全国各高校筹备学生自治会，但由于暨大在"一·二八"事变中遭受了严重损失，筹备工作一直拖延，直到 1933 年 4 月才正式成立该组织。

对各校的党化控制。而在事实上，学生自治会又受学校所在地的党部领导，①这为CC系分子控制学生提供了条件。暨大的周世辅、东吴法学院的薛光前、大夏的刘修如、复旦的莫萱元、交大的袁炳南等人均是潘、吴看重的青运骨干，在各校学生自治会中担任了重要职务。②周世辅因在暨大主持学生自治会事务，被别人戏称为"真如学生之王"。③

12月29日晚，暨大学生自治会召开会议，为驱长行动构建"正义"话语。周世辅作为大会主席，在会上起了重要作用。经其运作，会议完全否定了郑洪年任内的成绩，抨击郑"长校以来，毫无建树，措置乖张，以致酿成现在混乱状态"，故要将郑及其私人（商学院长孙越、会计系主任刘望苏、职员杨裕芬等人）驱逐出校。会议决定组织"护校驱郑委员会"，推举周世辅、熊鹏南、萧光烈等26人为委员，全权负责"护校驱郑"的一切事宜。为降低政府方面的疑虑，会议决定在全面罢课期间，由"护校驱郑委员会"维持学校秩序，不使风潮失序，以增进政府与社会舆论的同情，但"新校长未到校前，一律不准复课"。④该会随即向外界广布宣言，表明"驱郑"决心。⑤

在学生动作的同时，郑洪年也在急思应对之策。首先，自是向官方寻求支持。郑洪年迭电教育部，要求严惩幕后黑手。教育部原则同意郑洪年开除肇事学生的请求，但亦指斥其整饬学风不力，以致在斯时教部整理上海各校的关口，发生学生"驱长"情事。⑥相较于教育部的苛责态度，暨大秘书长杨裕芬首在报上发声，力挺郑洪年，"本校校长及全体教职员认为此次风潮系少数人从中操纵，一部份学生从而附和……对于主持风潮之激烈分子应予严究，大部附从学生应促其悔过"。杨向教育部喊话："如暨大学

---

① 《学生自治会组织大纲》（1930年1月28日）、《国民党中央执行委员会关于学生团体组织原则及根本精神的指令》（1930年3月21日），中国第二历史档案馆编《中华民国史档案资料汇编》第5辑第1编"政治"（4），江苏古籍出版社，1994，第5—15页。
② 参见周世辅《周世辅回忆录》，第49—50页；卓遵宏、陈进金访问《刘修如先生访谈录》，台北，"国史馆"，1996，第24—28页；薛光前：《困行忆往：薛光前博士重要编年自述》，台北，传记文学出版社，1984，第16页。关于国民党学运政策的研究，可参见黄坚立《难展的双翼：中国国民党面对学生运动的困境与决策：1927—1949年》，商务印书馆，2010。
③ 周世辅：《周世辅回忆录》，第50页。
④ 《暨南风潮波及大学部》，《申报》1933年12月30日，第15版。
⑤ 《暨大学潮，学生罢课驱郑洪年》，《益世报》1933年12月30日，第2版。
⑥ 《王世杰电杨永泰请速电吴铁城严予制裁暨南大学学潮并请示解决方略》（1933年12月30日），"蒋中正总统文物/特交档案/一般资料"，台北"国史馆"藏，典藏号：002-080200-00143-039。

"派系撕裂校园"：暨南大学驱长风潮研究（1933—1934）

潮无适当之严格处置，则教育前途必濒破产。"①

与当局密切沟通外，郑洪年也冀望于舆论同情。12月30日，他发表公开谈话，揭露派系势力操纵风潮的内情，"此次意外风波之发生，揭穿内容，不值一笑。盖以校外杂凑份子，不外某某两派，挂羊头，卖狗肉，以极少数之极小组织，披猖獗肆，姑无论矣。而国民党内之有同志若此，实深诧异"。同时，他揭示"护校驱郑委员会"组织由派系势力授命所属学生成立，并非出自大部学生意愿，"（该会）由校外人冲入指挥，临时召集会议，亦不通知全体，纯以少数劫持多数，青年何辜，遭兹鱼肉"。②"某某两派"自然指向了CC系与黄埔系。郑决定跟两派斗争到底，称"余垂老矣，尚复何求？横遭摧残，本无所惧，惟自问无过，何咎可引而须辞。余产生于董事会，受命于中央，来去坦白，决不任人强取豪夺。余为老党员，今虽离开政治，专从事于教育，继受党国保护"。③

学生方面力斥了派系操纵的说法，严申"驱郑"之决心："此次风潮，学生纯为整个学校前途及华侨教育起见，不得不出此行动，以达驱邝倒郑为目的。如目的不达，学生宁可全部离校。"为了表明"驱郑"的正当，学生方面提出了改革校政的五点要求，即减免学宿费、优待华侨、恢复师资科师范科免费制度、学分制须照教育部规定、改良职员不平等待遇。其中，"驱郑"被作为校政改进的前提。报端辩驳外，"护校驱郑委员会"开始派代表赴市府请愿，要求市长吴铁城呈请中央撤换郑洪年，但未获明答复。在周世辅的主持下，"护校驱郑委员会"在30日晚上举行首次大会，决定发动一切力量驱郑：发动中学部一致参加护校驱郑运动；呈请教育部、中央党部、行政院、校董会，撤换郑洪年；派代表即日晋京向教育部请愿；发布告华侨父老及同学教职员家长书；驱郑运动未达到目的时，暂停止上课，劝告同学切勿离校，以维秩序；招待新闻界，争取舆论同情。④ 在CC系学生的领导下，"护校驱郑委员会"的斗志被激发出来，与郑洪年一方的争执越发激烈。

学生们咄咄逼人的态度，引起了教职员及校友会不同程度的不满。29日，暨大教职员成立代表大会。除派代表晋京报告外，并向教育部呈电，

---

① 《暨南风潮波及大学部》，《申报》1933年12月30日，第15版。
② 《暨南风潮扩大，大中学部无形停课》，《申报》1933年12月31日，第14版。
③ 《沪暨南大学风潮扩大》，《世界日报》1933年12月31日，第2版。
④ 《暨南学潮背景难问，郑洪年决不屈服》，《益世报》1934年1月3日，第2版。

强调学生受到"外来暴徒"武力胁迫，政府须严惩涉事人员。30日上午，教职员代表赴市府报告，要求吴铁城惩办幕后黑手。吴在安抚教职员情绪后，希望教职员对当局抱持信心。学生罢课封校，事涉教职员切身利益，而幕后势力尤引其痛恨，因此才有"拥郑"之举。但事态复杂，教职员实不愿过多涉入学生与校长的纷争，得到市府答复后，便不再公开发声。相较于教职员的审慎，上海校友会则"一致拥护郑校长"，并积极联络各地校友会"拥郑"，形成了不小的声势，给郑洪年莫大的支持。① 但后来，随着CC系会员对上海校友会的改组，它最终沦为"驱郑"的工具。

经过各自表态，"驱郑"与"拥郑"的力量开始集结对抗，事态复杂起来。

31日，"护校驱郑委员会"发文批驳郑洪年、教职员会及上海校友会关于派系操纵风潮的指责，表示"学生运动纯出于护校热忱，不受任何派系之举动"。不过，在义正词严的声讨背后，该会亦承认，学生自治会委员多系"国民党忠实同志"，透露出"护校驱郑委员会"的派系背景。② 当日下午，为争取舆论同情，该会召开记者招待会，激烈批评郑洪年对暨大的"荼毒"，阐明"驱长"的正义所在：

  近年以来，郑氏措施乖张，全体学生积数年来之愤懑，为自身学业计，为学校前途计，于是风潮不期然而爆发。今郑氏苟稍知自爱，宜如何洁身引退，以谋自拔……其谓风潮由于外来某某两组织，所谓某某两组织，究何所指？此种故布疑阵，一若白昼梦呓。试问郑氏办学固有成绩，学生何敢不满，又何必不满，固不知教育为何事，更不明学校为何物。不惟徒见其心劳日拙，益且自砭其人格，自暴其短。③

该会利用郑洪年未便公开指明派系的心理，营造出弱势群体饱受压迫的形象，博取同情。由于其所述情形涉及隐秘且真假难辨，而郑洪年治校口碑确在师生中间参差不齐，很容易影响公众的判断，不得不说该会在宣传策略上高明。

暨大风潮引发社会震动，各种传闻层出不穷。媒体常常未能核实消息

---

① 《暨南风潮扩大，大中学部无形停课》，《申报》1933年12月31日，第14版。
② 《暨南大学风潮未已》，《申报》1934年1月1日，第34版。
③ 《暨南大学风潮未已》，《申报》1934年1月1日，第34版。

"派系撕裂校园":暨南大学驱长风潮研究(1933—1934)

来源,报道多有错讹,但足见暨大风潮广泛的社会影响。这恰是政府方面所不愿看到的。

1934年1月2日,吴铁城致电在福建浦城处置闽变的蒋介石(由侍从室主任林蔚转呈),指责郑洪年日前"于报端发表露骨谈话",引起学生不满,风潮反有扩大之势。吴向蒋呈明,"学生方面除坚持去郑外,一切尚能听党政机关处置,不致影响其他",只要尽快解决好校长问题,风潮自能平息。① 此时,吴铁城已倾向于撤换郑洪年。九一八事变后,暨大学生频频在学运中充当先锋,作为上海市长与暨大董事,吴铁城对校长郑洪年已生不满。如能在平息风潮的同时,顺势拉郑下马,也算"好事"一桩。吴铁城很快将此意透露给杨永泰。杨心领神会,1月3日致电蒋介石(由侍从室主任林蔚转呈),提出撤换郑洪年、整顿暨大的建议。杨表示,郑洪年办理不善,暨大"确为腐化恶化之源,亦向为不良政客酝酿政潮之工具",故"似有另行物色适宜之校长,加以彻底改革之必要"。杨希望蒋能在时局艰困的危急时刻,一举解决华侨学府的重大问题。② 吴、杨均系政学系要角,对与孙科亲近的郑洪年并不青眼,此时"落井下石",显有派系斗争的因素在。

不过,蒋介石此时忙于前线战事,不想因撤掉郑洪年引发更多麻烦,故训谕杨永泰等人"以切戒学生谨守秩序,校长问题听候中央解决可也"。③ 1月6日,蒋介石再次密电杨永泰,强调其"建议改革暨校,暂缓可也"。④ 注意,蒋这里说的是缓办,而不是不办。说明蒋在思考之后,已同意杨的建议,但要放在闽变平定后进行。蒋的态度影响了地方与中央机关对暨大

---

① 《吴铁城电蒋中正转林蔚暨南大学学潮已平学生坚持除去郑洪年校长将听候中央解决》(1934年1月2日),"蒋中正总统文物/特交档案/一般资料",台北"国史馆"藏,典藏号:002-080200-00143-032。陈立夫、王世杰向蒋介石汇报暨大风潮时,皆指明是黄埔系分子发动。吴铁城却有意略过此节不提,而将风潮视为学生反对校长的单纯行为,将责任引到郑洪年身上,即"暨南大学学生反对校长郑洪年之酝酿由来已久。前由中学部发动风潮时铁城以剿匪攻闽之际,后方亟应安定。经嘱吴醒亚、李新俊两同志剀切劝告,风潮始平。嗣因郑校长为应付反对派学生,措置失当,于年假之际又激成全部罢课风潮"。这里,吴铁城还特意提到吴醒亚、李新俊二人在平息暨大附中风潮中的作用,不知何意?或许吴早就查知了李新俊等人有在暨大发动风潮的意图,而派其和吴醒亚合作平息风潮,似有乐看CC、黄埔两派相斗的想法。
② 《杨永泰致林蔚电》(1934年1月3日),"蒋中正总统文物/特交档案/一般资料",台北"国史馆"藏,典藏号:002-080200-00143-032。
③ 《杨永泰致王世杰电》(1934年1月3日),"蒋中正总统文物/特交档案/一般资料",台北"国史馆"藏,典藏号:002-080200-00143-039。
④ 《蒋中正电杨永泰可暂缓改革暨南大学事》(1934年1月6日),"蒋中正总统文物/特交档案/一般资料",台北"国史馆"藏,典藏号:002-080200-00143-074。

风潮的态度。闽变结束前,尽管CC系分子、郑洪年以及暨大师生、校友等各方力量站在"驱郑"与"拥郑"的两歧立场纷争不休,地方与中央当局始终谨守蒋介石意旨,在不使风潮扩大的前提下,对双方的诉求未做任何倾向性的表态。风潮前后持续月余,当与此有关。

按照既定策略,1月3日,"护校驱郑委员会"晋京代表分赴教育部、行政院、侨务委员会等处请愿。院部会各方态度划一,均劝其返校上课,静候中央处置。代表遂转而接受京中记者采访,陈说风潮是学生对校务极端失望的结果,"驱郑"动机纯正。代表们向媒体申明,暨大教职员从未有向教育部呈电之举,报端前登电文系人假冒。学生此举明显是为了分化"拥郑"一方力量。由于教职员未对此表态,学生一方在社会舆论导向上稍占上风。暨大南京校友会也因此受到影响,对学生改革校务的决心"亦表同情"。① 这与上海校友会鲜明的"拥郑"立场已有不同。郑洪年感受到了压力,当晚便赴京,拟亲向教育部解释风潮内情,求其支持。校长与学生的对立升级。

1月4日,上海各大学教职员联合会看到风潮无和缓的迹象,接连呈电教育部、行政院及中央党部,希望当局早日平息风潮,避免华侨学府受损,对郑洪年给予了暗中的支持。② 而在同一天,"护校驱郑委员会"为增强"印象分",同意了上海市长吴铁城先行恢复学校秩序的要求,令职员限期回校办公,违者以退职论。此举作风霸道,陈中凡、张耀翔等学校领导层进行了抵制。但由于该举暗合教职员心理,又有政府支持,大部职员应命回校。该会还适机开放了学生自修室,获得了中间派学生的好感。"护校驱郑委员会"得以继续控制校园秩序。

1月5日,晋京请愿代表无果而返。"护校驱郑委员会"开始转求吴铁城、孔祥熙、宋子文、孙科等校董,请他们提请董事会解决校长问题。而校长问题涉及敏感,诸位校董不愿在此时表态,学生屡次面谒多不获见。CC系分子掌控的上海各大学学生联合会按捺不住,③ 主动声援暨大学生的"护校驱郑"行为,表示只要政府将郑拿下,"风潮夕平"。1月6日,《申

---

① 《暨大学生代表来京请愿》,《中央日报》1934年1月5日,第3版。
② 《行政院教部等劝暨大学生先行复课,驻京同学拟进行调解》,《申报》1934年1月5日,第18版。
③ 参见《调查员姜豪致国民党中央民众运动指导委员会呈》(1933年4月3日),中国第二历史档案馆编《中华民国史档案资料汇编》第5辑第1编"政治"(4),第455页。

报》赞赏了"护校驱郑委员会"主动维持校园秩序的行为,认为其将风潮限定在可控范围内,在以往学潮中并不多见。① 学生方面的社会公关有了一定效果。

郑洪年准备使出期末考试的"撒手锏",破除风潮。1月4、5两日,郑洪年连电教育部,请其允准于8日照常举行期末考试。② 6日,王世杰回电同意,并"转函上海市政府转行公安局严维该校治安,俾便举行考试"。③暨大南京校友会派代表赴校调解,请学生按期考试。④ 郑洪年也想借机恢复校长权威。但学生方面表示"驱郑"未成,不便考试,内中显有逃避考试的私衷。⑤ 由于学生坚决反对,考试未能举行,郑洪年的意愿落空。学生方面更提请当局从陈立夫、林森、戴季陶、邵力子中选一人为校长,令郑洪年大为激愤,坚决不愿辞职。⑥ 双方矛盾激升。

迫于学生、郑洪年及社会舆论的压力,政府方面无法一直"和稀泥"。1月6日,教育部、侨务委员会均派员赴暨大调查风潮实情。⑦ 同日,上海校友会公开发表调停宣言,规劝学生"迷途知返",建议郑洪年切实考虑学生的校务改进意见,整顿校务。⑧ 由于CC系会员的作用,上海校友会的态度与前有所变化。1月7日,首都校友会代表汪竹一等人赴暨大调解,但"护校驱郑委员会"坚持"驱郑",双方不欢而散。下午,上海校友会开会,邀请"护校驱郑委员会"及首都校友会代表与会,讨论风潮解决办法。《申报》记载,上海同学会在会上透露郑洪年已有去意,只要"学校继长得人",学生能"从速恢复原状"。但1月9日,上海校友会登报否认说过"校长辞职不成问题"一语,表示会继续支持郑校长,谴责假冒上海校友会的组织。⑨ 可见,在CC系会员的活动下,该会在"拥郑"上已出现激烈纷

---

① 《暨南大学晋京请愿代表返校,学生代表昨谒吴孔宋三校董》,《申报》1934年1月6日,第14版。
② 《郑洪年致王世杰代电》(1934年1月4日—5日),上海市档案馆藏,案卷号:Q240-1-579。
③ 《王世杰致郑洪年代电》(1934年1月6日),上海市档案馆藏,案卷号:Q240-1-579。
④ 《暨大学潮即可平息,自治会代表昨已返沪,拟劝导同学即行复课》,《中央日报》1934年1月6日,第2张第3版。
⑤ 《暨南大学风潮》,《十日谈》第16期,1934年1月10日,第2页。
⑥ 《沪暨南学潮,双方坚持仍难解决》,《益世报》1934年1月6日,第6版。
⑦ 《暨大学潮,侨委会派员调查真相》,《益世报》1934年1月7日,第2版。
⑧ 《暨大学生昨谒孔宋,侨会派员调查学潮真相》,《申报》1934年1月7日,第14版。
⑨ 《教部派雷震秘密调查暨大风潮,侨生派二人代表晋京陈述真相,结束考试昨并未举行》,《申报》1934年1月9日,第13版。

争。这对郑洪年一方明显不利。

7、8两日，侨委会代表在暨大调查。侨委会委员长陈树人曾在6日致函郑洪年，请其接洽调查代表，但8日郑才收到该函，未及与该代表等洽商。① "护校驱郑委员会"获得先机，在两天内派员全程陪同代表调查，因而调查结果对郑洪年有所不利。"护校驱郑委员会"一面等待政府机关的意见，一面加大了向董事会诸校董请愿游说的力度。8日起，组织学生轮番面谒诸校董，寻求"驱郑"支持。与此同时，"拥郑"一方也加快了动作。8日，侨生代表林炎西、吴一萍晋京，申述学潮真相，请当局严惩肇事学生及背后的派系势力，对郑洪年表示了支持。② 10日，郑洪年呈电教育部，指责"护校驱郑委员会"组织纠察队，破坏原定8日的举行的期末考试，并声称该会纠集校外分子驻校，威胁师生安全。③ 12日，"护校驱郑委员会"登报驳斥郑的说法。双方你来我往，争斗不休。

11日下午，上海校友会召开全体大会。CC系会员平祖仁担任会议主席，纠合其他会员全面改组了执、监委员会，平祖仁出任校友会主席，会中的"拥郑"力量被全数清除。会议决定改变"拥郑"立场，联合"护校驱郑委员会"共同驱郑，向社会各界申明态度。CC系"驱郑"的两股力量彻底联合起来，给了郑洪年重重一击。更严重的是，当天晚上，附中学生自治会及华侨学生联合会也全体加入"护校驱郑委员会"。华侨学生联合会还将先前晋京的侨生代表开除出会，并公开否认了他们的拥郑言论。此外，受CC系学生控制的上海中等学校学生联合会也开始声援"护校驱郑委员会"的行动。④ 凡此种种，说明"驱郑"一方在较量中已开始占据上风。但话说回来，政府方面还未对校长问题明确表态，鹿死谁手还不能确定。

于是，郑洪年再次上书教育部，希望暨大能从1月13日起提早放寒假，从事实上结束已历两周的风潮。⑤ 教育部很快同意所请，但被"护校驱郑委员会"坚决拒绝。并且，该会于15日再次派出代表，与上海校友会代表一道赴京请愿。代表进京后，辗转于教育部、行政院、侨委会等各处，迟迟

---

① 《侨务委员会委员长陈树人致电暨南大学校长郑洪年》（1934年1月6日），上海市档案馆藏，案卷号：Q240－1－579。
② 《教部派雷震秘密调查暨大风潮，侨派二人代表晋京陈述真相，结束考试昨并未举行》，《申报》1934年1月9日，第13版。
③ 《教部对暨大风潮待雷震返京再定处置》，《申报》1934年1月11日，第15版。
④ 《暨南大学风潮昨闻》，《申报》1934年1月12日，第14版。
⑤ 《郑洪年致王世杰代电》（1934年1月9日），上海市档案馆藏，案卷号：Q240－1－579。

未获结果。① 教育部部长王世杰耿耿于学生反对提前放假、咄咄逼人的态度，对请愿学生不假颜色，指斥其所用的"护校驱郑"名义，"显系不当"，② 让代表们颇为沮丧。16 日，教育部高教司司长沈鹏飞透露，现下教育部与侨委会正在斟酌调查报告，会商处理意见，"预定在寒假期内，政府当有相当解决办法"。③ 这是政府方面首次较为确定的答复。有人透露，中央各机关对学生已生同情，"撤郑问题即在四中全会时解决"。④ 此时，闽变大体平定，时局已趋和缓，⑤ 国民党四届四中全会将按期举行（1934 年 1 月 20 日开幕），⑥ 蒋介石所称"改革暨大"的时机已经成熟，政府方面的态度开始明确，故沈鹏飞有此一语。

1 月 17 日，改组后的上海校友会迭派代表向市长吴铁城及教育局长潘公展请愿，请其继续支持"驱郑"。吴的态度已转积极，"允于日内晋京与各校董商洽校长问题"，而潘则欣然允诺"将暨大驱郑详情转呈教部"。⑦ 代表们还请吴铁城致函市党部，限制被罢免的前暨大上海校友会执监委员的日常行动，说明 CC 系分子还未能完全压制校友会内部的反对声音，不得不向党部求援。而就在 1 月 19 日，林森（国民政府主席、暨大校董）与孙科（立法院院长、暨大常务校董）二人还收到了署名"国立暨南大学上海同学会（即校友会）"的电文（1 月 18 日发送）。内中认定风潮由"野心家所觊觎煽惑"，他们"直视党纪国法于无存"，多数学生"横被压迫者迄今兼旬"。电文表示"誓以全力拥护郑校长"，并呼吁校董们能在京参加四届四中全会时，临时召开董事会，严惩风潮主动分子，"以振纲纪而维学风"。⑧ 电文显系被罢免的前执、监委员所发。可堪玩味的是，电文发给了与郑洪年关系较近的林、孙，而没有同时发给常务校董陈立夫，内中意涵不言而喻。

随后，青岛校友会、武汉校友会、南京校友会纷纷向校董会及中央各

---

① 《暨大沪同学会推代表来京请愿》，《中央日报》1934 年 1 月 15 日，第 2 张第 3 版。
② 《暨大请愿团从速返校》，《申报》1934 年 1 月 18 日，第 13 版。
③ 《沈鹏飞谈暨南大学风潮，寒假期内可望解决》，《世界日报》1934 年 1 月 20 日，第 7 版。
④ 《保管暨南重要文件》，《申报》1934 年 1 月 18 日，第 13 版。
⑤ 《闽变告一段落后之政局》，《大公报》1934 年 1 月 11 日，第 1 版。
⑥ 周美华编注《蒋中正总统档案：事略稿本》第 24 册，台北"国史馆"，2005，第 188 页。
⑦ 《保管暨南重要文件》，《申报》1934 年 1 月 18 日，第 13 版。
⑧ 《国立暨南大学上海同学会电行政院：为母校自郑校长重长以来励精图治不图为野心家煽惑风潮请严厉处置》（1934 年 1 月 18 日），"暨南大学风潮案"，"国民政府/教育（文化）/高等教育/大学"，台北"国史馆"藏，典藏号：001 - 091011 - 0003。

院部会呈电、请愿，一致表态支持郑洪年，并呼吁各地毕业校友同学"一致奋起，与破坏母校之恶势力为正义之周旋"。三会要求上海校友会恢复"拥郑"立场，勿再受人蛊惑，并谴责"护校驱郑委员会"罔顾事实，指责其所列校政改革数点，皆属国家教育大政，"非校长所能擅断"，故"驱郑"实无理由。① 可见，"拥郑"一方感到情势不妙，开始奋力回击。

不过，无论是"护校驱郑委员会"与郑洪年，还是他们各自背后的"驱郑"与"拥郑"两派，都非风潮的终结者。由于风潮涉事双方均有政治背景，涉及派系权争，学生与校长间已非"人民内部矛盾"，社会影响巨大，当局解决起来颇为棘手。行政院院长汪精卫决定完全交与教育部处置，如教育部仍无法解决，再提交中政会处置。② 教育部方面不愿再事拖延，几经权衡后，决将风潮处置权交给暨大董事会，利用暨大自身比较特殊的权力体制来解决问题，政府只从旁监督。这种处置自有道理。董事会在形式上仍属大学的内部组织结构，作为暨大最高权力机关，负有推选校长之责，但同时又在事实上受国民党中执会领导，拥有在学府与政府间自如转圜的权力来源与身份象征。③ 由其处理风潮，既能为涉事双方接受也不致留下"后遗症"。在这个思路下，暨大驱长风潮快得到了解决。

四 "各打五十大板"：风潮之平息

国民党四届四中全会定于1934年1月20日开幕，暨大部分董事已提前到京。为免夜长梦多，经教育部部长王世杰提议，常务董事郑洪年、孙科、陈立夫同意于1月19日召开临时董事会，从速解决风潮。

19日下午5时（一说6时），暨大董事会假借教育部开会。虽然是临时会议，但郑洪年、陈立夫、孙科三位常务董事如数到齐，董事中林森、马超俊也到会，符合法定开会章程，所做决议是有效力的。教育部部长王世杰也应邀参会讨论。会议进行之时，"护校驱郑委员会"代表陈天和等人在教育部请愿，试图引起董事们同情。郑洪年是风潮中的直接当事人，在报

---

① 《暨南大学风潮昨闻》，《申报》1934年1月19日，第14版。1月19日，上海校友会主席平祖仁公开否认了青岛、武汉、南京校友会有电呈中央各院部挽留郑洪年的行为。见《暨大校董会议决维持原任校长》，《申报》1934年1月20日，第14版。
② 《暨大校董会议决维持原任校长》，《申报》1934年1月20日，第14版。
③ 《国立暨南大学董事会章程》（1931年2月25日），上海市档案馆藏，案卷号：Q240-1-682-59。

"派系撕裂校园":暨南大学驱长风潮研究(1933—1934)

告完学潮经过并称决不辞职后,不得不因避嫌而在校董会商讨校长问题时退出会场。① 在命运所系的重要关头,郑洪年反不能像往常那样参与决策。董事会对校长人选如何讨论,现在不得而知。在郑洪年缺席的情况下,如果陈立夫坚决"驱郑",并透露出蒋介石已有撤换校长、改革暨大的意思,林森自不会唱反调,孙科、马超俊虽与郑洪年交好,想必也不会执意维护郑洪年,最多给郑争取点下台的体面,惩罚在风潮中带头的学生。郑洪年被撤掉已成定局,事实也印证了这一点。王世杰之后便表示,教育部是根据暨大校董会的决议案发表部令,解决暨大风潮的。②

不过,由于商讨结果还要报请高层,教育部并没有立即公之于众,各报开始纷纷猜测内情,《申报》甚至言之凿凿地表示,"(校董会)议决校务仍请郑维持"。③ "护校驱郑委员会"开始坐不住了。1 月 20 日,该会发布紧急布告,表示"郑氏一日不去,本会工作一日不止";并令在京代表继续请愿,还联合大学联、中学联等组织当局施加压力。上海校友会电告董事会,勿因顾及郑洪年一人,"而忽略千余同学学业及学校前途",并继续呈请中政会、教育部、侨委会等撤换郑洪年。④ 22 日,"护校驱郑委员会"还派出第三批赴京请愿代表,声称携有郑洪年"祸校"的大量罪证。⑤

在"驱郑"一方的连串动作下,教育部不得不在 1 月 23 日公布了最终解决办法。教育部对学生和校长"各打五十大板":一面派总务司长雷震、同济大学校长翁之龙,在暨大校董会的指导下,对肇事学生调查严办;⑥ 一面敦令郑洪年赴南洋视察华侨教育,为暨大筹募基金,⑦ 并派高教司司长沈鹏飞代理校长职务。⑧ 王世杰强调,由于暨大董事会处置学潮"极为慎重",政府方面决定完全尊重董事会的意见,"照校董会决议案办理"。王世杰严斥了学生在风潮中的行为,认为"一部分学生行动逾轨",要求他们"立即

---

① 《暨大董事会昨开会商解决学潮》,《中央日报》1934 年 1 月 20 日,第 4 版。
② 《教部发表部令解决暨大学潮》,《京报》1934 年 1 月 24 日,第 3 版。
③ 《暨大校董会议决维持原任校长》,《申报》1934 年 1 月 20 日,第 14 版。
④ 《暨大驱郑会态状坚决》,《申报》1934 年 1 月 21 日,第 15 版。
⑤ 《暨大风潮愈趋激烈》,《中央日报》1934 年 1 月 23 日,第 1 张第 4 版。
⑥ 《暨大风潮解决》,《申报》1934 年 1 月 24 日,第 14 版。
⑦ 《教育部训令第七八九号 令国立暨南大学校长郑洪年》(1934 年 1 月 23 日),上海市档案馆藏,案卷号:Q240 - 1 - 667。
⑧ 《教育部训令第七九一号 令国立暨南大学》,1934 年 1 月 23 日,上海市档案馆藏,案卷号:Q240 - 1 - 667。

觉悟","倘仍有纷扰,将提请政府采取严厉处置"。① 至此,迁延月余的暨大风潮得以解决。

教育部将处置风潮的权力完全归于暨大校董会,实际上是看清了暨大的复杂权力格局,不愿在校长问题上卷入派系纷争中。事实上,国立大学的"驱长"风潮一般都会牵涉到复杂的政治因素,政府在应对上并不轻松,尤其是暨大这样有着特殊政治象征意义的华侨学府。因此,当暨大拥有国立大学不多见的董事会这样的大学治理结构时,政府当局自然愿意加以利用,并重塑学校的权力格局。这或许是政府在处理暨大学潮时得到的一种独特经验。

暨大董事会和教育部没有直接罢免郑洪年,而是以出洋考察的名义将其支离。这虽是政治上惯用的手法,但多少给郑洪年留了台阶,保全了其作为政治人物的体面。1月24日,孙科特代表董事会致函郑洪年,对其进行安抚。孙强调董事会并没有罢免郑的校长职务,只是在其出差期间"由教育部派员维持校务"而已,还向郑表明校董会与教育部会严惩煽动风潮的学生。只不过,从事实上讲,郑洪年仍然是被派系操纵的学生驱长风潮赶下台的,其内心自然不平。对当局的安排,郑洪年明面上表示接受,但并不甘心。他对记者表示,风潮发生后,他曾多次向董事会表明"不辞职、不请假、不推人代理、不愿解散学校"的态度,但事已至此,多说无益,并强调"此后对学校事极不管理,并希望无论校内或校外人,再不来谈学校问题"。郑洪年还表示了对教育部派其出洋的不满,"至教部派本人赴南洋视察华侨教育,事前并未知悉,现亦并无去意"。② 1月25日,郑洪年致电国民党中央,历数了其在校长任上艰难办学的情状,表明任内并无学生所说的"罪行","在昔国库支绌,每值校款拮据之秋,虽典产物,质青耗未惜,区区之愚为此耳。迄今规模酌具,方期可以寡过,无如学风如此,洪年诚信未孚,夫复何言!所念去留不足介意,是非却宜剖明。所有洪年重来七年中治校情形,及财政实在状况,于沈校长到校负责后,敬请钧会行知教育部,即行派员查核。如洪年有渎职之处,自愿受最严厉之处分,用申党国纲纪"。③ 从呈电中可见郑洪年的不平之气。郑洪年还分别致函常务校董孙科、陈立夫以及教育部,阐述了任内因政府财政拮据,不得不以

---

① 《教部发表部令解决暨大学潮》,《京报》1934年1月24日,第3版。
② 《暨大风潮圆满解决》,《申报》1934年1月25日,第14版。
③ 《满纸牢骚,郑洪年电呈中央》,《中央日报》1934年1月27日,第1张第4版。

"派系撕裂校园"：暨南大学驱长风潮研究（1933—1934）

个人名义向各方借款，现因校长更换，各处借款方"催讨甚急"，因此，恳请当局速还借款，保全暨大声誉。① 这不啻打了当局一个响亮的耳光，郑内心的伤楚明显可见。后来，孙科在执掌的立法院内为郑洪年谋了立法委员的职位，算是给旧友的一点抚慰。需要提及的一点是，1934年1月郑洪年离开暨大后，暨大董事会基本不再开会，功能逐渐虚化。后任校长沈鹏飞与何炳松均不是常务董事，而郑洪年在名义上依然是常务董事，直到1949年政权鼎革、董事会取消为止。从这种反常的事后"人事安排"中或可窥见此次驱长风潮的复杂政治内情。

对于学生，当局虽表示要严惩肇事者，"树立全国良好学风"，② 与学生发动风潮的初衷似有差距。但话说回来，为了震慑学生、防范学潮，政府方面必然会这么做。事实上，教育部深知暨大学生"驱长"的内情，并没有真的处置他们。与郑洪年被驱走的情形相比，学生实际上达到了目的。1月25日，"护校驱郑委员会"对教育部的处置办法"认为满意"，对教育部要员代理暨大校务"亦表欢迎"。③ 沈鹏飞到任后，立刻秉承当局意旨，积极整顿校务学风，党化势力在校内的影响大大加强。④

可见，暨大"驱郑"风潮，并不是一般意义上的学生驱逐校长，背后有派系驱动（CC系、黄埔系）的复杂因素，明显可见国民党对大学党化控制的加强。这展示了暨大驱长风潮的复杂面相。

五　余论

暨大驱长风潮涉及多方力量，既有学生、校长、教职员、校友等暨大内部群体，也牵涉地方政府、中央高层（如蒋介石），更有派系势力在暗中操纵，凸显了大学校长在校内外种种力量掣肘下的艰难办学历程。政府、大学、社会各方，在"驱郑"与"拥郑"间来回拉锯，激烈博弈。可以说，风潮的发生、演变乃至解决，都具有非常浓厚的政治意味（董事会的处理本身就是政治斗争的体现）。作为涉事双方，学生与郑洪年虽使尽浑身解

---

① 《郑呈中央查核治校》，《申报》1934年1月28日，第15版。
② 《暨大学潮已解决》，《中央日报》1934年1月24日，第1张第4版。
③ 《暨大风潮圆满解决》，《申报》1934年1月25日，第14版。
④ 龙沐勋：《菖蒲生涯过廿年》，《古今》第22期，1943年5月1日，第27页。沈鹏飞学人气质较浓，与陈立夫的关系较近，代理期间党化势力在暨大的活动更加频繁，校内逐渐动荡不安，沈鹏飞无力执掌校局，任职一年多便自动辞职。

数,动员各方力量,力图将对方打倒,但结果与各自预想均有差距。双方均未完全实现各自诉求,郑洪年被排挤出校,学生也被当局追责(至少明面上如此)。暨大更因这场风潮元气大伤,"一·二八"事变后有所恢复、好转的发展格局被破坏殆尽。更有甚者,风潮之后,国民党派系势力对暨大的控制大大加强,继任的校长如沈鹏飞、何炳松等人,均是由陈立夫等CC系分子选任的学者型知识分子,与郑洪年相比,在学术与政治间平衡取舍的权力资本减弱,暨大受到了国家权力的深度干预。因此,此次暨大驱长风潮,驱走了追求自主办学且能与派系力量一较短长的郑洪年,引来了派系势力对暨大的全面渗入。暨大在教育自主上,失去了与当局交涉、抗争的政治资源与人脉基础,严重影响了学校发展和侨教前途。之后,在暨大的发展进程中,政治干预对教育自主的压制更为明显。从暨大的此次驱长风潮,或可窥见国家权力干预下近代大学治理的隐痛。

(作者单位:华中师范大学中国近代史研究所)

·近代中国宗教社会史·

主持人语（刘迅）

  本期所载两篇论文共同探讨的主题为近代以来佛道两教管理模式的转型和变化。中国宗教团体在帝制时期所实行都是传统的僧道自治管理模式，但在现代国家力量及其宗教管理制度逐渐兴起的压力之下发生逐渐转型和变化。

  何建明教授的文章主题背景是民初现代国家政府迫于追求现代化的需要，鼓励各地方政权大力推行和实施"庙产兴学"和"征庙驱僧"的剥夺庙产政策。何文细致入微地分析了辛亥鼎革以来历届民国政府所制定的寺庙管理规则和条例，揭示了其意图是想将其征收和支配宗教团体的财产和庙产的行为，和其管治佛教徒的行为的权力予以正式的法律地位。面对民国历届政府的这些企图和举措，以中华佛教总会为代表的佛教界进行了积极斡旋和顽强的抗争，最终得以迫使南京国民政府依照民国宪法的精神于1929年12月通过的《监督寺庙条例》中，放弃了原先民国政权企图获得的对于教徒的直接管理权力，而仅仅保留了对于寺庙财产支配的监督权力。

  尹志华博士的文章集中探讨陕西沔县武侯祠道士管理宫观从乾隆至同治朝所发生的管理模式上的变化。尹文引征并分析了大量地方志史和宫观碑刻资料，揭示了该祠早期在全真道士李复心监院治下，与地方儒士会社共同合作管理和经营武侯祠。然而随着李监院的辞世和清朝进入咸同时期的国家权力扩张，这种地方儒士集团与道士团体合作经营武侯祠的模式发生了微妙然而实质性的变化。随着儒生会社与道士在观产收入和道士行为规范方面的纠纷频繁发生，清朝地方官衙开始直接监督宫观财务的支度并规矩驻观道士的行为。尽管光绪十二年沔县知县施邵的判决彻底摒除了作为地方社会势力的儒士会社管理武侯祠的权力，而且也

43

多少恢复了道士自治宫观的模式，尤其是规范本观道士行为的管理权限，然而这个判决最为关键的一点还是其保留了清末国家地方政权直接监督宫观财务支度的权力。

何、尹二位的个案研究都说明：现代国家及其地方政权都有对于社会，包括宗教组织和团体的管理方式，不同于帝制国家的传统模式，而具有直接介入（direct intervention）和总体管理（totalistic governance）的倾向。而面对现代国家及其管理机构的干涉和介入，传统的僧道团体及地方势力集团也进行了不同程度的抵制和博弈，以图最大化影响现代国家治理宗教和管理僧道团体的模式和制度，减少宗教团体自身利益的损失，保存其在地方和社会上的影响力。

从管理寺庙到监督寺庙[*]

——民国时期宗教立法观念的转变

何建明

内容提要 民国初期政府为了管理和控制佛教和道教的财产,相继颁布了《寺庙管理暂时规则》和《管理寺庙条令》,但是很快遭到佛教界的反对。他们依照民国宪法所规定的宗教信仰自由原则,要求政府废除这些管理条令。1929 年国民政府最终颁布了《监督寺庙条例》,并延用至今天的台湾地区。从对寺庙的管理到对寺庙的监督,体现了国民政府在政教关系问题上实现了一个历史性的跨越。

关键词 寺庙管理 寺庙监督 宗教立法

引 言

保障宗教信仰自由权是近代以来世界人权运动和宪政国家治理的一个重要主题。中国人真正意识到人人享有平等的宗教信仰自由权是在晚清资产阶级革命时期。武昌起义爆发后不久,武昌军政府就颁布了《中华民国鄂州临时约法草案》,第二章第二条明确规定"人民自由信教"。湖北军政府还于 1911 年 11 月 8 日颁布了《内务部关于调和民教的告示》,明确规定"凡我中华国民,无论信奉何教,均须一视同仁,全体保护为要"。江浙革命党人在佛教观音菩萨道场普陀山召集僧众开会,"把革命政府保障人民信教自由、对庵观寺院一体保护的政策,向僧众宣布,并把所带布告发给各

---

[*] 本文受国家社科基金重大攻关项目多卷本《中国现代佛教史》(1912 年至今)(项目号:16ZDA170)、华中师范大学基本科研业务费重大培育项目"近代中国宗教的转型与发展"(项目号:CCNU17Z02002)资助。

寺张贴"。① 最具有划时代意义的是中华民国南京临时政府成立后不久，孙中山就以临时大总统的名义公布了《中华民国临时约法》，第二章第五条明确规定"中华民国人民一律平等，无种族、阶级、宗教之区别"；第六条第七项载明"人民有信教之自由"。② 这是中国历史上第一次以法律的形式承认并保障人民有信教之自由权利。此后，北洋政府和国民政府先后颁布了多种宗教法规，最为著名的有1913年北洋政府颁布的《寺院管理暂行规则》、1915年以大总统名义颁布的《管理寺庙条例》、1921年北洋政府公布的《修正管理寺庙条例》、1928年国民政府内政部公布的《寺庙登记条例》和《神祠存废标准》、1929年国民政府颁布的《寺庙管理条例》、1930年国民政府颁布的《监督寺庙条例》等。

从1913年制定《寺院管理暂行规则》到1930年国民政府颁布《监督寺庙条例》，民国时期的中央政府在短短的十余年间先后颁布了七个寺庙"管理条例（或规则）"或"登记条例（或规则）"，直到《监督寺庙条例》的颁布，有关宗教事务的主要立法工作才基本结束，③一直沿用至今天的台湾地区。《监督寺庙条例》不仅成为民国时期最为重要的宗教法规，更体现出民国时期宗教立法观念从此前的"管理寺庙"到"监督寺庙"的重大转变。

民国初期的政教关系与寺庙管理

孙中山在南京成立临时政府时所颁布的《中华民国临时约法》很明确地规定了全体人民无种族、宗教和阶级之分别而一律平等，同享宗教信仰自由。尤其是在民国成立伊始欧阳渐等人发起成立"佛教会"时要求晋见孙中山先生并得到承认和扶持，孙中山先生不仅答允依法备案，还亲笔复函，不仅赞扬佛教会诸人振兴中国佛教文化的盛举，更指出"近世各国政教之分甚严，在教徒苦心修持，绝不干政治，而在国家尽力保护，不稍吝惜。此种美风，最可效法"。④ 这实际上表明中华民国必将走上一条政教分

---

① 马凌甫：《回忆辛亥革命》，中国人民政治协商会议陕西省委员会、文史资料研究委员会编《陕西辛亥革命回忆录》，陕西人民出版社，1982，第97页。
② 后来北洋政府1913年10月公布的《中华民国宪法（草案）》、1914年5月公布的《中华民国约法》、1923年公布的《中华民国宪法》等民国时期的不同宪法版本，都将此作为基本内容。
③ 参见马莉《民国政府的宗教政策研究》，博士学位论文，中央民族大学，2007，第26—29页。
④ 《孙中山复佛教会函》，陈旭麓、郝盛潮主编《孙中山集外集》，上海人民出版社，1990，第350页。

离之路。

当时，民国初兴，各地为驻军、兴办政府机关及开办教育等公益事业而展开了继清末"庙产兴学"运动之后又一波"提产驱僧"浪潮，孙中山的"复佛教会函"本来就是要保护佛教界的合法权益，以尊重和落实临时约法中所规定的"宗教信仰自由"。可是，随着孙中山领导的南京临时政府很快被北洋政府所取代，湖北、安徽等地的"提产驱僧"风潮愈演愈烈，中华佛教总会会长寄禅老和尚专程赴北京请愿，反遭到北洋政府主管官员无理对待，最终以身殉教。在北洋大员、寄禅友人和湖南同乡熊希龄亲自向袁世凯说项及佛教界大力呼吁之下，北洋政府内务部终于1913年6月公布了《寺院管理暂行规则令》，确定了《寺院管理暂行规则》，共七条，主旨是第四、五条中所规定的"不论何人不得强取寺院财产"，即便是"寺院住持及其他关系人"也"不得将寺院财产变卖、抵押或赠于人"。这显然是对1912年11月《熊希龄为保护佛教僧众及在军中布道致大总统禀》要求"政府按照约法信教自由，力加保护，俾改良佛教，敦进民德，以固共和基础"的一个回应，① 其主要目的就是保护佛教庙产。

但是，《寺院管理暂行规则》颁布后，各地"提产驱僧"现象并没有减退，主要原因是各地军政机关以各种名义直接参与了"提产驱僧"运动。而该暂行规则本身有一个很大的漏洞，就是在规定任何僧俗都不得变卖、抵押或赠予庙产的同时，确定"但因特别事故，得呈请省行政长官经其许可者不在此限"。这实际上就是确定了地方政府有管辖和处理各地庙产的最高权力，并以法令的形式为官方提拨庙产大开方便之门。这当然会招致全国佛教界的坚决反对，中华佛教总会章嘉呼图克图等为此呈请国务院阻止各地毁庙夺产之风，切实保护佛教，以体现宗教信仰自由精神。② 可是，1915年，内务部一方面在《内务部请明令保护佛教庙产致大总统呈》和《内务部请饬保护寺院财产致各省巡抚都统咨》中强调"信教与财产之自由载在《约法》"，须切实保护；③ 另一方面又颁布《管理寺庙条例》，不仅明令取消代表全国佛教界发声的中华佛教总会，而且对各地寺庙做出更明确

---

① 《熊希龄为保护佛教僧众及在军中布道致大总统禀》，中国第二历史档案馆编《中华民国史档案资料汇编》第3辑"文化"，江苏古籍出版社，1991，第689页。
② 《中华佛教总会致国务院呈》，中国第二历史档案馆编《中华民国史档案资料汇编》第3辑"文化"，第690—692页。
③ 详见中国第二历史档案馆编《中华民国史档案资料汇编》第3辑"文化"，第696—698页。

的管理规定，强调"寺庙财产由住持管理，但不得抵押或处分之，但遇有公益事业必要及得地方官之许可不在此限。寺庙住持违反管理之义务，或不遵守僧道清规，情节重大者由当地长官训诫或予撤退"。① 有学者认为："该条例将住持的管理转变为'义务'，寺庙的实际管理权归于地方长官，使得各种借公益为名而侵吞寺产、牟取私利的行为受到了法律限制。"② 这种说法显然不合"条例"精神。

1915年颁布的《管理寺庙条例》较之1913年颁布的《寺庙管理暂行规则》最大的不同，就在于后者主要是保护庙产，而前者主要是管理寺庙。其管理寺庙最主要的特征就是：第一，地方官所具有的处理寺产的最高权力得到明确的界定，即凡属公益事业之必要，地方官都可以允许或直接提拨庙产；第二，地方官可以根据僧道管理寺庙的表现和是否遵守清规的情况，决定对僧道的训诫或撤退。本来，是否遵守清规戒律属于僧道内部事务，在没有危及社会及政府的违法的情况下，政府和社会不应干涉，可如今法令规定地方官可以根据僧道对清规的遵照执行情况来处理僧道，表明地方官已完全介入寺庙内部事务的管理。这也表明民国前期的政教关系实际表现为宗教不能干涉政治事务，但政府能够干涉、管理，甚至处理宗教事务，实际上就是以法律形式确定政府有干涉宗教信仰自由之权力。这显然是与规定人人平等享有宗教信仰自由权利的《中华民国临时约法》相抵触的。

虽然北洋政府取消了具有全国影响的中华佛教总会，但是，这并不能阻断全国佛教界的联合行动。就在《管理寺庙条例》公布后不久，北京观音寺住持觉先就联合北京法源寺住持道阶等北京僧界代表、金山江天寺住持梅村等江苏僧界代表、普陀山普渡寺住持了余等浙江僧界代表、罗汉寺住持谦受等湖南僧界代表、归元寺住持炯灿等湖北僧界代表、鼓山涌泉寺住持本宗等福建僧界代表、迎江寺住持由静等安徽僧界代表、圆通寺住持大春等江西僧界代表、鸡足山住持德清等云南僧界代表、文殊院住持德峰等四川僧界代表、开化寺住持意魁等山西僧界代表、月岩寺住持广博等山东僧界代表、大相国寺住持性空等河南僧界代表、六榕寺住持铁峰等广东

---

① 中国第二历史档案馆编《中华民国史档案资料汇编》第5辑第3编"文化"，江苏古籍出版社，1999，第697—698页。
② 李谦：《民国时期的宗教立法状况分析》，佛教导航网，http://www.fjdh.com/wumin/2009/06/05372285029.html。

僧界代表、关帝庙住持惠悟等广西僧界代表、大兴善寺住持真空等陕西僧界代表、万寿寺住持题璋等奉天僧界代表、慈恩寺住持宗泉等吉林僧界代表、大明寺住持本德等黑龙江僧界代表、九华宫住持了尘等贵州僧界代表，以及参议院介绍人黎尚雯、众议院介绍人罗永绍等联名向国会请愿，直指该条例"违犯《约法》，剥夺人民之自由，不独祸机隐伏，大有伺隙而发之势，适足以启教争而召外侮"，①要求废除《管理寺庙条例》。

从以上不难看出，要维护宗教信仰自由，政府就必须放弃对寺庙僧道的管理权和处理权，实行政教分离，这正是孙中山领导近代资产阶级革命、建立中华民国宪政体制的本愿。在民国成立初期，保障人人平等和信教自由的《中华民国临时约法》虽然颁布了，却并没有得到落实，甚至在政府的主导下以立法的形式制定了与宪法（临时约法）根本相违背的《管理寺庙条例》。因此，针对广大佛道教界自由信仰权利的立法文件《管理寺庙条例》一经颁布就遭到佛道教界的一致反对，并坚决要求予以废除，也就不足为奇了。这真是对民初宗教立法的一个极大的嘲弄。

从《修正管理寺庙条例》到《寺庙管理条例》

1915年北洋政府颁布的《管理寺庙条例》并没有跟随袁世凯复辟帝制的失败而退出历史舞台。1918年，北洋政府内务部重申《管理寺庙条例》的法律地位，并以与该条例相抵触为由取消"中华佛教会"。次年该条例又重新予以公布。1921年，著名政界人物、佛教居士程德全面谒北洋政府总统徐世昌，请求将条例加以修改，这就是当年由大总统公布的《修正管理寺庙条例》。民国时期影响甚巨的释印光曾说道：

> 迨至清末，法道衰微。哲人日希，庸人日多。加以国家多故，不暇提倡。僧徒率多安愚，不事清修。教网既弛，外侮自临。由是一班无信根人，觊觎僧产。无法可设，遂借开办学堂，以为口实。每有改佛寺以为学堂，夺僧产以饱己橐者，纷纷不一。及至民国初年，国基甫立，风潮愈甚。同人忧之，遂林立佛教会，屡恳政府保护。故于四年（1915），遂有管理寺庙三十一种条例颁布。其意虽善，但以未加详

---

① 《请愿国会废除〈管理寺庙条例〉书》，《觉社丛刊》第4期，1919年7月，"杂记"，第25—27页。

审。倘施行之人，稍挟偏私。则弊由是生，便成大碍。凡属法门缁素，莫不虑其后患，故屡有意见书，恳其修改。九年秋，程雪楼居士察其利害，又以意见书面呈大总统。既蒙俞允，批交内务部集议。十年春，方始修正为二十四条。详审斟酌，有利无弊。仍呈请大总统，以教令公布施行。①

《修正管理寺庙条例》真如释印光所说"有利无弊"吗？如果与1915年颁布的《管理寺庙条例》进行比较就会发现，《修正管理寺庙条例》最大的变化就是取消了地方官处理寺庙财产的最高权力，强调"寺庙财产不得抵押或处分之"，"不得借端侵占，并不得没收或提充罚款"，"凡寺庙久经荒废无僧道住守者，由该管地方官查明保护，另选住持"。这就从根本上保证了寺庙财产无论在什么情况之下都不可以由任何人擅自处理或移作他用，而永远只能是佛道界的财产。但是，关于上述1915年《管理寺庙条例》中有关地方官干涉和管理寺庙僧道教内事务的规定，即地方官对于僧道或寺庙住持不遵守僧道清规，特别是情节重大者予以训诫或撤退一项，在第十九条中仍然保留。如果仅从对寺产的完全保护而言，确实是一个很大的进步，但就其规定官方对僧道教内事务干涉和处置的角度来讲，仍然未能体现政教分离的宪政原则。释印光之所以这样讲，当然与他缺乏现代宪政观念和现代宗教意识有关，他像清末以来的许多僧界保守派那样，仍然持守着中国传统社会中官方主导的政教关系模式。但是，对于像太虚大师这样的现代佛教革新派来讲，《修正管理寺庙条例》不过是对佛教权益的"消极维持"而已，② 太虚更针对该"修正条例"，发表了著名的《修改管理寺庙条例意见书并附草案》。

太虚对"修正条例"最值得关注的意见有三点：一是打破已有各种有关寺庙管理的立法条例不明确规定寺庙财产所有权的情况，强调"寺庙财产之所有权，属于寺庙之自身"；二是指出了民初以来的宗教立法都只是针对佛道两教，而不涉及伊斯兰教和外来的天主教及基督教，违背了临时约法所规定的所有宗教一律平等的精神；三是他想借助立法条例推动佛教界自身的整顿与革新，"不但消极维持，而兼有积极整理提倡之意"。他强调，

---

① 释印光：《大总统教令管理寺庙条例跋》，张育英校注《印光法师文钞》下册，宗教文化出版社，2000，第1466页。
② 参见释印顺《太虚法师年谱》，宗教文化出版社，1995，第66页。

在通过确立寺庙之性质而确定寺庙财产的所有者之后，应当重视寺庙管理人的素质问题，"原案于总则外，仅分寺庙之财产与寺庙之僧道两章，似于寺庙之内部规定甚密，实则甚疏。盖财团法人之设立，在民法上应将内部之组织呈报官厅。诚以管理之良善与否，全视其组织而定，不得不视为重要也。寺庙内部之组织虽甚单简，要必有担负责任之人为之管理，则与普通财团无异。此项管理人在宗教寺庙则有一定之职务，在非宗教之寺庙亦有一定之习惯。凡教徒之管束，财产之经理，均萃于一人之身。权义既视僧道为重大，贤否尤关寺庙之隆替，若不明定专章，恐不足以明其责任而昭郑重"。①

《修正管理寺庙条例》自颁布后，对佛道及寺庙财产所起到的"消极维持"作用是暂时和有限的，各地驱僧夺产之风仍然时起波澜。1922年，就在普陀山法雨寺淄素为释印光受北洋政府颁匾嘉奖而庆贺之时，南京的江苏义务教育期成会正推动省政府颁令全省"提产兴学"。② 释印光对此忧心如焚，认为"此令若行，定致各省效尤，昆冈致炬，玉石俱焚，则与三武灭佛无异。然三武之世，高人林立，虽暂受厄，终复大兴。今若必依此令，则佛法之灭，可坐以待"。因此他积极动员与自己关系密切的政要大德魏梅荪"不惜齿芬，与督军省长详陈利害，及与去年（1921）大总统所颁条例，如能取消此令，则何幸如之"，并建议请求张季直等"同伸救援"。③ 事实上，各地"驱僧夺产"风潮从未间断，寺产纠纷此起彼伏。1927年"夏秋间，浙江省府有逐僧之议，上海程雪楼、施省之、王一亭等，组佛教维持会，向当局呼吁。"同年，湖南有人仗势"强力接收寺院财产，逮捕住持，枪杀佛学院学生，全湘骚然"。而基督将军冯玉祥在河南公开下毁佛令，震惊全国。④ 最为突出的就是1928年南京国民政府成立后不久，中央大学教授邰爽秋等在全国教育会议上提出"庙产兴学"案，内政部部长薛笃弼甚至倡议改僧寺为学校，由此在全国掀起了新一轮的"驱僧夺产"风潮。也正是在这样的情势之下，全国各地的佛教界开始对中央政府的寺庙管理政策进行反思，并积极组织全国和地域性的佛教团体共同发声，强烈要求维

---

① 太虚：《修改管理寺庙条例意见书并附草案》，《海潮音》第2卷第11期，1921年11月，"象王行"，第1—15页。
② 沈去疾：《印光法师年谱》，天地出版社，1998，第111—112页。
③ 释印光：《与魏梅荪居士书十六》，张育英校注《印光法师文钞》上册，第380—381页。
④ 参见释印顺《太虚法师年谱》，第129—131页。

护佛教界的合法权益,先后出现了太虚大师领导的中国佛学会、圆瑛法师和王一亭等领导的江浙佛教联合会。尤其是太虚领导的中国佛学会得到了蒋介石、蔡元培、张静江等人的支持,影响很大。与此同时,太虚先后发表《恭告全国僧界文》《佛教僧寺财产权之确定》等重要文章,并致函内政部《条陈整理宗教文》,要求"废除袁政府时之寺庙管理条例,以示宗教平等",并强调寺庙财产所有权和管理权归属僧界,僧界也应当积极地与三民主义相适应,开办公益慈善事业,并整理和革新佛教。① 内政部部长薛笃弼也复函太虚,承认历来立法条例存在宗教不平等之事实:"查前《管理寺庙条例》,多偏于管理佛教之规定,关于其他教会,则涉疏略,按之现在情势,自难适用,本部正拟另新订定此项条例,对于各种教会寺庙,将有妥当管理方法之规定。"② 而事实上,南京国民政府成立以后,面对越来越多的寺庙财产纠纷时,各地方政府都迫切需要新的寺庙法规去处理。正是在这种形势下,1929年1月25日国民政府公布了取代北洋政府各项管理寺庙条例的新《寺庙管理条例》。

有学者较详细地比较过1921年《修正管理寺庙条例》和新颁《寺庙管理条例》之异同,发现后者因袭前者之处"颇多,其中十一条条文几乎完全一样或基本精神相似,带有明显抄袭的痕迹"。关于寺庙财产管理方式、监督方式与兴办公益事业等规定,新颁"条例"有较大变化,"党治的色彩也较为浓厚"。③

《监督寺庙条例》的颁布与民国宗教立法观念的转变

南京国民政府新颁《寺庙管理条例》本可以成为各地方处理庙产纠纷的一个权威立法文件,而实际情况恰恰相反,该条例颁布后,各地的庙产纠纷有增无减,迅速引起佛教界普遍坚决的反对,要求国民政府收回成命,另颁完善的"条例"。

北洋政府时期寺庙管理立法一直未能明确寺庙财产的所有权人是谁这

---

① 《太虚大师呈内政部整理宗教文》,《海潮音》第9年第5期,1928年5月,"佛教要闻",第1—3页。
② 《内政部长薛子良先生复函》,《海潮音》第9年第6期,1928年6月,"法界通讯",第2页。
③ 陈金农:《民国〈寺庙管理条例〉的颁布与废止》,《法音》2008年第4期。

一问题，因此太虚和佛教界深感确立寺庙僧道为庙产所有权人至关重要。就在国民政府新颁"条例"出台前夕，浙江省佛教会还专门呈请内政部确定庙产的所有权问题，如果不确定庙产的所有权问题，实际上就容易被看作"地方所公有，因而纷起误会，群相觊觎，恃强侵占，到处骚然"，认为"寺庙既素为私人享受，按照三民主义民有民治民享之原理，自应确定以各地方全体之僧团为所有权之主体，如此明白规定，方足以清界限而免纠纷"。① 而新颁"条例"充分考虑到了佛教界的顾虑，其第七条明确"寺庙财产之所有权，属于寺庙各僧道主持，除修持之生活费外，不得把持或浪费寺庙财产"。这是民国时期第一次以立法的形式确定寺庙财产之所有权的问题。因此，该条例颁布后，诚善在《海潮音》上著文予以充分肯定，认为这就"把从前方丈专制丛林积弊根本产（铲）除，以后宗教事业不再受外界的鱼肉和僧阀的侵损，这是深可庆幸的事"。②

但是，新颁"条例"确定了寺僧界盼望已久的庙产所有权归属寺庙僧道，真的就可以确保寺庙僧道的宗教信仰自由权了吗？事实并非如此。新颁"条例"第四条规定："寺庙僧道有破坏清规、违反党治及犯害善良风俗者，须由该管市县政府呈报直辖上级政府，转报内政部核准，以命令废止或解散之。"第五条规定："寺庙盲目或解散时，应将所有财产移归该管市县政府或地方公共团体保管，并得酌量地方情形，呈准兴办各项公益事业。"这两条规定实际说明，僧道虽然拥有寺庙财产所有权，但随时都有可能失去，即如果他们"破坏清规、违反党治及妨害善良风俗"，必将导致政府剥夺其对寺庙财产的所有权，使寺庙财产的所有权转移到地方政府或地方公共团体的手上，并由其随意处理，包括兴办其认为重要的各项公益事业。破坏清规本是宗教内部事务，以破坏清规来剥夺寺庙僧道的财产所有权，不仅完全延续了北洋政府颁布的《修正管理寺庙条例》中政府强行干涉教内事务的模式，而且实质上否定了寺庙僧道拥有寺庙财产的所有权。试想，政府官员如何判断"破坏清规"？是否遵守佛道清规如何与是否拥有寺庙财产所有权划上等号？至于以"违反党治"或"妨害善良风俗"为名剥夺僧道的寺庙财产权就更加莫名其妙。是否违反党治当然只有政府官员

---

① 《浙江省佛教会呈内政部请确定寺产所有权文》（1928年12月7日），《海潮音》第10年第1期，1928年3月，"佛教史料"，第12—13页。
② 诚善：《读了新颁寺庙管理条例后一点我见》，《海潮音》第10年第1期，1928年3月，"佛教史料"，第20页。

说了算，那不就等于政府可以随意剥夺僧道对寺庙财产的所有权吗？而是否"妨害善良风俗"，既可以是政府说了算，也可以是社会中人（包括反对佛道教的人）说了算，等于是僧道的寺庙财产所有权除了僧道自身之外谁都可以找个理由加以剥夺。从以上不难看出，新颁"条例"虽然第一次确定了僧道拥有寺庙财产所有权，实际上却只是一句空话，甚至僧道随时都有可能被剥夺寺庙财产所有权并被冠以"破坏清规"、"违反党治"或"妨害善良风俗"的罪名。

除此之外，新颁"条例"还有两条颇值得注意。第九条："寺庙财产保管方法如左：（一）有僧道住持者，应由该管市县政府与地方公共团体，以及寺庙僧道各派若干人，合组庙产保管委员会管理之。（二）无僧道住持者，应由该管市县政府集合地方公共团体，组织庙产保管委员会管理之。（三）由寺方公共团体住持者，应呈请该管市县政府备案，归该团体组织庙产保管委员会管理之。前三款之庙产保管委员会，其人数不得过十一人，至少不得下七人，第一款之保管委员会，僧道不得过全体委员会人数之半。"第十条："寺庙之财产处分或变更，应由庙产保管委员会公议定之。"这两条透露出一个重要信息，就是作为寺庙财产的所有权人——寺庙僧道并没有管理、处分或变更寺庙财产的决定权，其决定权绝对掌握在地方政府和公共团体的手中。

仅从以上的分析来看，国民政府新颁布的《寺庙管理条例》不是体现僧道宗教信仰自由权的僧道寺庙财产所有权和管理（包括处分和变更）权，而是完全背离了《中华民国临时约法》所规定的宗教信仰自由权。不仅如此，僧道很有可能在被剥夺寺庙财产所有权和管理权之同时背上"破坏清规"、"违反党治"或"妨害善良风俗"之类的罪名。当时的《海潮音》等有影响的佛教杂志纷纷在各期扉页大幅刊登民初孙中山先生主张宗教信仰自由和政教分离的《孙总理复佛教会函》，就是批评新颁"条例"违反了孙中山先生领导建立的中华民国的宪政原则。也正因为如此，《寺庙管理条例》颁布后，中国佛教会、中国佛学会和各地佛教组织纷纷组织和联合起来一致反对该条例的实行，普遍指责新颁"条例"公然违反了中华民国宪法所规定的宗教信仰自由原则。具有较广泛影响的中国佛教会召开全国代表会议并通过向立法院呈文，请求立法机构采纳各方意见和建议，"修正《寺庙管理条例》"，指出"内政部前订定《寺庙管理条例》，违反党纲，抵触国法，引起莫大纠纷，各省佛教徒奔走呼号，群起抗议，后内政部诸公，深知此条例颁布发生窒碍，特呈行政院暨国民政府停止施行，更请钧院审核修正"；"此次修改，自必能遵据党纲主持正谊，俾全国数百万僧众，不致因此离心相传二千年佛教，不致横遭破毁，其他各重要宗教，不致同启恐慌"。呈文认为"内政部前次所订条例，所以发生窒碍之处，实由起草者，根本上不明佛教为何物，而复中于一般流播之浅说，故所以条款多含破坏之精神，讵知我政府今日之立法要义，至少须不背党纲，不违法意，伏读总理遗教，屡言尊重信仰自由……"①

在佛教界的强大压力之下，国民政府一方面停止《寺庙管理条例》的实行，② 另一方面尽力听取各方意见，尤其是佛教界在《寺庙管理条例》颁布之后所发表的各种意见和建议。1929年11月20日召开的立法院第63次会议逐条讨论通过了《监督寺庙条例》，国民政府于12月7日正式公布了这一条例，并明令废止《寺庙管理条例》。

相较于《寺庙管理条例》，《监督寺庙条例》不仅大大简化了内容，从前者的二十四条减少到十三条，而且其最显著的特点，就是政府从此前一直坚持的对寺庙的管理，转变为此后对寺庙的监督，不再涉及寺庙僧道教内事务的管理和处理。这具体体现在以下几点。

其一，明确了寺庙财产及法物的所有权"为寺庙所有"，"非经所属教会之决议，并呈经该管官署许可，不得处分或变更"，从而确保了寺庙所有权完全归寺庙僧道所有，且不可由政府或他人以各种名义剥夺。

其二，此前《修正管理寺庙条例》和《寺庙管理条例》等都强制性地要求各寺庙必须兴办公益慈善事业，而《监督寺庙条例》只是规定"寺庙应按其财产情形，兴办公益或慈善事业"。

其三，此前《修正管理寺庙条例》和《寺庙管理条例》等非常强调的党治的政治化色彩完全被剔除。

其四，强化了政府在寺庙财产及法物的登记、寺庙收支款项及所兴办事业等定期报告和公告等方面的监督职能。

总之，《监督寺庙条例》比较能够体现现代宪政体制之下的政教分离原则，虽然还不尽如人意，甚至在颁布后仍然有不少佛教界的代表上书要求予以修正，如1930年中国佛教会第二次全国佛教徒代表大会向内政部呈文，

---

① 《本会呈立法院请采纳各方意见修正〈寺庙管理条例〉文》，《中国佛教会公报》第4期，1929年10月，"呈文"，第1—2页。
② 参见陈金农《民国〈寺庙管理条例〉的颁布与废止》，《法音》2008年第4期。

认为"此次政府所颁《监督寺庙条例》，义多苛细，意含强制，颇似强国待遇被征服弱小民族之苛例，全失信仰自由之精神，且偏施之释道而不及于其他宗教，衡诸正理，尤失立法之平，应请政府收回成命，颁布宗教法，无分轩轾，俾全国宗教，受法律平等之保障，庶符党国天下为公之大义"，要求重新制定①。但是正如太虚所说："至民二十，改成立法院通过之《监督寺庙条例》，于是全国寺产稍堪得到保障。"② 这一条例后来经过不断完善，至今仍然是台湾地区最重要的宗教法文件。

结　论

从民国建立初期为保护庙产而制定《寺院管理暂行规则》，到1929年初国民政府内政部公布《寺庙管理条例》，民国前期政府对待寺庙僧道都是力图以完全管制的方式将其宗教信仰严格限制在政府管辖的范围之内，寺庙僧道的财产所有权和个人信仰自由权得不到基本的保障，并体现出鲜明的党治化色彩，反映出1930年前民国时期的政教关系是以政府为主导、宗教为依附的，与民国临时约法所主张的人人平等并享有宗教信仰自由权的现代宪政原则相背离。经过佛教界近20年的艰苦抗争和对孙中山先生创立中华民国时所主张的政教分离和宗教信仰自由的宪政思想的大力宣传，国民政府和立法机构逐渐认识到对宗教事务的管理有违现代宪政原则，最终转向对宗教事务的监督，并颁布了《监督寺庙条例》。而此前的历次"寺庙管理条例"的颁布都成为各地政府"提产驱僧"的法律依据，严重侵害了寺庙僧道的宗教信仰自由权益。因此，在现代宪政原则下，对于宗教事务进行管制，势必违反政教分离原则和宗教信仰自由精神，而只有采取对宗教社团的合法的登记和合理的监督，让宗教界自己管理自己的宗教事务，政府依法处理宗教事务，确保宗教信仰自由的各项合法权益，才是现代文明国家发展的长久之道。

（作者单位：中国人民大学佛教与宗教学理论研究所暨哲学院）

---

① 《呈请政府收回监督寺庙条例成命》，《法海波澜》1930年第5期，"要闻"，第3页。
② 太虚：《悼王一亭长者》，《太虚大师全书》（合订本）第31册，善导寺佛经流通处印行本，第1233页。

清末陕西沔县武侯祠的管理纠纷

——地方儒生与全真道士从合作到冲突的个案分析

尹志华

内容提要 清朝嘉庆道光年间，陕西沔县武侯祠出了一个著名的全真道士李复心。他与当地官府和儒生保持着良好的关系，共同合作重修殿宇。但李复心羽化后，其再传弟子的品行得不到当地儒生的认可，被逐出武侯祠，官府另请留侯庙住持任永真派人接管武侯祠。后来为争夺武侯祠的管理权，当地儒生又与住持道士开始了一场旷日持久的诉讼。官府最后决定武侯祠与留侯庙脱离关系。官府在此事件上扮演了决定一个庙宇性质和走向的角色。

关键词 武侯祠 留侯庙 全真道士 儒生

陕西沔县武侯祠，是全国创建时间最早的诸葛亮祠。蜀建兴十二年（234），诸葛亮病逝于五丈原。景耀六年（263），后主下诏为诸葛亮立庙于沔阳（清代为沔县，今称勉县）。①该祠在清朝嘉庆道光年间出了一个著名的全真道士李复心。但在李复心羽化后，其再传弟子的品行得不到当地儒生的认可，被逐出武侯祠，官府另请留侯庙住持任永真派人接管武侯祠。后来为争夺祠庙的管理权，当地儒生又与住庙的道士开始了一场旷日持久的诉讼。王宗昱教授指出："武侯祠既然列入祀典，儒生和守庙道士都没有全权经营，如此才有纠纷请官府决断。""儒生和道团都要向政府请求帮助，政府首脑也依违于道士和儒生之间，所以我们会看到彼此的势力有消长不同的时候。"②

---

① 《三国志》卷三十五《蜀书五·诸葛亮传》第4册，中华书局点校本，1959，第928页。
② 王宗昱：《汉中地区的全真道》，刘凤鸣主编《丘处机与全真道：丘处机与全真道国际学术研讨会论文集》，中国文史出版社，2008，第440—452页。

一　道士李复心有功于武侯祠

沔县武侯祠本为官方祠庙，起初肯定是由官府委任的庙祝进行管理。但在历史演变过程中，很多官方祠庙逐渐由道士住持。其中的原因是多方面的，最主要的原因有二：一是道教注重科仪，道士大多精通祭祀仪式；二是道士作为宗教徒，住持庙宇具有超凡脱俗的观感。由道士来奉祀神灵，比较容易得到人们的接受。① 所以我们在一些祠庙碑文中常常可以看到某某道士受当地士民的邀请住持该祠庙的记载。

沔县武侯祠从何时开始由道士住持，不详。据载，乾隆年间，道士王一奎自留侯庙（又称留侯祠、张良庙）来任住持。② 此后，住持道士路全九于乾隆五十年（1785）补修寝殿，又于嘉庆元年（1796）补葺大殿，并在六有山房前建书房三间。③

嘉庆至道光年间任武侯祠住持的道士李复心（号虚白道人），曾多次修缮殿宇，又编纂《忠武侯祠墓志》，可谓大有功于武侯祠者。

王德馨为《忠武侯祠墓志》所撰"序"说，李复心"居蜀之锦官里（指成都），幼习儒业，中年托迹羽流，为沔阳武侯祠庙祝。每日焚香静坐，手不释卷，尤善丝桐（即古琴）。精考据，著有《朗吟集》《静观偶存》《拟韩诗外传》《读李二曲反身录约抄》"。④

李复心应属全真龙门派道士，从其姓名中的"复"字，以及他的徒弟名陈本禄，徒孙名景合祥、柏合新可知。复、本、合分别对应龙门派字谱的第十四、十五、十六代。

李复心称路全九为先师，⑤ 但"全"字似为华山派字谱。也许路全九只

---

① 如明太祖朱元璋在阐述为什么委派道士负责国家祭祀礼仪时说："朕设神乐观，备五音，奉上下神祇，其敕居观者，皆慕仙之士。其仙之教也，或云始广成子，流传至汉曰道士，凡此者，多孤处云居，栖岩屋树，是则宜其修也，晨昏息心以去玄览，宵昼仰观俯察以涤宿世之冤愆，措今生之善行。俄尔有知，则倏然忽然，蹑云衢而神游八极，往无不达，交无不（接）。如此者，安得不与神通！"（朱元璋：《神乐观提点敕》，《明太祖文集》卷八，《景印文渊阁四库全书》第1223册，台湾商务印书馆，1986，第80—81页）
② 《修改武侯祠旧章示谕碑》，陈显远编《汉中碑石》，三秦出版社，1996，第341页。
③ 李复心汇辑《忠武侯祠墓志》，《中国祠墓志丛刊》第18册，广陵书社，2004，第236、210页。
④ 李复心汇辑《忠武侯祠墓志》，《中国祠墓志丛刊》第17册，第23页。
⑤ 李复心汇辑《忠武侯祠墓志》，《中国祠墓志丛刊》第18册，第210、236页。

是李复心的参学之师，并非其冠巾本师。

李复心住持武侯祠时，殿宇损坏已多。嘉庆六年（1801），李复兴等人在官府的资助下，重修武侯祠。嘉庆七年（1802）沔县知县马允刚撰《重修汉丞相忠武侯墓祠记》说："嘉庆己未之冬，刚承乏兹邑（指任沔县知县——引者注，下同），适大宪制府松公（陕甘总督松筠）督师汉上，命加修葺。当即考从前修葺之年月，具文以详各宪，即一面鸠工治材，卜吉起事。六年冬，陆大夫中丞（陕西巡抚陆有仁）又为述侯之灵爽，为能阴佑吾民也，闻于朝。皇上敕发帑金九百两以资成功，更为亲洒宸翰，颁赐匾额，以昭敬礼，呜呼盛矣。……爰拓正祠为五楹，献殿为三间，左为斋室，右为道院，砌墓门以石，设寝宫以位。……是役也，执其劳而始终不懈者，邑庠生吴宗文、周国昌、李长庚、李润、道人李复心五人之力居多，故并记之，以志不朽云。"①

武侯祠此次重修，系由官府出资，当地儒生和住持道士李复心共同董理其事。从碑文可以看出，李复心与儒生们的合作是很顺利的。

嘉庆十八年（1813）八月霖雨20余日，武侯祠"大殿内积水数寸，几于坍塌"。李复心在汉中知府严如煜、沔县知县周赓等人的支持下，于嘉庆二十年（1815）重修殿宇。他"往来宝鸡七次"，募银两千余两。此次修缮，重修了大殿和拜殿，补修了东院牌楼、山门、戟门、八字墙、花墙、配墙等。②完工后，李复心请已任陕南兵备道的严如煜撰文为记。③

道光十年（1830），李复心积香火之资，重修武侯祠琴室于宁静山房。④他又请县令倡建武侯祠后殿，以奉祀诸葛亮之祖父三代。陕西布政使杨名飏撰《重修武侯祠后殿碑》说："余曾三权沔篆（任沔县知县），再守汉中（任汉中知府），行部入祠，仰见大殿、献殿及牌楼、戟门、山门等工，皆经道人李复心次第募修，共费五千余金。阅所辑《祠墓志》，悁悁以未建后殿为憾。丙戌岁（1826），适玉田任君来权斯邑，三年之间，修城垣，筑堰堤，百废俱兴。复心以宜建后殿请，任君欣然为之倡捐。……庚寅（1830）春，甫兴工，而任君调任合阳，余亦调任西安，均先后去，赖复心始终其

---

① 陈显远编《汉中碑石》，第229—230页。
② 李复心汇辑《忠武侯祠墓志》，《中国祠墓志丛刊》第18册，第208—209页。
③ 陈显远编《汉中碑石》，第247—248页。
④ 李复心：《武侯祠琴室纪略》，陈显远编《汉中碑石》，第240页。

事。……经始于道光十年（1830）二月，落成于十有一年四月。"①

李复心对武侯祠的修缮，可谓不遗余力。咸丰二年（1852）柏台撰《重修汉丞相诸葛忠武侯祠戟门记》说："虚白道人生平之力，尽于此矣。"②

李复心还致力于种树。他自述说："余于嘉庆十年即留心种树。十六年来，高逾丈而大过围者，已八十余株矣。后有重修斯庙者，约用四分之一即可成工。"他又告诫后之守庙者："古柏六十四株，系汉唐以来之物，亦无须伐也。"③

李复心对沔县武侯祠的另一贡献，是编纂了《忠武侯祠墓志》。此书的编纂，"始于嘉庆十九年，至道光三年夏四月，稿凡五易"。④ 李复心叙其著书缘由说："忠武侯祠墓，沔阳名迹也。路当孔道，拜祠谒墓者，观山问水之余，兼抄碑文，多以苍黄，未能备录为恨。余蓄志成书，取便观览。遂检张文端、朱青岩、张介侯诸贤达各《志》，凡关系祠墓，悉汇辑之。又采诸邑乘，及父老之传闻确有可据者，著为二册，颜曰《忠武祠墓志》，并绘图于前，附各诗文于后，以代嗜古者之抄录。"⑤ 该书"先山川，次祠宇，次考证，次题咏，厘为四卷，图绘精工，叙述明晰"，⑥ 为记录沔县武侯祠、武侯墓历史的重要文献。道光七年（1827），林则徐拜谒武侯祠时，览李复心编纂的《忠武侯祠墓志》，喜其用心之勤，作诗以赠之。诗曰："比似南阳结草庐，道人有道此中居。二千尺爱祠堂柏，三十年通宰相书。欲附大名垂宇宙，善推奇阵护储胥。请看黄石仙踪近，同是功臣命不如。"⑦

李复心羽化后，其徒陈本禄继任武侯祠住持。陈本禄跟他的师父一样，也致力于修缮祠宇。道光十六年（1836）沔县典史支应昌撰《重修武侯祠碑》说，武侯祠"历年久远，虽经地方官不时修葺，奈风雨飘摇，不无剥落之处。道人陈本禄，系虚白道人李复心之徒，意欲补修而力不能任重。时有署沔阳都司刘公，毅然兴此义举，代募捐，以成此盛事"。⑧ 此次修缮，

---

① 陈显远编《汉中碑石》，第264—265页。
② 陈显远编《汉中碑石》，第284页。
③ 李复心汇辑《忠武侯祠墓志》，《中国祠墓志丛刊》第18册，第218—219页。
④ 李复心汇辑《忠武侯祠墓志》，《中国祠墓志丛刊》第18册，第697页。
⑤ 李复心汇辑《忠武侯祠墓志》，《中国祠墓志丛刊》第17册，第125页。
⑥ 马允刚：《诸葛武侯祠墓志序》，李复心汇辑《忠武侯祠墓志》，《中国祠墓志丛刊》第17册，第29页。
⑦ 《林则徐诗集》，郑丽生校笺，海峡文艺出版社，1987，第207页。
⑧ 陈显远编《汉中碑石》，第269页。

计修筑庙外牌坊一座，殿后平台一座，读书台一座。陈本禄请支应昌撰文为记，以志不朽。咸丰元年（1851），陈本禄又与徒景合祥重修武侯祠戟门，"复于正殿、献殿、寝宫、东西两楹暨琴台、观江楼等处，概加葺辑"，"巍然焕然，较前之规模改观矣"。邑人柏台撰文为记。①

二　留侯庙道士接管武侯祠

陈本禄晚年双目失明，其新招徒弟柏合新等不守清规，侵吞香火钱，致使庙宇日见倾颓。同治元年（1862）知县丁毓藻所颁《保护武侯祠财产告示》说："先因经营首事不力，坐视双目失明之住持陈本禄招徒柏合新等入庙数年，非特弗守清规，并且通同舞弊，不以香火为事，专守肥己之谋，庙宇日见倾颓，出息尽皆剥削。"②丁毓藻虽然谴责了柏合新等道士，但把主要责任归为"经营首事不力"。"经营首事"即以儒生为主的负责监督祠庙事务的会社主事者，也称为会长。丁毓藻认为，武侯祠出现问题的主要原因在于会首没有尽到监管职责。

丁毓藻说，前任知县李毓麟"查知情弊，传讯明确，分别责惩，追出一切约据，另交武侯墓道人阎嘉增、三元宫道人文清松经营"。但是情况并没有好转。等他上任后，生员韩士鳌又向他控告阎嘉增等"亦不安分"。③

如何处理武侯祠的问题呢？道士任永真接管留侯庙的成功经验受到了官府的重视。咸丰十一年（1861），知县丁毓藻饬令任永真选派留侯庙道士接管武侯祠。

留侯庙位于陕西汉中紫柏山。该山相传为汉代留侯张良隐居辟谷之地。

嘉庆初年，留侯庙的香火地为侨寓棚民占种，"道士饘粥不给"，只好向官府提起诉讼。状子转到时任陕南兵备道的严如煜手上，他下令"清整界址，勒各棚民认佃于祠"，④即让占地棚民成为留侯庙的佃户，向留侯庙交租。

严如煜又会同地方官重新勘定留侯庙的界址，并给牌与留侯庙住持，

---

① 《重修汉丞相诸葛忠武侯祠戟门记》，陈显远编《汉中碑石》，第284页。
② 《保护武侯祠财产告示碑》，陈显远编《汉中碑石》，第297页。
③ 《保护武侯祠财产告示碑》，陈显远编《汉中碑石》，第297页。
④ 严如煜：《留侯庙记》，《留坝厅志》卷一《文征》，《中国西北文献丛书》第1辑《西北稀见方志文献》第18卷，兰州古籍书店，1990，第347—348页。

明载"其内耕者三百六十余户,断令任庙承佃,按地纳租,毋许抗延"。①

有了佃租收入后,留侯庙的经济状况迅速好转。嘉庆丙子(1816),该庙道士陈松石禀告严如煜:"自祠地复归,奉香火无缺。道人节蓄,岁入稍有赢,愿以新祠,顾力尚未足。"严如煜乃捐资倡助,道士们鸠工庀材,用了四年时间,将庙宇修缮一新。②

然而官府给牌也未能有效保护留侯庙常住的利益。"道光年间,住持陈永宁、易元棉复为本地佃客所欺,自称会长,抗租不纳,将庙内古碑尽行损毁以灭其迹,致令庙内债食两逼。易元棉到西安省八仙庵,愿将庙交付以作八仙庵下院。八仙庵丁当家探知留侯庙本地土恶甚众,不敢接收。"③

八仙庵当家害怕当地"土恶",不敢插手留侯庙事务,时任八仙庵知客任永真则挺身而出,"毅然自任,愿接管庙事,开为十方丛林。易元棉子徒等同具虔心,立将庙交与任师,听从所为"。④

任永真(1798—1879),字起美,号信阳,辽宁铁岭人。年二十四,游京师,拜南极宫华山派道士李仁贵为师,得派名义真。道光六年(1826)至白云观,从张教智受戒,得法名永真。中年涉历四海,遍谒名山洞府。后栖踪于西安八仙庵。⑤

任永真于道光十九年(1839)至紫柏山,接管留侯庙。梁嘉麟《赠紫柏山永真炼师生传》说,其时留侯庙的情况是:"山川如旧,而殿宇荒圮,庙内香火地,亦多为俗人所侵占。"任永真"不避嫌怨,躬自清厘,呈请于当道,辩数处,讼数载,而案始定,业始复"。⑥《录存留侯庙知客堂曾大师致书》说:"本地土恶数十余人,结党具控,争执庙业。师(即任永真——引者注,下同)不辞劳苦,历诸艰辛,六七年间,始蒙本厅贺公(即留坝厅

---

① 《留侯庙常住地界碑记》,陈显远编《汉中碑石》,第53页。参见严如煜《清理留侯庙地界碑》,《留坝厅志》卷一《文征》,《中国西北文献丛书》第1辑《西北稀见方志文献》第18卷,第349—350页。
② 严如煜:《留侯庙记》,《留坝厅志》卷一《文征》,《中国西北文献丛书》第1辑《西北稀见方志文献》第18卷,第347—348页。
③ 《录存留侯庙知客堂曾大师致书》,景邦宪编《紫柏山志图》,国家图书馆藏同治十年刻本,第3—5页。
④ 严如煜:《留侯庙记》,《留坝厅志》卷一《文征》,《中国西北文献丛书》第1辑《西北稀见方志文献》第18卷,第347—348页。
⑤ 梁嘉麟:《赠紫柏山永真炼师生传》,陈显远编《汉中碑石》,第305—306页;熊其光:《留侯庙开山方丈任圆真生传》,张明悟编《三乘集要》,民国丙子年(1936)崆峒山重印本,第160—161页。
⑥ 陈显远编《汉中碑石》,第306页。

抚民同知贺仲瑊）将本地土恶尽除，一雪从前。另招良佃，庙规清静。"①

道士李宇真撰《留侯庙开十方丛林并修造碑记》（同治八年立石）详细叙述了任永真兴复留侯庙的过程：道光二十年，任永真禀本厅贺公、宁羌州许公、本府保公、本道蔡公、臬司朱公、陕甘学院沈公，愿立十方丛林，普结道缘。各宪批准，赐衔造碑。至二十三年（1843），又有棍徒集党，同谋侵吞庙中产业。任永真又禀呈厅、府、道各宪，最后蒙留坝厅抚民同知贺仲瑊审结："将占庙党类刑责，窃去麦谷等项照数均赔，断地归庙，杂派无侵，驱恶佃而招善良，杖匪类而除乱行。"结案后，留侯庙有佃户一百余家，年收租三百余石。②

据留坝厅抚民同知富明阿撰《重修留侯庙暨创建三清殿碑》，"道光二十五年，升任晋抚兆公、本厅司马贺公，为之严惩棍徒，蓄禁树木，免杂徭，清地界，香火佃户，不得私行拨抗，举已坏之规，厘然毕正。于是，道众云集，辟莱浴像，翻页鸣钟者，不下数百人"。③

任永真接受丁知县的邀请，派道士李永云前往武侯祠"开立常住，整肃清规，勤理课诵"。丁知县"谕令阎嘉增、文清松各归原庙，其余不守清规之柏合新、李合瑞、魏教伦，一概不准进庙，以杜滋扰"，并"追出账簿、约据以及租课，饬令李永云一人经理，以专责成"。丁知县特别晓谕："嗣后无论何项人等，不许再行沾染庙事。"这里的"何项人等"，恐怕也包括由儒生组成的会社。因为后文还提到，每年腊月，住持开具清账，直接禀呈知县查核，"不经会长之手，以绝讼端"。④

李永云接管沔县武侯祠后，将该祠开立为全真道十方丛林，"普结众缘"。由留侯庙出钱，"制买器具、法衣、香灯、钟鼓等件，补修殿宇，重整花园、宿舍"。⑤

同治二年（1863），太平天国军队攻打汉中，武侯祠"庙宇毁坏，香火寂然，道人李永云病故，余众逃散"。次年正月，任永真"承丁、严二公寄谕，重修武侯祠墓"。"彼时山内外烽火相望，人民流离，信阳（任永真之号）勉请道众至祠，见神像剥落，山门坍塌，匪人侵占田地，万难支持。

---

① 景邦宪编《紫柏山志图》，第3—5页。
② 张明悟编《三乘集要》，第95—97页。
③ 陈显远编《汉中碑石》，第281页。
④ 《保护武侯祠财产告示碑》，陈显远编《汉中碑石》，第297—298页。
⑤ 《留侯庙接管沔县武侯祠墓碑》，陈显远编《汉中碑石》，第307页。

不得已，禀明汉中道、府两宪。饬令妥为经理，据禀立案。"①

任永真为了修复武侯祠，除由留侯庙出银百余两外，"复募十方善士，又蒙严公捐修"，于是"派令道人芮来星建立侯墓大殿五楹，（同治）四年九月工竣"。同治五年（1866）十月，任永真"选派道人熊合周前往武侯祠任监院，兼理三处（武侯祠、马公祠②、韩公祠③）庙事，重修山门、牌楼，补葺各殿，创立客堂，祠内粗具规模"。④

任永真又刻《丘祖训文》于武侯祠内，其用意是让该庙道士谨遵清规，潜心修持。⑤

熊合周任武侯祠监院后，在官府的支持下，收回了马公祠和韩公祠的田产。

据同治九年（1870）立《沔县正堂严禁侵吞庙产碑》，武侯祠下院马公祠有旱地54亩，坡地水田一处，先因住持不善经理，被人偷当过半。咸丰年间，沔右营都戎韩衍，以其祖振威将军韩公祠在马公祠侧，捐俸赎出当地15亩，内拨6亩作韩公祠香火之资，其余9亩，仍归马公祠，统交武侯祠住持魏教伦经理。同治二年战乱后，营兵张治岐将拨入韩公祠之地侵占，其余佃户亦向武侯祠住持熊合周索取佃钱。沔县知县刘显谟、署沔右营都阃府雷秀元会同审理后，下令追还马公祠、韩公祠田地，由武侯祠住持兼管，其他任何人不许沾染马公祠、韩公祠产业。⑥

三 武侯祠的管理纠纷

然而武侯祠道士与那些主要由儒生组成的、参与庙务事宜的会社之间的矛盾，并未因留侯庙派人接管而消失。武侯祠原住持徐教升，被会社首事（亦称首士）等以"不守清规，偷卖古树，私伐皇柏"的理由逐出，并禀知知县，知县认可会社首事的处理。但是徐教升并不服气。同治十年（1871），徐教升联合新任住持熊合周，向府、道、学宪及钦差大臣左宗棠

---

① 《留侯庙接管沔县武侯祠墓碑》，陈显远编《汉中碑石》，第307—308页。
② 马公祠祀蜀汉将军马超。
③ 韩公为韩嘉业，嘉庆初年在镇压白莲教起义时被杀，清廷谥"武烈"，赠"振威将军"，建祠于沔县马公祠之东侧。
④ 《留侯庙接管沔县武侯祠墓碑》，陈显远编《汉中碑石》，第308页。
⑤ 陈显远编《汉中碑石》，第308—309页。
⑥ 陈显远编《汉中碑石》，第310页。

上诉,可是官司没有打赢。会社诸人认定,道士"所以讼者,以庙有余资,可借以肥私也"。在他们看来,"常业皆邑人所捐,以助香火之用,岂其肥住持之私囊?何如积储之以培补神庙"。会社诸人说得振振有词,左右了舆论,"众以为然","于是酌议,三牌中各选公正首事二人,轮流经理"。在一段时间内,会社首事掌握了武侯祠的管理权。光绪三年(1877),他们订立条规,首先议定,以"不守清规"的名义逐出"兴讼道人简来星、张元松、戴上吉、马信龙、徐教升,俟后永不许入庙"。这就是说,凡是与会社首事诸人打官司的道士,一律逐出武侯祠,而且以后永远不许入庙。这恐怕涉嫌"打击报复"了吧?对于允许留下的道士,也订立了严厉的规矩:"住持止招老成勤俭者看守香火,每年除与谷租五石、沟坎地三处外,分毫不准再添,不愿者自去。""庙中周围之树,住持亦当时常照管,如外人拿获砍树之人,而彼不知觉,以懒惰逐之。""每年烧柴,止许剔伐树枝,如刊及成材之树,以违议逐。至于枯树,伐可作材者,亦宜通知首事知,若私伐,即系贼盗。"① 条件很苛刻,庙中住持只有看管之责,而无处置之权,行动完全处在会社的监视之下。

光绪七年(1881),儒生们又拟定了武侯祠《经理章程》十二条,呈送汉中知府。其中第一条是庙中余银交首事掌管。第三条是将祠之西院静观精舍(李复心所建)改作书院,理由是"沔县正谊书院,现尚借作葡署,生童暂借文昌宫地,延师讲诵,而地方过于狭小"。知府批复,同意于西院酌添小房二三十间,作为生童习业之所,但要求"一俟县署修复,还出书院,生童即日移回旧所,再行筹款,于此间设立大义学一堂,以广教育"。第八条是禁止留侯庙道士遥控武侯祠。"祠内自有田地五拾余亩,并马公祠旱地五拾余亩,足敷香火食用之资,与留侯祠本不干涉,因咸(丰)、同(治)间偶招留侯祠道士住祠,遂谓武侯祠系留侯祠之分庙,竟有将出息归入留侯祠之事,殊非情理。嗣后田亩出入之项,由首士秉公稽察,不准留侯庙道士搀越遥制。"儒生们还提出,武侯祠"住持道士是否安静斋洁,亦由首士察看,禀明县官募充"。知府对此条亦批复同意。儒生们认为咸丰同治年间"偶招"留侯庙道士住持武侯祠,显然是有意回避了此事的来龙去脉。留侯庙道士接管武侯祠,是官府为解决武侯祠的管理纠纷而做出的慎重决定,绝非"偶然"事件。至于儒生说"武侯祠出息归入留侯祠",亦是

---

① 《重修忠武侯墓碑记》,陈显远编《汉中碑石》,第 326—327 页。

只讲结果，不谈前因，丝毫未提及留侯庙为修缮武侯祠投入的大量经费。而时任汉中知府或是有意偏袒儒生，或是未做认真调查，居然认可了儒生的一面之词。第九至第十二条都是规定住持道士的责任："祠内前后院及东西院，洒扫拔草除秽等事，即责成住持道士，逐日小心经营，所有古柏等树、凌霄花，均系汉代旧物，亦令以时灌溉，加以保护，并就隙地栽种成材树木，他年取用。至石琴、石碑，更属古器，辟水神符二轴，关系祠堤，尤其敬谨看守。《祠墓志》各板片，亦宜点清页数，妥为收藏，毋任鼠啮虫穿。倘查有芜秽不治及损伤缺失，将该管道人，禀官责逐更易"；"堤外木桩，所以保固堤脚，一有动摇缺折，则堤脚不复坚牢，应责成道人，随时看护。如有无知樵牧，戏摇偷拔，许令道人告知首士，禀官责罚。倘道人看护不谨，由首士酌量禀官责惩"；"堤上种柳，原取树木繁密，可以联络堤石，而枝条一伤，则其根不旺，不准祠内道人私行砍伐，仍责成道人照木桩一律看护办理"；"马公祠既归侯祠道人官业，所有敬禀香火、洒扫培护等事，即责成道人照侯祠一律经理，毋得稍有懈怠"。按照这些规定，住持道士处在会社首士的监管之下，由他们判定道士是否尽到了责任。拟订《经理章程》的是两位儒生：监临首士贡生胡丙煊和廪生韩嵘。①

但是到了光绪十二年（1886），形势又发生了有利于武侯祠道士的转变。时任知县施邵禀呈道宪："光绪七年酌议章内第三条，西院设立义学书院；第七条（应为第八条——引者注），祠产出息，专由首士经理各等情，未能尽善，流弊滋多，拟请永远删除，以昭严肃，而杜弊端。"其理由分别是："查静观精舍为虚白道人李复心炼室，有祠志可考，非向来生童肄业之地。祠之西院，离正殿不远，恐一立书院义学，难免喧哗，不足以昭严肃"；"查乾隆年间，道士王一奎自留侯（庙）来沔住持，后又由县谕令该处派人，由来已久，如果不守清规，自可由县驱逐。其出息多寡，道士贤否，必欲由首士查看，殊不可解"。道宪批复："所见甚是，准如禀立案，悉照所请办理。"②删除两项条文的结果，一是将道士自建的修炼场所还给道士，二是将祠产收入的掌控权由会首（首士）归还给道士，这对住祠道士来说显然是个巨大的胜利。官府亦对武侯祠的收支情况做了说明："兵燹后，道士熊合周重建马公祠正殿三间，出当祠内及马公祠旱地二十亩，首士于修祠余剩项下，将钱二百千赎还当地，以租课作每年办会演戏之用，

---

① 《汉中府批示武侯祠呈文碑》，陈显远编《汉中碑石》，第331—333页。
② 《修改武侯祠旧章谕示碑》，陈显远编《汉中碑石》，第341—342页。

则祠内地已少矣。马公祠旱地五十四亩，前因该处首士欲夺，经本县将帐据收存，所有租课，积蓄钱文，已为马公祠筑墙、修造头门，则此项旱地，又不归祠内矣。出息已不敷用，祠内住道士六七人，又有朝山僧道，来往挂单，更属不能支持。"① 也就是说，住持道士并未挥霍庙产，所有开支都有正当理由，现在的情况已是入不敷出。

但是，知县施邵又做出了一个令武侯祠和留侯庙道士都没想到的决定，即武侯祠不再作为留侯庙的下院。按，光绪七年章程不准留侯庙住持经管武侯祠事务，知县施邵在光绪十二年的禀文中说，今武侯祠之住持，系由留侯庙派来。如果不准留侯庙住持过问武侯祠事务，则武侯祠住持时有去志。"本县窃思与其招募毫无着落道人，不若现在住持之李明珠，清静谨慎，较为可靠。"他所提出的解决武侯祠与留侯庙牵连问题的办法是，将武侯祠恢复为子孙庙，"将来李明珠后，递传其徒，充当住持，自与留侯祠无涉矣"。②

任永真已于光绪五年（1879）羽化。光绪十二年武侯祠重新改为子孙庙，并与留侯庙脱离关系，大概是他没有预料到的事情。这一切都由官府操控。请任永真派人接管武侯祠的是官府，决定武侯祠与留侯庙脱钩的也是官府。官府在这里扮演了决定一个庙宇性质和走向的角色。

（作者单位：中央民族大学哲学与宗教学学院）

---

① 《修改武侯祠旧章谕示碑》，陈显远编《汉中碑石》，第341—342页。
② 《修改武侯祠旧章谕示碑》，陈显远编《汉中碑石》，第341页。

·专题研究·

从边陲到圣地:"延安"政治象征符号的构建[*]

尹 倩

内容提要 抗战时期,延安从地理名词逐渐转变成为具有丰富含义的政治象征符号,并在全国范围内产生了极大的影响和吸引力。这一政治象征符号的形成是边区的政治实践、边区政府和民众自我形塑以及国内外观察者的渲染等多方作用的结果。中国共产党因此大大提高了政治传播的效率,这也成为日后中共赢得全国民众政治认同并取得全国政权的基础。

关键词 延安 革命圣地 政治象征符号

延安时期,是中国共产党历史上一个特殊的历史时间段,是指1935年10月至1948年3月的13年。正是在这一时期,中共成功地将其中央政权所在地延安塑造成为进步人士心目中的"革命圣地"。作为边陲小镇的延安,登上了中国的政治舞台,逐渐成为中国革命、中国共产党甚至毛泽东的代名词。"延安"也由此成为承载中共建国理念的政治象征符号,成为其寻求政治认同和执政合法性的重要资源。

正如有学者提出的,政治传播的起点是政治现实的符号化,即一方面用若干符号、概念来概括纷繁复杂的政治现象,另一方面将这些符号化了的事物纳入一个明确的价值判断体系之中,从而在受众中形成清晰的统一认识、统一意志。如果满足了这两条原则,传播过程就可以是简单而有效的。传播者没有必要向受众陈述事实,而只需向其发出若干概念符号;没有必要刺激他们独立的深层思考,而只需等待他们的条件反射。传播因此

---

[*] 本文为华中科技大学自主创新项目"马克思主义与近代中国国家形象建构"(项目号:2014AC006)研究课题的成果之一。

变得有效、确定、可以预期。这在多数情况下既减轻了传播者的压力，也适应了受众的要求：他们经常需要得到明确的结论，或者可以通过符号体系形成条件反射，迅速导出自己的结论。① 但一种典型的政治现实符号化的过程，并非仅受制造者的意志支配，往往是多方合力的结果。"延安"这一政治象征符号的形成，也是边区的政治实践、边区政府和民众自我形塑以及国内外观察者的渲染等多方作用的结果。

一 边区的政治实践：符号形成的现实基础

自抗战爆发后，"建设新中国"成为中华民族的共同追求。但建设一个什么样的新中国，国内各党派则各有各的主张，各方都力图将自己的主张、理念传播出去并寻求最大限度的认同，并在相互之间展开激烈的竞争。

虽然随着西安事变和内战的停止，中国共产党建立了以延安为中心的陕甘宁边区，但边区情况却不被外界所了解。一方面，尽管国共两党实现了第二次合作，建立了以国共合作为基础的抗日民族统一战线，形成了合作抗日的局面，但国民党仍对陕甘宁边区实行严密的军事包围和政治经济封锁，使得"许多人对于解放区几乎是什么也不知道"。② 另一方面，在国民党的官方宣传中，中国共产党是"共匪"，中国共产党热衷于宣传，虐待士兵，压迫农民，共产党军队逃避日军，攻击政府军，并进行大批屠杀和劫掠。③ 一些外国媒体也逐步接受了"共产党是土匪"的论调，他们普遍认为红军"是一个同那些掠夺财富的匪徒团伙差不多的组织"，他们的领导人是一些强有力的亡命之徒、红色魔鬼。④ 因此，抗战初期，中国共产党还被许多国内外人士认为是用武力控制农村的恐怖组织，延安也不过是个带着浓厚的神秘色彩的西北小镇。这一局面对于中国共产党而言，显然是不利的。如何充分运用各种传播方式宣传革命，展示自己，使中国和全世界人民真切地了解长期被"妖魔化的"、尚处于弱小阶段的中国共产党及其新民主主义的政治理念，赢得广泛认同，成为当时中共面临的紧迫的政治问题。

---

① 参见许静《浅论政治传播中的符号化过程》，《国际政治研究》2004年第1期。
② 《毛泽东选集》第3卷，人民出版社，1991，第1054页。
③ 〔美〕冈瑟·斯坦：《红色中国的挑战》，马飞海、张蟾华等译，上海译文出版社，1999，第37页。
④ 张功臣：《外国记者与近代中国》，新华出版社，1999，第310页。

陕甘宁边区原本大部分是经济、政治、文化极不发达的闭塞农村地区，集中了贫穷、动荡、不平等等几乎旧中国所有的弊端，但共产党正是在这一地区以崭新的方法发动群众参与、建立当地领导和行政机构，开始新民主主义的实践。1940年毛泽东明确地提出"新民主主义中国"的建国构想之后，中共政权就已经决定将以延安为中心的陕甘宁边区打造成为展示中共国家理想的平台。中国共产党以江西和其他苏区的行政经验为基础，依据早先的经验教训及战争形势的迫切需要，设计了新的方案，并宣布陕甘宁为模范区，将其经验推向全国，一年之内就在全华北建立起不断增长的根据地体系。按照毛泽东的构想，"各根据地的模型推广到全国，那时全国就成了新民主主义的共和国"。①

1942年，李维汉即将调任边区政府秘书长之前，毛泽东专门找他谈话，再三叮嘱："罗迈，延安好比英国的伦敦。"罗迈即李维汉后来在他的《回忆与研究》中写道："我体会这句话的意思是说，伦敦是英国的首都，它的政策影响着英国的众多的殖民地。我们当时也有很多根据地，根据地当然不是殖民地，但需要一个'首都'作为政策中心，则是一样的。毛泽东是要求陕甘宁边区在执行党的政策中带个头，自觉承担试验、推广、完善政策的任务。"②时任中共中央书记处书记、秘书长的任弼时论述得更为透彻："陕甘宁边区对于华北、华中各抗日根据地说来，是处于一种领袖的地位，即根据地的领袖地位。这个区域里的一切重要设施，对于其他根据地有一种先导的模范的作用，要为其他根据地所效法。""边区对于全国、甚至全世界来说，是处在一种中央发言人的地位，就是说，边区每一个政策的实施，国内外的人士，国民党，我们的敌人——日本帝国主义者，都要把它看成为我党中央的设施，并根据它来判断我党的动态……边区的每一进步政策，不仅可以使大后方的人民'心向往之'，而且也未尝不可提供我们的友党参考。"③

因此，在制定边区各项政策时，边区政府特别重视政策的全面性和前瞻性以及政策的落实，其着眼点不仅在于解决现实的需要以及为其他根据

---

① 李忠全：《延安时期政权建设问题研究》，阎树声等主编《延安时期若干重大问题研究》，人文杂志社，1997，第11页。
② 李维汉：《回忆与研究》（下），中共党史资料出版社，1986，第499页。
③ 任弼时：《关于几个问题的意见》，陕西省档案馆编《抗日战争时期陕甘宁边区财政经济史料摘编》第1编，陕西人民出版社，1981，第83、84页。

地提供经验和示范,更在于在这一区域全面实验战后治国方略"建设新国家"的建设构想,并将其打造成"样板"和"模范"。这一时期以延安为中心的建设,囊括了政治、经济、文化、教育、社会等各个方面。

在政治方面,中共在稳定当地秩序的基础之上,建立了民主、高效的边区政府,广泛实行民主制度,推行"三三制",厉行精兵简政和廉洁从政。在经济方面,制定了有利于各阶级阶层的土地政策、劳动政策和改善民生等一系列政策,开展减租减息、劳动互助运动,改善工人、农民、知识分子及抗日军人的待遇,优待抗日军人的家属,废除苛捐杂税,建立社会保障制度,赈灾救荒等。在社会改造方面,不仅投入了大量的人力、财力来办教育,而且还大力移风易俗,铲除匪毒,构建法制社会。

通过边区政府在政治、经济、社会等多方面的改革,陕甘宁边区经济获得较快发展,人民生活水平得到显著提高,其中最引人瞩目的是成功地解决了近200万军民的吃饭问题。耕地面积由1937年的862.6万亩扩大到1945年的1425.6万亩,8年时间几乎翻了一番。粮食产量逐年上升,1937年126万石,1944年已达到175万石,增长39%。① 继1941年达到自给有余后,1945年则基本实现"耕三余一"的目标。② 此外,延安地区社会风气也得到极大好转。1939年,边区一般的盗贼、乞丐、娼妓基本消除,通过"二流子改造运动",到1943年初,边区"二流子"的改造面达到94.4%。③

由于这一系列行之有效的民主、民生政策,延安地区实现了超常规的发展,"没有乞丐,也没有令人绝望的贫困迹象","早些年在延安看到的穿破裤子的妇女再也看不到了"。④ 在这里,"人民之所以起来打日本人,不仅因为不愿做亡国奴,而且因为他们现在的生活比过去任何时候都好。他们不仅是保卫战争以前拥有的东西,而且是保卫他们在抗战过程中得到的东西"。⑤

---

① 南汉宸:《陕甘宁边区的财经工作》(1947年),陕西省档案馆编《抗日战争时期陕甘宁边区财政经济史料摘编》第2编,陕西人民出版社,1981,第85、86页。
② 边区建设厅:《关于边区经济建设之报告书》(1941年10月),陕西省档案馆编《抗日战争时期陕甘宁边区财政经济史料摘编》第1编,第21页。
③ 中共西北局调查研究室:《边区二流子的改造》(1944年),陕西省档案馆编《抗日战争时期陕甘宁边区财政经济史料摘编》第2编,第689页。
④ 〔美〕谢伟思:《在中国失去的机会》,罗清、赵仲强译,国际文化出版公司,1987,第182页。
⑤ 伊斯雷尔·爱泼斯坦:《历史不应该忘记》,沈苏儒、贾宗谊等译,五洲传播出版社,2005,第91页。

正因为这样,延安与中国其他地域相比显得十分出色。①

政治形象符号的构建依赖于塑造者本身所具有的价值、能力和绩效,其具有的内在因素在根本上影响着自我和外界对其的认知与评价。因此,中国共产党在延安颇有成效的政治实践成为其将建设中国的政治主张及理念符号化的现实基础。

二 边区政府和延安民众的自我形塑:符号的初创

"延安"的符号化过程起源于边区政府和民众对延安形象有意或无意的营造。

以毛泽东为代表的中共中央在将延安打造成模范区的同时,便着意于打造出一个与国统区截然不同的"延安"形象,其中最集中、最形象的描述便是著名的"十没有":"在延安,一没有贪官污吏,二没有土豪劣绅,三没有赌博,四没有娼妓,五没有小老婆,六没有叫化子,七没有结党营私之徒,八没有萎靡不振之气,九没有吃磨擦饭,十没有发国难财。"② 短短几句话,既暗讽了国统区的昏暗,又烘托出充满朝气和希望的新社会"延安"的显著特点,这在当时对国人无疑极具吸引力。之后,中共对延安和新民主主义社会的各种宣传,也基本上围绕着上述内容展开。在1941年的《陕甘宁边区政府报告》中,边区主席宣称:边区成为全国乃至除苏联外的全世界的一块新天地;到中国不到延安,看不出真中国;全中国都像延安一样的话,中华民族永远不会亡的;延安已成为最前进的保障中国抗战必胜、建国必成的堡垒;孙中山的三民主义与国民政府的建国纲领,只有在延安才能得到彻底实行。③ 从这些词句中可以看出,当时民众所盼望的理想社会的种种表征与"延安"开始融合,"延安"也开始被纳入一个明确的价值判断体系之中。

缘于实际利益和语言的引导,边区民众对延安产生了深层次的心理归属感,接受了"延安"象征着未来美好生活的价值判断,由此开启了延安

---

① 〔新西兰〕詹姆斯·贝特兰:《在中国的岁月:贝特兰回忆录》,何大基等译,中国对外翻译出版公司,1993,第37页。
② 《毛泽东选集》第2卷,人民出版社,1991,第718页。
③ 林伯渠:《陕甘宁边区政府报告》(1941年),陕西省档案馆、陕西省社会科学院合编《陕甘宁边区政府文件选编》第3辑,档案出版社,1987,第236页。

的符号化过程。

一方面，中共通过一系列民主、民生政策改善了当地的物质条件，保障了当地民众的经济、政治利益，使得当地民众认同了延安的发展模式和制度建构。对一般人而言，他们对政治权力的认同，很多是基于自身理性的经济利益判断。而在政治权力认同的维持因素中，最根本、最基础的也在于经济绩效。正如斯诺所观察到的，"一切政治宣传对于稳重的中国农民当然会是毫无意义的，要不是八路军实行它的诺言，要不是它的到达带来了人民生活的改善"。① 如前所述，边区政府的各项政策解决了人民的基本的生活问题，极大地提高了当地民众的生活水平，民众在对新旧生活水平的对比中不知不觉对中共政权产生了感恩和信赖的心理，进而对中共所设计的、在延安实践的社会制度产生了心理认同。

劳动模范吴满有从贫农到富农的经历在延安广泛传播，这个例子被树为典型不仅因为它是当地民众生活水平提高的缩影，更是因为它象征着劳动人民可以通过自身努力脱贫致富的制度设计。可见，中共在满足民众现实利益需求的同时塑造了一个既贴近人民现实生活又近乎完美的社会制度，让民众对努力就可以获得美好生活的未来充满了向往和信心。当地民众心里，"延安"意味着摆脱了政治压迫和经济上的不平等，大家"都有事做、都有饭吃"的社会制度。

另一方面，中共在改造当地社会结构的同时改变了当地民众的心态和精神状态。在中国传统社会文化和习俗中，农民对与政治的态度是疏离甚至冷漠的。中国共产党将普通民众广泛地吸收入政权组织之中，农民及贫苦大众都变成政治生活中的重要角色。身份的变化带来心态的变化。不管是动员性政治参与还是主动性政治参与，普通民众都通过一定的方式直接或间接地影响政府的决定或与政府活动相关的公共政治生活，个人的意义也得到极大的升华，每个人的日常活动都被赋予了国家构建的崇高意义，每个人都获得了参与"建设新中国"的机会和渠道，并从中体会到前所未有的自豪感和责任感。民众认同自己新的身份的同时，也认同了中国共产党宣传的国家意识、民族观念以及共产主义理想，并由此迸发出一种崇高的使命感。正如不少观察家所言，在第二次世界大战期间，凡来自浓雾弥漫和充满着失望情绪的陪都重庆的客人，都无不对那里人们"充沛的精力、

---

① 〔美〕埃德加·斯诺：《斯诺文集》第3卷，董乐山译，新华出版社，1984，第272页。

坚定的信念和朝气蓬勃的局面"印象深刻。他们看到，延安人民普遍地充满着乐观主义、自信及一种严肃的使命感，"不管我们信不信，他们似乎都以为将来一定是属于他们的"。① 民众的这种乐观向上和忘我奉献的精神状态充分展示了他们对延安社会现实和价值体系的认同，同时又给延安增添了一抹浓厚的宗教色彩，成为"圣地延安"的组成部分和最鲜明的特征。

在延安，各个阶层的民众在各种场合表达着对延安的认同。普通的民众主要表达的是对生活质量提高的感叹，"过去人民吃糠，有的连糠都吃不上，现在是吃三餐：早上，粘饭或散面；中午捞饭或面馍；晚上，稀饭；吃肉，过节每家都能吃到"。② 党外人士则称赞各地区在新的政治制度下所取得的巨大进步。③ 连"过去对中共不满的士绅……也满天赞誉"，认为"中央政府与他们差得太远了"。④ 前国民党官员由衷地表示边区政府才是第一个真正实行了孙中山的三民主义的政府，参与边区政府的李鼎铭更是直接表示，"在我的一生中，我从没有这样快乐过。……第一次在中国看到了真正的进步"。⑤

各种媒体报道也在着力刻画作为新社会的"延安"：不论公务员、学生与军民人等，决不像大后方一般人士的愁眉锁眼，叫苦连天，闹着经济困难，也不像另一部分人贪污腐化，狂嫖乱赌，日趋没落的现象，而都是欢天喜地，刻苦朴素，为着和平民主，为着建设边区，为着解放全国的人民，为着将来人类的幸福，有组织、有计划、实事求是地紧张工作着；同时延安及边区更见不到盗匪、乞丐，这一种安定、丰衣足食的社会，刻苦蓬勃、欣欣向荣的现象，正是中华民国走向新的道路新的社会的一种新生气象。⑥

在延安生活的知识分子则将这些政治和社会现实高度抽象在各种歌颂延安的文字中，极大地推动了现实符号化、概念化的过程。当时，大批到达延安的知识分子被延安的抗日气氛和人民政治热情所感染，抒写了大量描写延安的诗歌和散文。在他们的笔下，延安已经高度意象化了，延安的

---

① 〔美〕冈瑟·斯坦：《红色中国的挑战》，第86页。
② 林伯渠：《陕甘宁边区政府报告》（1941年），陕西省档案馆、陕西省社会科学院合编《陕甘宁边区政府文件选编》第3辑，第193—194页。
③ 〔美〕冈瑟·斯坦《红色中国的挑战》，第119页。
④ 〔美〕费正清：《剑桥中华民国史》下卷，中国社会科学出版社，1993，第803页。
⑤ 〔美〕冈瑟·斯坦《红色中国的挑战》，第121、134页。
⑥ 聂志超：《延安参观后的我见》，中国社会科学院新闻研究所中国报刊史研究室编《延安文萃》（下），北京出版社，1984，第842页。

山山水水都被赋予了文化意味，延安的各种社会现实也高度囊括在"延安"之中。在《我歌唱伟大的七月》中，作者使用了十分崇高神圣的词汇来指代延安："从七月的圣地/——延安出发/通向理想的彼岸/因为你是历史最/鲜明的路碑/因为你的进程/就是人类永恒的进程/我要歌唱着/我找到了好的生活/而且我找到了理想和工作/像一个寂寞的多思索的孩子/在他的童年的甜蜜的睡眠里/找到了那黄金的王国。"① 在知识分子的笔下，延安被称为"乐园""真理的标志""光明的象征"，甚至是"革命圣地""全国青年们心上的圣城麦加""人间极乐世界""黄金的王国"，几乎所有表示崇高神圣的词汇都被用于对延安的描述和赞美。从 1938 年开始，边区陆续出现文艺作品将"延安"形容为"圣地"，1939 年起，《新华日报》《解放日报》上也开始出现"圣地"或"革命圣地"字眼来指代延安。在这些表述中，"延安"已经被高度意象化，成了指代当地政治制度、生活方式乃至精神面貌等一系列政治、经济、社会现实的代名词。

在抗战期间，国民政府和中共政权都高举抗战的民族大旗，但是相对于国统区，"延安"除了意味着积极抗战外，还意味着安居乐业，幸福生活；意味着摆脱了中国几千年的政治压迫和经济上的不平等；意味着一种理想社会制度的实现，这也成为"延安"符号独特的内涵。从此时开始，"延安"已从地理名称转变为一个具有丰富内涵的符号体系，并将人们带入他们希望的所谓的意义生活形式。

三　国内外观察者的渲染：符号的最终形成

如果没有"他者"的认同，仅仅延安本土的声音显然无法完成"延安"这一政治象征符号的建构。抗战时期，为了打破对延安的消息封锁，中共极力推行开放政策，通过各种渠道鼓励和吸引国内外友好人士参观、考察延安，让外界了解延安和边区，借助"他者"宣传延安，从而促进了延安的"圣地"象征符号的最终形成。

从 20 世纪 30 年代开始，陆续有人赴延安考察，有梁漱溟、陈嘉庚、黄炎培等知名爱国民主人士，有埃德加·斯诺、艾格尼丝·史沫特莱、爱泼斯坦等著名记者，还有谢伟思等美军观察员。无论是"心向往之"还是心

---

① 丁玲：《我歌唱伟大的七月》，《延安文艺作品精编·理论诗歌卷》，浙江文艺出版社，1992，第 45 页。

怀疑虑，甚或是纯粹想来挑毛病，这些到延安考察的人们都对边区井然有序的社会环境、平等民主的政治氛围、振奋向上的革命热情给予了肯定。随着一大批反映延安情况的新闻报道问世，一个与国统区截然不同的"延安"的形象展现在世人面前。

美国外交官谢伟思在给史迪威总部的第一次报告中写道："我们来到陕北后，发现这里是中国具有许多现代事物的地方"，"在他们有能力的领袖们的领导下，为实现他们的政治、经济方案所开展的综合运动，是非常成功的"，而相比之下，国民党"已经丢掉了它早期的革命性质并已衰败"。①奈姆·韦尔斯也惊呼："在延安，中国共产党已实现了欧文·傅利叶时代原始的乌托邦社会主义者所梦想的公社生活。"② 美国合众社、伦敦《泰晤士报》记者哈里森·福尔曼则在《纽约先驱论坛报》上将延安描绘成"边区人民顽强与决心的伟大象征"。③

黄炎培、梁漱溟、陈嘉庚等民主人士本来对延安存在不少疑虑，结果在考察之后无不被延安的种种所打动，认为延安所实施的和自己所追求的"殊途同归"。黄炎培在他的书中写道：延安政府"好像对每一个老百姓的生命和他的生活是负责的"，延安的种种"距离我理想相当近的"。④

在他们的笔下，与国统区的世俗化的颓废生活方式不同，延安"安逸而纯洁"，"好像中世纪一所学院的校园"，充满着崇高的革命色彩。与国统区充满消沉和失望的情绪不同，延安"士气很高……在这里没有失败主义，有的是信心，在这里没有厌战情绪"，有的是"冷静、自信和自尊"，并且"那种朝气不仅是身体上的，而且是理性上的"。⑤ 与国统区充斥的贪污腐败不同，延安"没有从军火买卖舞弊的百万富翁，也没有剥削难民和伤兵劳动力的豪绅"，民众"不必担忧贪污官吏的中饱私囊，或作买卖外汇的投机，或购买婢妾"。⑥ 与国统区充斥的强拉壮丁不同，延安从不拉夫，"老百姓对待战士们就像对待出门在外的自家人，要让他们好好休息，还要他们

---

① 〔美〕谢伟思：《在中国失去的机会》，第 202 页。
② 〔美〕埃德加·斯诺：《斯诺文集》第 3 卷，第 220 页。
③ 张功臣：《外国记者与近代中国》，新华出版社，1999，第 243 页。
④ 黄炎培：《八十年来（附延安归来）》，文史资料出版社，1982，第 128、149 页。
⑤ 〔美〕巴巴拉·塔奇曼：《史迪威与美国在华经验（1911—1945）》上册，陆增平、王祖通译，商务印书馆，1985，第 268 页。
⑥ 〔美〕埃德加·斯诺：《斯诺文集》第 3 卷，第 206 页。

开心"。① 与国统区专制独裁、效率低下的政府不同，延安"给农民树立了他们从不知道的最有能力和最民主的行政机构"，② 而"社会各阶层的老百姓似乎真正采取认真的态度，以愈来愈高的热忱，以及他们对权利与义务的惊人而明智的了解——这在以前是不理解的，对自己有新的机会参与自治政府工作，作出了反应"。③ 与虚张声势的国民党官员不同，共产党人"廉洁奉公，富于理想和具有为事业献身的精神"。④ 总之，"在国民党是腐败的地方，它保持洁白。在国民党是愚昧的地方，它是英明的。在国民党压迫人民的地方，它给人民带来了救济"。⑤

抗战时期担任中国战区参谋长的美国人史迪威将军曾坦率地说过："我是根据看到的情况来判断国民党和共产党的。国民党是：腐败、失职、混乱、经济困窘、苛捐杂税、空话连篇、没有行动、囤积、黑市、与敌通商。共产党的纲领是：减税、减租、减息，提高生产和生活水平；参与政治，说到做到。"⑥ 就连被国民党当局认为政治上可靠，担任国民党国宣处顾问的武道也在《大美晚报》上撰文《我从陕北回来》，赞扬边区"百姓生活进步、政治民主、抗战意志坚强"。⑦ 这些观察者对延安清廉民主的政府机关、相处融洽的军民关系、热情高涨的抗日气氛以及稳定的社会秩序给予了高度评价，并将"新中国的胚胎""新中国的雏形""中国未来的希望"等称号安在令他们震撼的延安头上，"延安"高度意象化、符号化。

抗战爆发后，国民党实行国共合作，坚持抗战，加入国际反法西斯阵营，在国内外本得到广泛赞誉，但也正是从抗战开始，相较于共产党的积极进取，国民党则退居西南后方，不思进取，对抗战军事渐趋消极，原有的奋斗理想与信念受到持续战争的磨蚀，专制独裁、贪污腐败，连同盟国派来的观察员都对此十分失望，更别谈热血救国的青年和追求民主的知识分子。在"一切停滞不前，腐败不堪，消沉黑暗"的重庆的反衬下，"延安"的内涵持续发酵，在众多新闻报道和文艺作品中，它几乎展现了一个

---

① 伊斯雷尔·爱泼斯坦：《历史不应该忘记》，第145页。
② 〔美〕埃德加·斯诺：《斯诺文集》第3卷，第212页。
③ 〔美〕冈瑟·斯坦：《红色中国的挑战》，第121页。
④ 〔美〕巴巴拉·塔奇曼：《史迪威与美国在华经验（1911—1945）》上册，第257页。
⑤ 〔美〕白修德、贾安娜：《中国的惊雷》，新华出版社，1988，第356页。
⑥ 龚古军：《中国抗日战争史稿》下册，湖北人民出版社，1984，第315页。
⑦ 〔美〕克里斯·武道：《我从陕北回来》，齐文编《外国记者眼中的延安及解放区》，作家书屋，1946，第25—31页。

乌托邦所具备的所有迷人魅力，成为蕴含多种意义的政治象征符号。新知识分子从"延安"看到了五四遗留下来的平民主义、劳工神圣、社会改造；三民主义者从"延安"看到了孙中山所提出的民族、民权、民生；民主人士从"延安"看到了平等、自由、民主；热血青年从"延安"看到了爱国、献身、革命……"延安"作为一个与"重庆"对立的政治象征符号出现在国人面前。

四 符号形成的影响

20世纪30年代末到40年代，"延安"所代表的一整套社会现实逐渐被纳入一个明确的价值判断体系，从而在受众中形成清晰的统一认识、统一意志。中共中央在1939年也开始使用"圣地"指代延安，从此延安成了"革命圣地"的代名词，中共也借此更为便捷和有效地宣传其政治合法性，争取政治认同。"延安"逐渐从单纯的地理名词转变成为内涵丰富的政治象征符号，并在社会成员中具有广泛影响，其符号权力便以一种隐秘的形式进入了政治场域。

首先，通过这一符号的塑造和强化，中共使自己的支持者知道奋斗的方向和步骤，强化了政治认同。梅里亚姆在《政治权力》中指出，通过利益机制和象征意义两种途径都可以获得权力的合法化，但以象征凝聚人心和以利益凝聚人心二者的强度是不可比的。对于权力者来说，运用象征来赢得大众的感情成为越来越必要的手段。即使在以利益使权力合法化成为可能时仍需要使用象征意义，而当以利益维护权力的合法性发生困难时，更需要以象征作为巩固权力的手段。边区民众对外界"我们延安"的表述，揭示他们完全接受了"延安"所代表的价值体系，"延安"所象征的新民主主义社会成为广大人民群众的主体意识，每个人都心甘情愿地为之奋斗。来延安的国内外观察者们无不发现，在边区，"社会各阶层的老百姓似乎真正采取认真的态度，以愈来愈高的热忱"参与政府的工作。据统计，在边区所举行的历次农民选举中，选民的参选率都比较高，一般达到75%—80%，也有的高达90%以上的，连小脚妇女老太婆都觉得非到会不可，这是在国统区前所未有的景象。[①] 这种振奋向上的精神面貌，参与工作的政治

---

① 林伯渠：《陕甘宁边区政府报告》（1941年），陕西省档案馆、陕西省社会科学院合编《陕甘宁边区政府文件选编》第3辑，第174—175页。

热情给他们带来某种心理满足感。而这种心理满足所提供的东西,正是对权力的承认和赞美。在这个过程中,党的意识形态和道德标准逐渐为民众所接受,变为民众的行为准则和规范,在思想意识方面和中共保持了高度一致。反感共产党的谢克曾用充满敌意的口吻承认:在延安,一说主义,"一定是新民主主义","以同一问题问二三十个人,从知识分子到公众,他们的答语几乎是一致的"。① 这也从侧面显示了中共意识形态在延安所获得的高度认同。正如有学者所说:"共产党已经成功地在根据地的农民心目中确立了自己牢不可破的正统感,等于是瓦解了当时还是正统国家政权的代表者国民党政府的权威,到了1945年抗战胜利时,在根据地农民心目中,蒋委员长的地位已经被毛主席完全取代了。"②

其次,通过这一象征符号,中共将自己的理念、计划、纲领、政策传播出去,宣示于人,争取了更多的同情者,感召、动员更多的社会成员,从而获得更多的民意支持与合法性。这从无数奔赴延安的知识分子身上可见一斑。在战争环境下,国民党似乎有更多的理由采取残酷的政治手段,以达到维护专制统治的目的。因此,在当时的国统区没有自由言论的空间,也没有公示天下的政治游戏规则,更没有建立起可以承受释放政治纷争的国家政治体制。于是,在一个不容异见、不能接受改良的环境下,绝望的叛逆者与革命者,就自然而然地想到象征着自由民主的革命圣地延安。梅里亚姆曾指出,当人们从人生的艰辛和无助中对自己的生存状态感到迷茫的时候,可能给自己带来光明的政治象征便容易受到欢迎的看法。③ 包含了自由、民主和革命意义的延安已经成了所有卓有远见的中国爱国人士心目中的圣地。④ 因此,成千上万的人用脚投票,离开国民党统治区域,奔赴心中的"圣地"延安。"到延安去!"成了当时中国最时髦的口号和最能体现自己政治觉悟的呐喊。正如斯诺所说,不管他走到哪里,哪怕是最意想不到的地方,总能遇到肋下挟着《西行漫记》的青年,问他怎样去延安的学校,其中还不乏政府官员和银行家为自己的子女探路。⑤ 当时在奔赴延安的青年大军中,诗人王云风在《奔向光明》的诗作里是这样形容他们的决心

---

① 谢克:《延安十年》,青年出版社,1946,第64页。
② 张鸣:《乡村社会权力和文化结构的变迁(1903—1953)》,广西人民出版社,2001,第223—224页。
③ 参见张晓峰《西方政治象征理论研究述评》,《教学与研究》2004年第10期。
④ 斯雷尔·爱泼斯坦:《历史不应该忘记》,第8页。
⑤ 〔美〕埃德加·斯诺:《斯诺文集》第3卷,第213—214页。

和阵容的：万重山，险又难，仰望圣地上青天，延安路上人如潮，青年男女浪涛涛。可见，在这些青年学生眼中，延安以圣地的面貌出现，并带着革命的浪漫色彩，向他们展示出迷人的吸引力。

最后，当时极力淡化延安甚至希望封锁延安消息的国民政府也无法避免延安符号化给其政权合法性带来的冲击。尽管美国政府将蒋介石国民党作为关键的盟友及中国唯一的援助对象，但所有独立的和外国的观察家都像史迪威那样批评蒋介石国民党。像许许多多的同时代观察家一样，他们用国民党、军阀和地主的贪婪来反衬中共的公正与清廉。20世纪40年代中后期记述中共经历的绝大多数西方人，特别是史迪威及其他美国军官，都批评蒋介石国民党的冥顽不化，批评他们在对日作战中的腐败无能，他们对穷人疾苦的麻木不仁以及他们发战争财的卑劣行径。① 在描述"民主""自由""光明"的延安的同时，将"黑暗""腐朽""颓废"这些标签贴在与"延安"对应的"重庆"之上，这让国民政府尴尬不已。为了避免来自延安的冲击，在国统区，一切跟延安有联系的事物都严禁提及，甚至连西北秧歌都被视为暗指延安而被明令禁止。而昆明等地的学生则以跳秧歌来表达对政府专制的反感，② 包含在延安符号体系中的秧歌在此时成了反对政府专制的武器。布迪厄指出，符号权力是"一种不可见的权力，只有在那些不愿承认自己被它支配甚至运用它的人都屈从于它的时候，它才会生效"。③ 国民政府的行为实际上从另一方面承认了来自"延安"的符号权力对其政权合法性的冲击。

结　语

综上所述，抗战时期，中共政权在延安地区进行新民主主义实践的同时，公众也在自己的头脑中形成对中共政权的感知、评价与记忆。自我的表达和他者的评价交互混合，共同将延安塑造成为人们心目中的"圣地"。这实际上也是中共政治主张符号化的过程。"延安"作为一个与"重庆"对

---

① 〔美〕马克·塞尔登：《革命中的中国：延安道路》，魏晓明、冯崇义译，社会科学文献出版社，2002，第275—276页。
② 傅国涌：《1949：中国知识分子的私人记录》，长江文艺出版社，2005，第52页。
③ 〔法〕皮埃尔·布迪厄：《论符号权力》，吴飞等编译《学术思想评论》第5辑，辽宁大学出版社，1999，第165页。

立的政治象征符号出现在国人面前。政治象征符号不仅仅是传递政治信息的媒介，而且是表达政治情感、思想和信仰的工具。作为"延安"这一政府象征符号的拥有者，中国共产党可以更为便捷和有效地宣传其政治合法性。通过"延安"与"重庆"的鲜明对比，使得民众的认知发生了深刻变化：中国共产党的形象由秩序的反叛者向民族利益的维护者转变；国民党及其政权的合法性遭受空前严重的质疑。它表明在中共的"新民主主义中国"与国民党的"三民主义中国"两种建国理念的较量中，前者获得了更多的认同，这也成为日后中共赢得全国民众政治认同并取得全国政权的基础。

（作者单位：华中科技大学马克思主义学院）

世事难料：陈克文日记所见之抗战*

洪富忠

内容提要 陈克文作为战时国民政府行政院高级公务员与中层事务官，为我们观察战时中国多重面相提供了独特视角。陈克文对战争初起之判断是和战皆不分明；确定战事已不可避免后，陈克文对战争的判断依据又有"城市中心论"之余韵；欧战、苏德战争及太平洋战争等与中国抗战有极大关联，且有利于中国之国际事件的发生，在陈克文笔下并未直接转化为胜利在即的喜悦。抗战胜利的到来虽然让陈克文欣喜万分，却又有猝不及防之感，犹如梦寐。飘忽不定，希望中总有渺茫的世事难料之感贯穿陈克文对整个抗战观察的全过程。对于领导国民政府抗战的领袖蒋介石，陈克文既有作为一般远观者的表层印象，又有作为政务、党务实操者的切身感受与评价，为我们认识和理解战时蒋介石提供了另一视角。陈克文笔下的战争与人事，为我们提供了另外一个观察抗战的维度。

关键词 陈克文日记 抗日战争 蒋介石

陈克文（1898—1986），广西岑溪人，祖籍广东肇庆，毕业于广东高等师范学校。关于其经历及日记价值，正如其子陈方正在日记出版编者序中所言："父亲在1923年加入国民党，经历北伐、农民运动、宁汉分裂等重大事件，1935年加入国民政府，历任行政院参事、立法委员，和短暂的立法院秘书长。他地位不高，但交谊甚广，又长期负责实际政务，得以从内部和中层观察政府运作以及政坛人物的言行，更与不少学界、文化界人物相熟，因此日记中对那十余年间惊心动魄事件的记载和评论，是很有历史

---

* 本文为国家社科基金一般项目"中国共产党在抗战大后方的形象塑造及历史经验研究"（项目号：17BDJ047）资助成果。

价值和兴味的。"① 陈克文日记自 2010 年 3 月在《万象》杂志上连载后，台湾中研院近代史研究所于 2012 年出版繁体版，社会科学文献出版社 2014 年 9 月出版简体版，引起学界重视。学界对陈克文日记的利用，目前主要体现在将其作为史料，为其他相关研究提供参考和印证，如重庆大轰炸、大后方公务员生活及派系政治等方面。② 以陈克文本人作为研究对象，目前在学界还相对薄弱。有鉴于此，笔者以《陈克文日记（1937—1952）》为主要文本，考察其对于抗战局势演变及人事之观察，期望通过一孔之见，管窥抗日战争这一中国近代史上宏大叙事之下一个中层者的观察断面，为透视战时中国的多重面相提供新的视角与参照。

一 和战皆不分明的开局

后世之人在描述全面抗战这一中国近代史上恢宏而又悲壮的历史时，常有抗战局势发展如线性之感。无论是毛泽东在《论持久战》中所阐述的防御、相持、反攻三阶段，还是蒋介石所划分之"二期抗战"，总让人有局势明朗、方向明确之体会。实则不然，无论是中共中央，还是蒋介石本人，虽坚信抗战最终必胜，但对其具体如何发展，何时可能取得胜利，均充满了很大的不确定感，学界对此也有相关论述。③ 陈克文作为国民政府行政院的一名中级官员，有较快获得战时消息的渠道，但又无从影响战时方针政策的制定。这样一个中层者是怎样观察这一场战争的，实是一个颇值得关注的话题。

卢沟桥事变之前，从陈克文日记中难见关于局势恶化的评价和记述，

---

① 陈方正编辑、校订《陈克文日记（1937—1952）》（上），社会科学文献出版社，2014，"编者序言"。
② 相关研究可参见张瑾《"跑警报""躲空袭"的山城岁月——〈陈克文日记〉中的重庆大轰炸图像》（一）（二），《世纪》2015 年第 3 期，2015 年第 6 期；黄玉兰：《领袖、派系与政治文化——以国民政府中层事务官陈克文为例的历史考察》，硕士学位论文，华东师范大学，2016。另 2017 年 5 月 12—14 日，香港中文大学中国文化研究所举办的"民国人笔下的民国"国际学术讨论会上，有两篇参会论文与此相关，分别是张瑾《陈克文日记中的空袭疏散与重庆城乡图景》；郑会欣：《战时后方高级公务员的生活状况——以王子壮、陈克文等人日记为中心》。此外，马勇、唐小兵等在报纸上也有关于陈克文日记的一般性介绍和评论。
③ 陈标：《毛泽东和中共中央对抗战胜利时间估计的变化》，《抗日战争研究》1995 年第 3 期；洪富忠：《蒋介石关于抗战胜利时间的估计及其变化》，《历史教学》（下半月刊）2015 年第 11 期。

全然未有"黑云压城城欲摧"之感。在其日记所记内容中，大多是关于其上班、聚会、娱乐、家庭、造屋等，偶有拜会汪精卫或关于行政院事务之评价。1937年7月7日，卢沟桥事变发生，7月8日，报纸已有相关报道。但陈克文在7月8日的记载中，并未提及此事，所记内容全部关于其母亲及身体状况。这大概是因为1937年7月8日为农历六月初一，是陈克文母亲77岁生日。7月9日，陈克文始有关于中日卢沟桥军事冲突的记载："但昨日卢沟桥之中日军冲突，是否不至扩大，不至影响国大代表覆选及国大开会，亦正难说。最少平津冀察之选举进行不能不受极大之影响。日本人始终不愿中国统一，不愿中央实行其统一之政策。卢沟桥事变或即为此种阴谋之表现，亦未可知。即不然，亦是一个日本破坏国选，打击统一的最大机会。"①"亦正难说"表明陈克文对于卢沟桥事变是否会扩大不敢断定，其关注点也在于冲突所涉地区之选举问题，认为日本此举主要是阻止中国统一。阻止中国统一与要瓜分、灭亡中国的意义不一样，陈克文显然还未将卢沟桥事变上升到关系中华民族存亡绝续的高度来思考。而作为最高军事统帅的蒋介石则有所不同，不管冲突大小，只要关涉中外，尤其是中日之间，高度重视，均不敢掉以轻心，故在7月8日的日记中不仅有此记载，而且接连发问："逼使我屈服乎？抑将与宋哲元为难乎？迫使华北独立乎？我之决心应战，此其时乎？"②连用四个问号，表明蒋对于战事是否扩大为全面战争也未能确定，这与陈克文有相通之处，但其关注层面和敏感程度，显然与作为中层官员的陈克文又有所不同。

自7月9日后，陈克文对局势发展的关注大量增加，日记中记载了其在行政院所观察到的各部会情况。据其观察，7月14日的南京"仍极镇静，惟赴庐山避暑之各部会长官，已陆续返京。今晨政院并举行临时会议，稍形紧张耳"。7月15日，国民党中央党部虽然召开了国际宣传委员会全体紧急会议，但"正主席邵力子尚在牯岭未回，副主席王宠惠亦未到，重要脚色只何应钦部长一人到来，但不久便走了。后来陆续到十人左右，最重要的算外交部情报司长和中央通讯社社长两人。席中并无正式讨论，随便谈谈"。③ 7月17日，"华北消息沉闷已极，和战皆不分明"。④ 7月20日，陈

---

① 陈方正编辑、校订《陈克文日记（1937—1952）》（上），第78页。
② 黄自进、潘光哲编《困勉记》（下），台北，世界大同出版有限公司，2011，第559页。
③ 陈方正编辑、校订《陈克文日记（1937—1952）》（上），第80页。
④ 陈方正编辑、校订《陈克文日记（1937—1952）》（上），第81页。

克文据所得消息判断，"中日决战，大概已无法避免"，但次日又自我否定，"华北昨日的战事，似仍未能视为中日大战的开始"。① 7 月 26 日，陈克文获知张自忠在廊坊抗日，又认为这一冲突"将成为中日之全面冲突，大概已无法避免"。② 7 月 31 日，陈克文到下关码头迎接汪精卫，在同汪精卫的谈话中陈克文感到"惟政府是否决定即行抗战，汪先生亦似未深悉也"。③ 8 月 2 日，陈克文参加各机关高级人员谈话会，讨论撤离首都问题，"盖大战何时爆发，何时可以结束，何处始为安全地带，均难确定"。④ 8 月 12 日，陈克文见汪精卫，对政府迁移发表感想："政府迁移一年前即有准备，不过以目前沿江设备言，日人威胁首都，恐亦不复如'一二八'时之易。迁都问题想不过准备万一耳。"⑤ 可以说，对于卢沟桥事变后的中日冲突是否意味着全面战争的爆发，陈克文拿捏不准。直至 8 月 13 日淞沪会战爆发，此后日军又于 8 月 15 日开始轰炸南京，陈克文始感局势的严重。

陈克文所处位置，既有快速得到消息的便利，也有对中日多年冲突历史的疑惑。日本侵略中国由来已久，是如九一八事变那样大举进攻后停手，还是像"华北事变"那样以武力逼迫中国让步后又暂时停止，确实皆有可能。即便是日本南北进攻，是否就一定意味着中日全面开战，也未尝可知。日本不就是 1931 年进攻东北后，次年又进攻上海吗？日本此次在华北发动卢沟桥事变，在南方又进攻上海，是几年前的场景再现还是别有意味？确实难以断定。由于最高军事统帅蒋介石难以确定战争规模，作为蒋介石重要幕僚的王世杰在 7 月 16 日的行政院谈话会中就指出，中央军加入作战后，究竟是"局部冲突"，还是中日进入"普通战争状态"，⑥ 政府应从早决定方针。这表明国民党高层也未明确究竟是局部之战还是全面战争。直至 8 月 12 日，国民党中常会召开秘密会议，决定自 8 月 12 日起，认为"全国已入战时状态"。⑦ 即便是中共中央，也很难在短期之内就判断出局势的确定走向。中共中央在 1937 年 7 月 8 日所发的《中共中央为日军进攻卢沟桥通电》中指出，日军在卢沟桥的挑衅，有两种可能："即将扩大成为大规模的侵略

---

① 陈方正编辑、校订《陈克文日记（1937—1952）》（上），第 82 页。
② 陈方正编辑、校订《陈克文日记（1937—1952）》（上），第 84 页。
③ 陈方正编辑、校订《陈克文日记（1937—1952）》（上），第 86 页。
④ 陈方正编辑、校订《陈克文日记（1937—1952）》（上），第 87 页。
⑤ 陈方正编辑、校订《陈克文日记（1937—1952）》（上），第 91 页。
⑥ 林美莉编辑《王世杰日记》（上），台北，中研院近代史研究所，2012，第 22 页。
⑦ 林美莉编辑《王世杰日记》（上），第 31 页。

战争，或者造成外交压迫的条件，以期导入于将来的侵略战争。"① 当然，无论哪种情况出现，都是极端严重的，但中共此时也并未判断卢沟桥事变就一定是全面抗战之开端。朱德在7月15日的讲话中将卢沟桥事变称为"第二个'九一八'的号炮"，认为解决的办法必须"从华北的局部抗战走向全国的抗战"。② 此语似有全面抗战开始的端倪，但其"第二个九一八"之说，又似乎有战争仍然是局部之意。

综合多方意见，卢沟桥事变后的7月份，充满着各种不确定性，领导者也不一定能做到"先知先觉"；能"后知后觉"，根据局势演变做出正确对策并对战略态势大致看清，已经相当不易。陈克文对局势发展的某种"迷茫"，相当程度上也是受政府高层和战未定消息的影响。陈克文所处位置不太可能迅速得知高层的秘密决断，因而常有中日大战"大概已无法避免"的判断刚出，旋即又以"未能视为中日大战的开始"自我否定，其前后矛盾的判断显示其"迷茫"乃是相当部分国人的共识，也折射出个体在面对局势剧烈转圜之际的惶恐与疑虑。

二 战局观察中的城市风向标

战争初期，虽然感到紧张，但陈克文对战事发展并未太过悲观。陈克文认为中国"对日愤恨，郁结数年，决非消沉，一哀一骄，战事万一不免，哀者胜矣"，③ 民气可用；又闻"对日作战人人兴奋，天时地利人和，我皆有之，胜算决不是绝无把握者"。④ 但战争一旦打响，中日之军事差距很快呈现，中国北方、南方中心城市逐次沦陷。陈克文对战争局势的判断往往以这些中心城市是否沦陷为根据，其心情也随之起伏不定。

1937年7月29日，陈克文从报纸上获知宋哲元离开北平，感觉"譬如一盘冷水，莫不沮丧万状"。⑤ 此后，天津也很快沦陷。平津为华北要地，其沦陷的指标意义甚大，对民众心理影响自然也大。值得注意的是，平津虽然失陷，但众所周知，驻守平津之军队不是国民党中央军，平津沦陷固

---

① 《中共中央为日军进攻卢沟桥通电》（1937年7月8日），中共中央文献研究室、中央档案馆编《建党以来重要文献选编（1921—1949）》第14册，中央文献出版社，2012，第356页。
② 朱德：《朱德军事文选》，解放军出版社，1997，第257页。
③ 陈方正编辑、校订《陈克文日记（1937—1952）》（上），第79页。
④ 陈方正编辑、校订《陈克文日记（1937—1952）》（上），第92页。
⑤ 陈方正编辑、校订《陈克文日记（1937—1952）》（上），第85页。

然令人沮丧,不过在陈克文看来,南方的上海、杭州、南京等城市是否能够保住,对战局的影响更大,尤其是国民政府首都南京,更是非同寻常。也正如此,1937年8月31日,当北方之南口、张家口失陷的消息得到证实时,陈克文认为"似在人人意料之中,故未增加惊恐惶惑之心理";而对于南京,大家认为"我等如能在首都安渡双十节,则战事胜利已有三四分把握;如能安渡新年则有七八分把握。只要我能持久,则胜利必属于我"。① 既然是与大家讨论,陈克文也未表示反对,此种观念当是代表了部分同人,也包括陈克文在内的认同。由于国民党军队在上海战场的坚守,南京、上海在开战后数月尚未陷落,陈克文对战局并不过于悲观。1937年9月27日,北方战局不佳,"平绥线前数日虽在平型关获大胜,平汉、津浦两线都节节失败,保定、沧州均陷敌手",但"幸淞沪坚持,敌难发展。持久战之形势似可造成,前途不至无望"。② 陈克文认为,华北即便不守,但"不至于见笑于天下"。③ 10月10日,南京尚未沦陷,陈克文对此前自己的预料颇有自得之感:"我曾预料,抗日战事,能支持至国庆,必有三分胜利之望。今已安然渡过国庆矣,前方虽未得胜,亦未大败,国际形势于我似更有利。我之预料或不谬误乎!"④ 首都为国之要地,也是国际观瞻所系,南京操之我手还是操之于敌,对于一般民众心理,自是影响甚大,陈克文也不例外。

但是,随着战事发展,国民党军队在战场上的形势越来越严峻,陈克文最初对抗战的某种乐观渐渐被日益严重的担忧所替代。1937年11月初,上海战事吃紧,陈克文感叹"抗战前途终将失败欤",⑤ 11月9日,上海守军撤退,"长期抗战,能否支持下去,殊为可虑"。⑥ 上海作为中国经济中心,其坚守还是放弃颇具指标性意义。因敌我悬殊,国民党军队最终不得不退出上海。上海沦陷后,"每日中央广播台所播送之《保卫大上海歌》已不复闻矣。上海为经济命脉,对外交通枢纽,失守后对于抗战前途之打击自必极为重大,难怪振姊连日长叹,雷太太连饭也不想食了"。⑦ "难怪"不仅仅是表示他人之感受,也代表了陈本人对此种心情的理解与认同。军事

---

① 陈方正编辑、校订《陈克文日记(1937—1952)》(上),第99页。
② 陈方正编辑、校订《陈克文日记(1937—1952)》(上),第109页。
③ 陈方正编辑、校订《陈克文日记(1937—1952)》(上),第111页。
④ 陈方正编辑、校订《陈克文日记(1937—1952)》(上),第114页。
⑤ 陈方正编辑、校订《陈克文日记(1937—1952)》(上),第124页。
⑥ 陈方正编辑、校订《陈克文日记(1937—1952)》(上),第125页。
⑦ 陈方正编辑、校订《陈克文日记(1937—1952)》(上),第126页。

形势严峻，以至于陈克文开会回家"情绪极为郁郁，终夜不能安睡"。①1937年12月13日，南京陷落，"武汉、长沙均立起恐慌"，"长沙如更失陷，则国民政府尚能有托足之地耶"，陈克文感叹，"以中国之大，髣髴已无吾人托身立命之所矣"。②尽管广州失守已在陈克文预料之中，但当1938年10月22日得到广州失守的消息时，"大家都不免丧气，'广东精神'是这样的吗？""都说十天失守实在是太出人意料了"。③1938年10月25日，武汉沦陷。不过五日，广州、武汉两大城市就陷于敌手，"朋友相见，虽然勉强说些互相安慰的话，其实大家都感觉十分的苦闷，大家悬虑的是：今后的抗战局面怎样呢，是否还能够继续抗战？……中华民族真的这样便给日本鬼子征服了吗？"④10月26日，因广州、武汉沦陷，陈克文十分苦闷，"这两天真不敢看报纸，不敢读路透社的消息，更不愿意朋友在面前谈广州和武汉失守后的情报。明知是可笑的感情作用，也只好在感情上躲避一时的痛苦"。⑤陈克文也明知这是鸵鸟似的逃避，但毕竟做不到。他自己曾在1937年9月14日与众人打麻将后感慨："明知是一种无谓的举动，精神上的暂时逃避，也不得已也。'胜不足喜，败亦不足馁'，口头上尽管如此说，心里到底有些两样。"⑥每次听闻这些中心城市的陷落，陈克文心中都会涌起无限惆怅和失落。

陈克文作为国民党的一员，自然深受国民党历史的影响。国民党自兴中会成立后，无论在清末的武装反清革命中，还是在第一次国共合作期间，均以城市为中心。中心城市的沦陷，其巨大的社会影响不能不波及一般民众的心理。尽管中国共产党的持久战思想在大后方也广泛传播，一再强调抗战成败不取决于一城一地的得失，但社会上总有人或是不信，或将信将疑。陈克文也曾提及："共产党的朋友说，必须到了这样的田地，抗战的最坏阶段才算到了顶点。过了这一阶段，才能入到逐渐变好，逐渐变强，逐渐得胜的时期。"对于中共的宣传，陈克文显然是将信将疑，认为"事实能否如此，谁敢预言"。⑦要达到毛泽东所说"存人失地，人地皆存；存地失

---

① 陈方正编辑、校订《陈克文日记（1937—1952）》（上），第126页。
② 陈方正编辑、校订《陈克文日记（1937—1952）》（上），第142页。
③ 陈方正编辑、校订《陈克文日记（1937—1952）》（上），第289页。
④ 陈方正编辑、校订《陈克文日记（1937—1952）》（上），第290页。
⑤ 陈方正编辑、校订《陈克文日记（1937—1952）》（上），第291页。
⑥ 陈方正编辑、校订《陈克文日记（1937—1952）》（上），第104页。
⑦ 陈方正编辑、校订《陈克文日记（1937—1952）》（上），第288页。

人，人地皆失"的境界与高度，① 恐非一般人所能及。

陈克文日记中以中心城市得失作为战局判断之依据并不仅仅是其个人之见，往往是与其交往同事或好友集体心态之表现，具有相当的代表性。正如1937年12月16日陈克文在关于陶德曼调停的一段评价中所言："朋友见面，都互相问道，有何消息，有何特别消息。此所谓消息，所谓特别消息，是指与敌言和方面的多。初到武汉时，大家似乎希望德大使陶德曼的调停发生效果，现在都似乎希望直接与敌言和。其实在此局势之下，已经无言和之可能。"② 明知言和既无可能，但又对言和消息颇为关注，正是首都南京沦陷后国民党内部一部分人士心态的真实写照。也正是如此，抗战初期，中国南北大中城市纷纷陷落，国民党内部对于是否坚持抗战、能否坚持抗战发生了意见分歧，"和平"论调在国民党内部甚嚣尘上，最终出现连汪精卫这样的国民党要人走上所谓"曲线救国"的投降路线，并有大批追随者，也就不足为怪了。

三 胜利希望中的渺茫

陈克文与汪精卫过从甚密，有相当的交情，但这并不能说陈克文主张妥协投降。就其战时日记所载及其实际表现而言，陈克文无疑属于坚持抗战阵营中的一员。既然坚持抗战，自然期望最终胜利。不过，在陈克文日记中，他对抗战胜利的希望中总是夹杂着某种渺茫，"漫漫长夜何时了"的惆怅充斥其间。

1937年11月15日，陈克文得知确定迁都消息后，发出"不图宋室南渡，与明末播迁之景氛，竟令吾人身受之也"的感慨。③ 其后"宋室南渡""明末播迁"在其日记中多次出现。稍有历史常识之人都知道，宋室南渡后就再也没有北还，偏安一隅，最终被元所灭，无非延续时间较长而已；而明末播迁，乃是明朝灭亡的前奏。陈克文用这两个历史典故，既有表达国民政府确定迁都后的失落与惆怅心情，在此心情中又夹杂着一丝可能亡国的悲凉，未能生逢其时之人，很难体会此种复杂之感受。

---

① 中共中央文献研究室编《毛泽东年谱（1893—1949）》（下），中央文献出版社，2013，第176页。
② 陈方正编辑、校订《陈克文日记（1937—1952）》（上），第143页。
③ 陈方正编辑、校订《陈克文日记（1937—1952）》（上），第128页。

随着战事陷入胶着状态，日本短期之内要想灭亡中国的迷梦破产，但战争的局势并不如后见者所见之明朗。1939年6月29日，陈克文负责在重庆乡下龙井湾督建行政院办公工程，感慨"其实再过两个或三个夏天也是可能的，现在看不出，过了夏天便可以结束战事迁回南京的可能性在那里"。① 1939年9月欧战的爆发，可以说是有利于中国抗战的一个国际形势变动，蒋介石将之视为"世界和战与我国存亡之最大关键"，② 是中国抗战苦撑待变中的积极因素，也是中日问题获得根本解决的"基础"。③ 在陈克文看来，虽然也有"月光底下，嘉陵江畔，热烈的讨论这一次的大战问题"，④ 对张伯伦和希特勒的演说，是"读了中文又读英文的，读了又读"，⑤ 显示出对欧战的关注，但由于欧战并非直接涉及中国战场，在整个1939年及此后的日记中，也并未见其对欧战如何加快中国抗战胜利步伐的评论或记载，反而在1939年除夕之夜发出"不知还要在这里过若干个的除夕"的感慨。⑥ 欧战爆发后，德国攻势凌厉，老牌强国法国竟然很快投降，欧战这样急剧变化，完全是大家"始料所不及的"。大家不是想到抗战马上胜利，而是"预测敌人将仿效德国对我们采闪电战的进攻"。⑦ 加之1940年6月宜昌的陷落，"更令人对于国家和世界的大局发生茫然之感"。⑧ 1940年，陈克文所在的重庆遭受日军的狂轰滥炸，加之物价上涨，公务员生活也大受影响。"战时经济到了目前，敌人固然是精疲力竭，我们自己也实在有些支持不住。假设没有最近美国和英国的先后借款，恐怕真不免于塌台了。"⑨ 这种情况也导致陈克文对报载所谓"中日和平"思想产生"继续抗战也不是容易的事，和平似乎到了不能不接受的时候了"的感慨，尽管因为听了蒋介石关于坚持抗战的声明及外交部对于英日妥协的斥责，自觉"有些惭愧"，⑩ 但陈克文对局势的担忧却跃然纸上。

---

① 陈方正编辑、校订《陈克文日记（1937—1952）》（上），第418页。
② 黄自进、潘光哲编《省克记》第14卷，台北，世界大同出版有限公司，2011，第159页。
③ 蒋介石：《中国抗战与抗战形势——说明抗战到底的意义》（1939年11月18日），秦孝仪主编《先总统蒋公思想言论总集》第16卷，台北，中央文物供应社，1984，第478页。
④ 陈方正编辑、校订《陈克文日记（1937—1952）》（上），第449页。
⑤ 陈方正编辑、校订《陈克文日记（1937—1952）》（上），第451页。
⑥ 陈方正编辑、校订《陈克文日记（1937—1952）》（上），第500页。
⑦ 陈方正编辑、校订《陈克文日记（1937—1952）》（上），第585页。
⑧ 陈方正编辑、校订《陈克文日记（1937—1952）》（上），第583页。
⑨ 陈方正编辑、校订《陈克文日记（1937—1952）》（上），第649页。
⑩ 陈方正编辑、校订《陈克文日记（1937—1952）》（上），第599页。

苏德战争及太平洋战争的爆发，皆是对中国战场有利的重大国际事件。由于陈克文日记缺1941年和1942年，我们无从得知苏德战争及太平洋战争爆发后陈克文对其认识或评价。从其后面所记之日记，可以感知陈克文与国民党高层的认识颇不一致。苏德战争被蒋介石视为"世界变局必急转直下，明年七月或可望世界和平之恢复"的重大事件，① 太平洋战争的爆发则是其抗战政略成就的"顶点"，② 给人以中国抗战走上阳光大道之感。但我们在1943年陈克文的日记中全然没有这种胜利在即的感受。1943年7月7日为抗战6周年纪念日，陈克文的感觉是："抗战不觉已满六年，虽最后胜利似可无疑，惟何日太平，时间尚属无法断定。"③ 1944年3月2日，陈克文接到女儿来信，提及昆明物价奇高，感慨"现在最后胜利似乎遥遥无期，这种经济困难真是如何维持下去"。④ 究竟有多困难，陈克文在1944年4月6日的记载做了一个比较，"重庆的米已较战前涨价一千倍以上，其他日用必需品涨百倍或二三百倍不等"，靠薪俸为生的公务员等人"真到了山穷水尽之势"。而此时欧洲的战局，"同盟军在这一两个月内毫无进展；缅印战局，最近英军又复不利，西南太平洋也没有若何令人兴奋的消息。半年前一种同盟军胜利即在目前的空气已经消失殆尽。战事何时可以结束，似乎还是遥遥无期"。⑤ 一句"遥遥无期"，尽显希望之渺茫。应该说，自太平洋战争爆发后，中国从孤军奋战进而转入反法西斯阵营，国际形势对中国有利已确信无疑。但这种有利的国际形势并未直接转化为国人对抗战好似即将胜利的喜悦。国内的政治纷争、战场的毫无起色、高涨的通货膨胀，连陈克文这样的行政院中级官员都深感时日难过、生活艰辛，普通人对战争苦难的微观感受远未被国际宏观局势的转变所取代，"遥遥无期"屡次在陈克文日记中闪现，一种抗战胜利希望中夹杂着些许渺茫之感油然而生。

　　1944年6月，欧洲第二战场开辟，战争形势更加明朗。陈克文与朋友讨论此事，"大家都认为欧洲战场有在半年内结束之可能，惟对于中国战场，则大家意见并不一致"。⑥ 之所以如此，是因中国战场全然是另一番景象，开端于河南的豫湘桂战事，国民党军队一路溃败。1944年11月30日，

---

① 叶惠芬编《蒋中正总统档案：事略稿本》第46册，台北，"国史馆"，2010，第578页。
② 周美华编《蒋中正总统档案：事略稿本》第47册，台北，"国史馆"，2010，第625页。
③ 陈方正编辑、校订《陈克文日记（1937—1952）》（下），第734页。
④ 陈方正编辑、校订《陈克文日记（1937—1952）》（下），第792页。
⑤ 陈方正编辑、校订《陈克文日记（1937—1952）》（下），第802页。
⑥ 陈方正编辑、校订《陈克文日记（1937—1952）》（下），第823页。

陈克文记载："这几天朋友见面无一不谈战事，又无一不怀着沉重失望的心情。"① 又到一年年终时的12月31日，陈克文感叹："卅三年是抗战以来最艰苦最危险之一年，已如此过去。不知今后的一年会转好，还是转为更坏。"② 后来人皆以为胜利在即，身在其中的陈克文对未来却依然充满着大大的不确定。

1945年初，在陈克文看来，并没有抗战取得胜利的预期。"我国今年已预定的大计划为五月五日之国民党六全代表大会，及十一月十二日之国民代表大会。"③ 蒋介石预定的1945年之军事目标为："（甲）第一期收复南宁与柳州（六月）；（乙）第二期收复香港广韶占领广州湾与香港海口（十月）；（丙）第三期收复衡阳长沙岳阳与武汉宜昌（十二月）并收复台湾。"④ 可见，无论是国民党高层还是中层，均未设想1945年中日战争会结束。也正是因为如此，当1945年8月形势剧变的时候，陈克文着实感到意外。"十日傍晚，日本请降的消息，竟突然而至。世界大战这样的突然结束，在三日前大家做梦都想不到的。原子弹投下之后，以至苏俄参战，战局的急转直下虽在意料中，但绝料不到和平即在眼前。"⑤ 作者虽然相信胜利已经确信无疑，但仍然感到"敌人投降如此突然而至，我们不止事实上一切准备不足，连心理的准备也还没有"。当然，胜利既然到来，狂欢的心情也必须表达，陈克文本不善跳舞，"也居然登场蹦蹬两次"。⑥ 8月15日，日本接受《波茨坦宣言》，艰苦卓绝的八年全面抗战，在陈克文笔下以"恍如梦寐"结束。⑦

四　对战时蒋介石的二重印象

作为国民政府实际领袖的蒋介石，在陈克文眼中自然是抗战中的灵魂和核心人物。陈克文对抗战局势的判断也不能不受蒋介石个人及所主导的政策的影响。陈克文对蒋介石的观察，有两个方面。一方面，作为行政院

---

① 陈方正编辑、校订《陈克文日记（1937—1952）》（下），第879页。
② 陈方正编辑、校订《陈克文日记（1937—1952）》（下），第889页。
③ 陈方正编辑、校订《陈克文日记（1937—1952）》（下），第896页。
④ 叶惠芬编《蒋中正总统档案：事略稿本》第59册，台北，"国史馆"，2011，第685页。
⑤ 陈方正编辑、校订《陈克文日记（1937—1952）》（下），第953页。
⑥ 陈方正编辑、校订《陈克文日记（1937—1952）》（下），第953—954页。
⑦ 陈方正编辑、校订《陈克文日记（1937—1952）》（下），第955页。

的中级官员，不时有机会参加"总理纪念周"或一些中高层官员的集会，亲自聆听蒋介石演说或训词，目睹蒋介石的音容笑貌，留下直接的表层印象。另一方面，作为事务官，陈克文要亲自处理不少政府制定之政策，而很多政策正是蒋介石所拟定或决策，陈克文在实际处理过程中又有比较真切的切身感受。

陈克文日记中，无论是对蒋介石关于抗战之演讲，还是其对蒋介石的直接观察，都有详细的记载和评论。1937年7月19日，蒋介石公布其7月17日庐山谈话内容，表示"卢沟桥案，将为对日和战关头最后之界限，不仅是中国存亡的问题，而将是世界人类祸福之所系"，并提出最低立场四点，"准备应战，而不求战"。① 陈克文在20日看到这一谈话内容，认为"蒋院长今日所发表之演说词，真是全中华民族所要说的，理直气壮的说话。这一篇演说词已经将全民族置于一道战线之上，以夺敌人之魄矣"，② 给予相当高的评价。8月1日清晨，陈克文赴中央军校参加纪念周，听蒋介石报告。蒋介石报告的主要内容为对于二十九军失败原因及中央军、中央飞机队未参战原因的解释。陈克文认为蒋介石"演说时态度坚定沉着，诚恳坦白，至足动人。凡所言无不中理，无非事实，不仅令人知道政府已下应战之决心，且令人深感应战之结果，胜利必属于我"，是"负责任，自信自重，真民族领袖之精神"。③ 应该说，蒋介石这一阶段所采取的政策是得到陈克文认可的。

1937年12月19日，陈克文到湖北省政府参加"扩大纪念周"。陈克文记述了对蒋介石的印象："不瞻风采者四阅月矣，虽容光焕发，两目仍炯炯有神，惟劳疲之色终不能掩。""声调铿锵，时露微笑。最高统帅有此态度，群众心理必极大之兴奋。"④ 1938年元旦，陈克文参加新年团拜会并听蒋介石训词，听了以后，"几乎要掉下眼泪来"，认为"中国现在真是少不得他这样的一个人物。有他这样的一个领袖，国家前途是不会绝望的"。⑤ 蒋介石作为抗战领袖，其一言一行早已超越个体范围，其表情容貌等微小之处的变化对于政府官员乃至一般民众，都会加以各种解读，领袖人物之影响，

---

① 秦孝仪主编《总统蒋公大事长编初稿（卷四）》（上），台北，中国国民党党史会，1978，第1127—1128页。
② 陈方正编辑、校订《陈克文日记（1937—1952）》（上），第82页。
③ 陈方正编辑、校订《陈克文日记（1937—1952）》（上），第87页。
④ 陈方正编辑、校订《陈克文日记（1937—1952）》（上），第145页。
⑤ 陈方正编辑、校订《陈克文日记（1937—1952）》（上），第155页。

也可由此大概观之。

　　陈克文作为行政院中层官员，每年都有若干机会见到蒋介石，有时甚至被单独接见。据其记载，仅在1945年8月以前，就被蒋介石单独接见三次，尽管"每次垂询之语句，均大体相同"，①但毕竟还是近距离的接触和观察。无论是其聆听训词，还是被接见，陈克文大都予以详细记载。从其记载来看，他对蒋介石是尊重并怀有敬意的，并没有因为蒋汪之间过去的纠葛，或自己与汪精卫的亲密关系而流于意气的泄愤之语，显示其较为公允之一面。

　　作为从事具体政务的行政院官员，到重庆后又亲自参与基层党务工作，陈克文对于蒋介石制定之政策有切身感受和评判，其眼中又可见一个不一样的"蒋介石"。

　　国民党执政后，贯彻的是以党治国理念，党的活动事关国家大局与走向。1937年12月9日，陈克文遇见谷正纲。谷正纲长期参与国民党党务并身居要职，对国民党有较为全面的了解，他见到陈克文即讲"我再也不愿谈党了"，话语之间颇有一种无奈和恨铁不成钢之感。陈克文发了一通长长的议论："这一次战败，国民党恐怕再也不能抬头了：战争中始终看不见国民党的活动，其他各党各派却乘这中心势力削弱的时候，大事活跃。许多人髣髴都在说，国民党不成了，共产党快要起来了！战败的结果，丧权失地固不必说，内部的分裂冲突恐怕来得更加可怕。政府虽说是迁到重庆，事实上重要的人物，和重要的活动还在武汉。武汉不危险吗，能逗留多少时候呢，谁也不敢说。到处都是彷徨，到处一团糟。好比蚂蚁窝子破，纷扰忙乱，无以复加。从前宋室南渡，明末播迁，当亦不过如是！"②此时的蒋介石虽然还未被推定为国民党总裁，但已经是实际掌控者，国民党表现让人失望，蒋介石自然脱不了干系，陈克文等人表达不满的同时，又对国民党的崛起抱有深深期望。

　　对于蒋介石的内政外交，陈克文也在日记中有自己的评论和见解。对于蒋介石发起的"新生活运动"和"精神总动员"，他认为"精神总动员的发动已经三个月了，似乎看不出甚么效果来，比之新生活运动似乎还要落空。新生活运动因为有具体的工作，许多地方实在收过相当的效果，精神

---

① 陈方正编辑、校订《陈克文日记（1937—1952）》（下），第949页。
② 陈方正编辑、校订《陈克文日记（1937—1952）》（上），第140页。

总动员实在是太抽象了,即有效果也是不容易看得见的"。① 陈克文自己的思考是:"(1)我们做精神运动,千万不要只做精神生活运动,不要忘却了物质的建设;(2)新生活的真义不是将一人的生活标准降低,是要提高,不是把现在农夫和工人的简单吃苦的生活做一般人民的生活标准,所以要发展生产,提高生活标准,才算达到新生活的真目的;(3)现在新生活的许多项目如清洁、秩序等,都可以由政府执行其应有的职务和法令,以强制的方法达到目的。"② 这体现了陈克文作为事务官注重务实的行事风格,也是对蒋介石某些政策尚虚表示不满。

1943年,盟军在战场上已经逐渐扭转颓势,开始转入反攻。而此时的蒋介石对于自己推行的行政三联制颇为关注。陈克文在5月28日的日记中记载:"目前英首相、美总统正在华府忙于讨论进攻轴心的政略和战略,国内湖北、湖南的战事形势也日见不好,但我们的最高统帅蒋委员长却忙于行政三联制的讨论会,作长篇的演讲,作行政技术的研究和改良。希老说这和南宋时代,敌已渡河,宋之朝臣正忙于争辩孔门弟子配享问题一样,实可为太息。"③ 此处姑且不论蒋介石强力推行行政三联制的意义,就陈克文本人而言,没有对朋友的观点表示反对,一定程度也表明他也认为这是蒋介石没有抓住问题症结的表现。

对于蒋介石亲力亲为的做事风格,陈克文也深有体会。一方面,陈克文认为这能够推动某些工作的进展:"他老人家不惮烦的,自己再三出席指示,这不只表示他对于这件事的重视,也表示他的做事方法。做领导的人能够多和执行的人接近,多给他们鼓励,事情的进行才能够切实敏捷。"④ 但领导人这样亲力亲为终究也有问题,1944年2月25日,在行政院处务会议上谈及1943年行政院办理蒋介石手令等工作时,陈克文就认为"病源所在,便是用人违反了组织的原则。从蒋委员长起,国民党许多领袖都犯这个毛病,他们用人都喜欢把一切的工作人员变成自己的直接部队,直接指挥,直接监督,直接考核,全违背了分层负责,权限分明的组织道理。他们只管整天责备人,整天嚷效率低落,以他们的作法,真是缘木而求鱼,

---

① 陈方正编辑、校订《陈克文日记(1937—1952)》(上),第419页。
② 陈方正编辑、校订《陈克文日记(1937—1952)》(上),第538页。
③ 陈方正编辑、校订《陈克文日记(1937—1952)》(下),第716页。
④ 陈方正编辑、校订《陈克文日记(1937—1952)》(上),第393页。

永远得不到问题的解决的"。① 陈克文对蒋介石行事风格的见解还是相当深刻的。

大凡历史巨大变动之时，民众都需要一个强有力的领袖人物能够应对非凡之事。尤其是在关系民族危亡的战争期间，领袖人物的决断与政策往往会引领一个国家和民族的走向，中国也概莫能外。抗战期间，蒋介石作为国民政府的实际最高掌权者，一定程度上掌握了中国这艘大船的航向。领导人的一举一动已经不是个人行为，而是可能影响整个国家的动向。因此，在战时中国，抗战领袖自然而然地成为广大民众的寄托所在，正如陈克文在1937年12月21日所说，"假使领袖辈没有好办法，党和政府恐非渐就解体不可。大概今后要靠少数百折不挠的中坚分子，将组织严密起来，才能够于百败之余，求得最后之胜利"。② 但是，陈克文作为中层官员，并不是简单地盲从领袖，他在实务工作中有自己的独立思考，他的所思所想，有不少是切中时弊的。1944年，国民党军队在豫湘桂战场上屡遭失败，9月6日，陈克文针对这一问题评论道："抗战头两三年，在武汉和初到重庆时，蒋委员长常公开的说'我们的军事绝无问题，所忧虑的在我们的政治能否配合得来'。照最近河南和湖南的军事失败情形看，我们过去几年的军事行政不只是有问题，而且是腐败得不堪。所以这些失败，实在无法说是由于政治不能配合而生的。说到责任，不只参谋总长兼军政部长的何应钦要负全责，委员长本人也不能置身事外。"③ 话虽委婉，但不能不说是痛彻心扉的总结，足见战时国民党形象的不断衰落。对于1945年召开的国民党六全大会，陈克文由于亲自参加了代表竞选，体会颇为深刻。由于派系纷争，六全大会代表的竞选办法"不伦不类"，④ 提案"幼稚粗浅的占绝大多数"，会场秩序"确和商业交易所无异"，⑤ "假使没有总裁三四次的有力的指导演说，大会里纷歧复杂和左倾幼稚的意见，真不知如何能得到结论出来。总裁对于选举的指导，虽然不免错误，且欠民主精神，对于决定政纲政策的指导，确是真切不移的。这样的一个庞大复杂的党，没有他的领导，恐怕立刻要陷于分崩离析的境地。除了他之外，现在似乎还没第二个人可以继

---

① 陈方正编辑、校订《陈克文日记（1937—1952）》（下），第789页。
② 陈方正编辑、校订《陈克文日记（1937—1952）》（上），第146页。
③ 陈方正编辑、校订《陈克文日记（1937—1952）》（下），第850页。
④ 陈方正编辑、校订《陈克文日记（1937—1952）》（下），第930页。
⑤ 陈方正编辑、校订《陈克文日记（1937—1952）》（下），第931页。

起,可以在党内取得领导地位的"。① 这段评论既显示了国民党内部矛盾的激烈,也比较中肯地评价了蒋介石对于国民党不可替代之意义。

结　语

抗日战争作为中华民族近代以来取得的第一次彻底胜利的战争,早已在近代中国历史上留下浓墨重彩的一页。对于未曾经历这一战争的后来人而言,我们更多为其悲壮而感动,为其恢宏而铭记,作为个体亲历者的所见所感往往湮没于这一宏大叙事之中。陈克文日记无疑为我们提供了一份珍贵的记录,使我们从中感知战争给人们带来的恐惧、焦虑、无助以及期盼,在五味杂陈中回味那既可歌可泣,又不堪回首的一页。正如清人魏禧所言"事后论人,局外论人,是学者大病。事后论人,每将智人说得极愚;局外论人,每将难事说得极易",身在社会不同位置的人,对于战争的观察和体会是不同的。这就犹如站在山巅之人与在山腰或山脚所见景物可能全然不同,要观其全貌,既需要山顶之人"一览众山小"的高瞻远瞩,也需要山底之人"坐井观天"的具体观察,同样也需要山腰之人所见"层峦叠翠"般的连绵起伏。而陈克文正是在那"山腰"之人,在其位置能够看到在山顶或山脚都见不到的"风景",其视角自有独到之处。

陈克文仅是那一恢宏中夹杂着太多苦难的历史见证者之一,不如蒋介石那样具有能够改变国是的地位与权力。一叶可障目,同样,一叶可知秋,作为个体的陈克文所载日记或许不如蒋介石日记那般显赫,但正如张太原所讲,"从个体生命的角度看历史,并不是不要探求历史的宏观系统和理论框架,而是要在这样做的同时关注个体生命的状态,让无数个体生命的感知作为全局或整体的一种支撑"。② 笔者仅就陈克文日记观察抗战这一伟大活剧,也是"从个体生命的角度看历史"的一种注脚。陈克文竞选国民党六全大会代表失败后,其友彭徐浩谈失败的原因之一在于其"平日过于重视日常工作,以致社会显露姓名的机会太少"。陈克文也认为"这话颇有道理,要做一政治家恐不能不如此,做一个事务官自无须如此"。③ 此后,陈克文曾总结自己在行政院十年工作中"思想已流于保守,态度过于稳健,

---

① 陈方正编辑、校订《陈克文日记(1937—1952)》(下),第 932 页。
② 张太原:《个体生命与大历史》,《近代史研究》2012 年第 5 期。
③ 陈方正编辑、校订《陈克文日记(1937—1952)》(下),第 932 页。

不适于斗争的生活"。① 这一总结比较准确地概括了陈克文所处之地位及其所记之价值。确实如其所言，作为事务官，陈克文虽然抛头露面的机会少，也不用思考过于宏观之战略和政略，但作为行政院中层事务官，不仅上下接触层面多，且能亲自感受政策执行过程中的利与弊，这是在上层可能难于真正掌握和感受到的。浏览同一时期作为蒋介石高级幕僚的王世杰和唐纵等人的日记，可以明显感受到其中关于国际局势演化的分析、国共政争的应对等较为重大的时政占据相当篇幅，而类似于陈克文日记中关于物价之详细记载、朋友打牌娱乐那样生活化之场景则相当匮乏。这正是身在不同位置的人所留下记载之差异，也是其价值之所在，陈克文日记无疑丰富了我们对抗战的观察和思考。

（作者单位：重庆工商大学马克思主义学院）

---

① 陈方正编辑、校订《陈克文日记（1937—1952）》（下），第934页。

搁浅的富国梦

——甲午战后清政府主导的第二轮开矿高潮（1895—1899）

张海荣

内容提要 甲午战败使中国遭遇有史以来异常严峻的生存挑战，也刺激了清政府主导的新一轮以救亡图存、富国强兵为主旨，以经济、军事和教育改革为重心的"实政改革"。这轮改革作为联结洋务运动、"百日维新"与清末新政的过渡形态，既有与三者相通之处，又遵循着自身的运行逻辑；矿务正是此期改革中参与面和牵涉面颇广的一项。通过对此期矿政的宏观考察与个案剖析，不特可以窥知清朝高层在矿务改革中的基本态度和实质立场，了解清朝内部的思想流变、派系斗争及其行政运作的特点，展现外国列强与中外投机商对中国自办矿业的掣肘阻挠，也能揭示传统戊戌变法研究中未曾触及的更加广阔的变革场景和更为庞杂人群的状况，为全面研究甲午战后中国的改革状态及其与晚清诸改革的关联打下基础。

关键词 甲午战后 清政府 矿务改革

倘若将鸦片战争迄至甲午战前五十余年的中国历史，比作平流的河川，上面的舟楫随波潜运，远看仍仿佛静止；甲午战后的中国历史，却好比奔腾直下的急湍，顺流的舟楫，扬帆飞驶，转瞬间，已过峰岭万重。若论事变的繁巨，甲午战后的五年（1895—1899），似可抵得过此前的半个世纪。而在此短短五年间，中国内部改革形势的波澜起伏与高层政局的复杂多变，又代表了这一时期最为核心和关键的历史内容。

甲午战败使中国陷入前所未有的政治、军事、财政和外交危机，也刺激清朝上下对于改革有了空前深刻的觉悟。除学术界一向浓墨渲染的，以康、梁为首的维新人士为推动国家改革而做出的卓越努力和社会文化层面的剧变外，清政府在改革问题上的实质立场及其改革实践，同样拥有广阔的探讨空间。矿务建设是其中一个重要组成部分。与甲午战后商办资本向纺织、面粉等轻工业及内河航运业的积极投资相对应，采矿业成为新兴"官办""官督商办"企业最为活跃和集中的领域之一，涌现出继洋务运动之后的第二轮开矿高潮。这轮开矿高潮的形成，与甲午战后中国的政治经济氛围，尤其是光绪帝的三令五申、各直省将军督抚的主动支持或被动参与是分不开的。本文以甲午战后五年间清政府的具体矿务实践为考察对象，将宏观考察与个案分析相结合，意在展现此一时期国人在寻求富强的过程中遭遇的多重困境和典型问题，揭示改革理想与改革实践之间存在的巨大落差，为深入检讨"百日维新"失败的原因，体味晚清中国迈向近代的种种艰难，提供某种现实层面的支撑。①

一 充盈朝堂的开矿热与各地的办矿实效

中国地大物博，矿藏富饶，在采矿方面有着悠久历史。不过历代传统王朝在矿产开发和矿务管理上往往缺乏良法，很容易滋生弊政。清朝鉴于明代矿税之祸，在开矿与禁矿之间反复徘徊，导致矿业的发展一曝十寒，与同一时期西方矿业文明在推动国家工业进步、科技革新方面所起的巨大

---

① 相关研究参见张国辉《洋务运动与中国近代企业》，中国社会科学出版社，1979，第181—229页；朱英：《晚清经济政策与改革措施》，华中师范大学出版社，1996，第97—134页；李恩涵：《中日甲午战争后列强对中国铁路、矿务利权的攫夺》，戚其章、王如绘主编《甲午战争与近代中国和世界——甲午战争100周年国际学术讨论会文集》，人民出版社，1995，第933—953页；李玉：《论晚清矿章关于办矿洋商的规定及其效果》，《南京大学学报》（哲学社会科学版）2002年第4期；汪敬虞主编《中国近代经济史》中册，经济管理出版社，2007，第1187—1304页；朱荫贵：《甲午战后列强对中国矿权的攫夺与清政府的经济地理认识》，上海市档案馆编《上海档案史料研究》第10辑，上海三联书店，2011，第3—19页等。以上研究，或意在强调甲午战后列强对中国矿权的侵夺，或侧重梳理清政府的矿务政策，或兼有之，但都未深入考察清政府的具体改革实践。此外，严中平、杜恂诚、汪敬虞诸先生曾详细统计此一时期矿务企业的状况，杜氏的统计尤其详尽。但统计学的应用，在此有若干不合时宜之处：其一，以上诸先生的统计往往以矿务合同为准，但企业的实际开办时间、投资额与合同往往有很大出入；其二，即便企业的开办时间有定，实际投资额也往往呈不断增加趋势，难以遽然给出一准确数字；其三，新式矿业的界定缺乏明确标准，事实上机器与土法兼用往往是当时各企业的常态。此外，若干统计将总厂与分厂混为一谈，亦需注意（杜恂诚：《民族资本主义与旧中国政府（1840—1937）》，上海社会科学院出版社，1991，第460—477页；严中平等《中国近代经济史统计资料选辑》，科学出版社，1955，第96—97页；汪敬虞编《中国近代工业史资料》第2辑（下），科学出版社，1957，第870页）。

作用不可同日而语。洋务运动开始后，出于满足军工、民用企业和交通航运业的燃料需求，及开拓利源、挽回利权的考虑，以李鸿章为代表的开明督抚开始有意识地扶植近代矿务企业，促成了19世纪七八十年代的第一轮开矿高潮。不过受制于落后的企业管理体制和资金、技术、运输诸要素的掣肘，多数企业鲜克有终。加之守旧绅民以破坏风水为由动辄阻挠，官僚胥吏以税课厘金为名侵渔胲削，不法商人以集资办矿为名招摇撞骗，尤其受1883年上海金融风潮的波及，第一轮开矿高潮很快风流云散，侥幸胜出的，仅有开平煤矿、漠河金厂等寥寥数家。

甲午战后，清政府财政举步维艰，不仅内外库储迅速告竭，还被迫背负高达2.315亿两白银的战争赔款（相当于国家三年的财政总收入）。而田赋、关税等大宗岁入，例有定额，整军经武、偿还外债（尤其是俄、法、英、德四国借款），又在在需款。为此，战后不久，许多有识之士都呼吁朝廷大举矿业，推为当务之急、富强本原，同时针对此前开矿失败的原因，他们也提出许多针对性意见。军机章京陈炽主张将各地矿产一律弛禁，听民开采。① 广东进士康有为建议延请比利时矿师开办矿学，并命其广为踏勘，同时购置机器，修建铁路，降低矿税。② 广西按察使胡燏棻归纳办矿之要有四：厚聘矿师、慎选矿地、细考矿质、厚集矿本，并强调招散股不如招大股，招商股不如招官股，重在办理得人。③ 御史华辉指出矿师难得、矿学不精，是此前受病根源，请明颁谕旨，一律准民集资办矿，并在上海设立查矿公所、矿务学堂。④ 左庶子戴鸿慈主张鼓励商办，降低矿税，悬以重赏。⑤ 浙江温处道袁世凯提议设立商务大员，扶助股实巨商，打压不法投机，厚资延请洋矿师，慎择矿地。⑥ 御史陈其璋呼吁凡各省产矿处所，准本

---

① 《上清帝万言书》（光绪二十一年五月初六日），孔祥吉编《晚清史探微》，巴蜀书社，2001，第150页。
② 《上清帝第三书》（光绪二十一年五月十一日），中国第一历史档案馆编《光绪朝朱批奏折》第32辑，中华书局，1995，第531页。
③ 《因时变法力图自强条陈善后事宜折》（光绪二十一年五月十七日），中国史学会编《中国近代史资料丛刊·戊戌变法》第2册，上海人民出版社，1957，第282—283页。
④ 《请准民集资开矿并设查矿局开办矿务学堂折》（光绪二十一年闰五月二十七日），《军机处录副》，中国第一历史档案馆藏，档案号：03-7124-041。以下档案凡藏于该馆者，不再一一注明。
⑤ 《审敌情以固邦交等十二条敬抒管见折》（光绪二十一年闰五月二十九日），《军机处录副》，档案号：03-5611-024。
⑥ 《遵奉面谕条陈事件折》（光绪二十一年七月初三日），《夷务始末记》（光绪二十一年七月至九月），台北"故宫博物院"文献图书馆藏，文献编号：108000104，第21—22页。

地人民自行呈请开采，地方官负责监管，其一切资本多寡、生计盈亏，官不与闻。① 侍读学士文廷式提出特派查矿大臣数员，带领外国著名矿师遍勘全国矿山，鼓励商民承办，官方提供政治保护、经济资助，并减免矿税、明确奖惩。② 综观以上诸人的建议，主要集中在设立专管机构、放宽矿禁、慎择矿地、延请矿师、兴办矿学、鼓励商办、降低矿税、政府扶持等层面，而"官办"不如"商办"，又是绝大多数人的共识。此外，列强出于资本输出和争夺势力范围的要求，竞相染指中国矿权，也是推动清政府对待矿务的态度转趋积极的重要原因。

光绪二十一年闰五月二十七日（1895年7月19日），光绪帝颁布"改革谕旨"，将开矿产列为战后改革的14项政令之一，命各省将军督抚结合本地情形，斟酌办法具奏。③ 翌年正月三十日（1896年3月13日），他针对各地大员在矿务上的消极情绪，再度强调了开矿求富的重要性："现在库储告竭，借款甚多，若不将各省有矿可采之处，设法开办，收天地自然之利，以供国用，试问户部放款从何周转，外洋借款从何归偿？ 各该将军都统督抚受恩深重，具有天良，岂得膜视时艰，不思为宵旰分忧耶？"同时明确"开办矿务，以金、银矿务为最先，各该省如能实力访查，确有金银矿地，设法兴办，自较煤矿等项得款为钜"。④ 隔月初九日（3月22日），光绪帝又连颁四道谕旨，重申"开矿为方今最要之图"，"当此国用匮乏，非大兴矿务，别无开源良策"。为此，分别指示直隶、两江、闽浙三地总督，江苏、江西、浙江、山西、陕西五省巡抚，就御史陈其璋所指矿区认真履勘，招商开办；四川总督鹿传霖结合给事中吴光奎所奏，设法开办本省矿务；山东巡抚李秉衡详细查勘宁海等地矿产，择要兴办；伊犁将军长庚、署理甘肃新疆巡抚陶模就如何办理新疆和阗等处金矿，迅速妥议具奏。⑤

---

① 《矿务宜专归商办片》（光绪二十二年二月初一日），《军机处录副》，档案号：03-9643-056。
② 《请饬民间集股办理矿务片》（光绪二十二年二月初四日），《军机处录副》，档案号：03-9643-058。
③ 张海荣：《甲午战后改革大讨论考述》，《历史研究》2010年第4期。
④ 参见广西巡抚史念祖《奏为开矿办有端倪折》（光绪二十二年六月初三日），《光绪朝朱批奏折》第101辑，第1087页；《遵查甘省矿务筹办情形折》（光绪二十二年），陶葆廉编、陆洪涛校《陶勤肃公（模）奏议》卷9，沈云龙主编《近代中国史料丛刊》（441），文海出版社，1974，第1页。
⑤ 中国第一历史档案馆编《光绪宣统两朝上谕档》第22册，广西师范大学出版社，1996，第40—42页。

与此同时，户部也一反洋务运动时期每每将矿务推诸总理衙门的做法，承认现在帑藏告匮，"利源之开，莫大于矿政"。① 不过较之光绪帝的立场，户部的态度仍有所保留，"斤斤以害不补利为虑"。② 尤其在广开矿禁、鼓励商办的问题上，户部依然倾向于"官办"。这种精神上积极、行动上谨慎的做法，无疑切合了户部尚书翁同龢的为官特色。至于此前在路矿事务上最为活跃的总理衙门，因督办军务处的成立、户部的进取，越发偏重于办理外交，对于矿务的参与，并不比前一阶段深入。

　　不过朝廷在高调倡导开矿的同时，却难以给予中央财政的支持，更未及时设立专管机构和出台相应的规章制度。直至光绪二十四年（1898）夏，始有铁路矿务总局的成立和《矿务铁路公共章程》的颁布，在此之前，各省矿政几乎全视将军督抚们的态度、立场为转移。

　　就各省矿产的开采状况而言，行动最积极的首推湖南，本文将在下节专文论述。广西省的表现则富有戏剧性。先是光绪二十一年七月，广西巡抚张联桂遵旨议复该年闰五月二十七日"改革谕旨"时，依然秉持与前几任巡抚相似的立场，断言"他处或可开采，广西实难照办"。③ 翌年春，史念祖继任巡抚后不久，却声称各处矿产均已设法办理："查开各矿，贵县小平天山商陈庆昌，三义山商祥日昌，苍梧县芋荚岭商周平珍，可星尾山商谭裕昌，向武土州祥村商李焕章，武缘县亨页村一带商孙昭常，南泗镇大各府、梧石商潘植珊，富川县、大岭山商梁广全，以上皆商办。已分别委员专待，监炉收课。……榆林，桂县黄石、乌石岭、苏桥、大墟、涝江，全州仙人桥、长街岭、七宝坑，恭城县墨江山，富川县荆桐村、油麻冲，上思厅迁隆，罗城县新寨、冷岗一带，百色厅下兰渌江、那烈村等处，以上皆系官集绅民合办，或官自办。……前因闻西报艳称百色一带煤多，当即广为开采。月前据报，上兰、渌江、迁隆均已出煤甚旺，现已奏报，筹款畅办。"④ 此后，他还就本省的矿务进展屡屡上奏。史的荐主是翁同龢，

---

① 户部：《代奏候选郎中周维纶等请试办川矿折》（光绪二十一年六月十二日），《军机处录副》，档案号：03-9643-026。
② 《复陕甘制台陶》（光绪二十三年正月二十九日），顾廷龙、戴逸主编《李鸿章全集》第36册，安徽教育出版社，2008，第135页。
③ 《遵旨详筹分别拟办情形折（另清折）》，张联桂：《张中丞奏议》卷4，光绪二十五年扬州刻本，第17页。
④ 《收广西巡抚史念祖电》（光绪二十二年三月初二日），中国第一历史档案馆编《清代军机处电报档汇编》第27册，中国人民大学出版社，2005，第4—5页。

这层背景可能影响到他对矿务改革的态度。不过总理衙门大臣李鸿章在给史的回信中却坦率指出:"前接来电云已一律开办,均由绅商集股,论者多疑为粉饰之词。"① 尽管如此,广西前后两任巡抚的不同反应,还是能够充分表明督抚在本省矿政中扮演的核心角色。

此前一直充任开矿急先锋的直隶省,在甲午战后五年间表现平平,仅有磁州彭城镇、吴家洼等处煤矿,迁安打虎店等处金矿报明开采。这一则是因该省境内的许多矿产,已经前任总督李鸿章报明开采;二则在此期间直隶总督更迭频繁,影响到该省矿务政策的稳定。不仅如此,受李鸿章失势的负面影响,此前他苦心开拓的两大矿业基地——漠河金厂与开平煤矿,也在短短几年间相继被列强攫夺(后述)。相较之下,热河都统的表现反而更加突出:朝阳县南票煤矿、各里各、双山子、五家子等处金矿,及翁牛特旗红花沟、水泉沟、拐棒沟等处金矿,纷纷获准开采;光绪二十四年,郡垣还成立热河矿务总局,专管矿务。

其余各省,谨据有案可查者而言:四川矿务,经内外臣工迭次陈请,光绪帝屡加催促,总督鹿传霖只得同意先办冕宁、麻哈等处金矿;天全州穆坪铜、铅各矿,打箭炉、大穴山银铅各矿,叙州煤矿,也陆续奏明开采;翰林院检讨宋育仁还奉特旨前往四川,协助鹿传霖办理商务、矿务。光绪二十三年(1897),署理吉林将军延茂在珲春、宁古塔、吉林府三地设立矿务公司,官督商办。安徽省内,太湖之大石等各堡庄煤矿,怀宁县属煤矿,邓县、宣城铁矿,相继禀明开采;省城还于光绪二十四年成立商务总局,芜湖设商务分局,皆兼管矿务之责。浙江巡抚廖寿丰批准开办衢州、严州、温州、绍兴各属矿产,同时张贴晓谕,通饬所属地方官开导鼓舞,不准胥吏及地方棍徒借词阻挠。江宁由两江总督刘坤一委任盐巡道胡家桢设立矿务总局,聘请外国矿师协同勘矿,同时放宽了对民间办矿的限制;龙潭、栖霞、青龙山、黄龙山、青铜山、石澜山、宝华山、双石岭等处煤铁矿,句容、上元等县煤矿,皆获准开采。此外,新疆和阗金矿、宝尔吉银矿,奉天通化和怀仁境内金矿、辽阳和锦州等地磺矿,黑龙江都鲁河、宽河金矿、阿林别拉沟煤矿,江西袁州、吉安、广信、饶州等处煤矿,河南安阳煤矿,湖北炭山湾、当阳煤矿、龙角山银矿,贵州青溪、巴寨、开州、兴义、铜仁等处矿产,福建南太武山暨安溪和内山之煤铁矿、光泽县属铅

---

① 《致广西抚台史》(光绪二十三年三月十六日),顾廷龙、戴逸主编《李鸿章全集》第36册,第141页。

矿，广东石头埠煤矿、开建县境金矿，也纷纷报请开采。

唯一对朝廷的开矿谕旨熟视无睹，甚且公然抵制的是山东省。这主要取决于该省巡抚李秉衡的态度。光绪二十一年（1895）冬，李秉衡罔顾光绪帝的"改革谕旨"，以本省矿务历办无成为由，要求将登州、莱州等府矿产一体封禁。① 此前该省平度、招远两矿在李鸿章支持下，已由李宗岱官督商办十余年，累计投资银40余万两（含北洋官款6万两）。李秉衡奏请封禁，固然是鉴于该矿经营不善，也兼有清算李鸿章集团的意图。尽管此举很快遭到御史陈其璋的弹劾，但李秉衡依然顶风上奏，声言："该御史又谓，宁海矿产饶富，为德商所垂涎，臣以为不必虑也。中国九州土腴，财赋之区所在多有，彼族即怀贪谋，而中朝之疆土，权自皇上主之，不难据理以相折也。"②

再就矿务经营模式而言，尽管煌煌谕旨大力倡导"商办"，但落实到实践层面，各地督抚或出于行政管理的考虑，或急于垄断利源（集中体现在金、银各矿和富矿），依然倾向于"官办"或"官督商办"。四川总督鹿传霖坦言："金、银两矿，若概由商人集股承办，官仅抽其一二成充课，则利悉归商，无裨帑饷。"③ 吉林将军延茂出示晓谕道："省城设立矿务公司，招商集股，统归官办。"④ 云贵总督崧蕃声明："云南地处边瘠，兵乱后，实鲜富商大贾，若不先发官本，商民仍多观望。"⑤ 盛京将军依克唐阿更直言，待通化、怀仁两县金矿经营充足，就将各处商厂一律收归官办。⑥ 即使号为开明的湖广总督张之洞、两江总督刘坤一、湖南巡抚陈宝箴，也同样无法摆脱偏袒"官办"的惯性心理。

受这股"官办"矿务风强势回归的影响，各地商民对于矿务的参与程

---

① 《山东历办矿务并无成效现拟封禁折》（光绪二十一年十一月十一日），中国第一历史档案馆编《光绪朝朱批奏折》第101辑，第1076—1077页。
② 《沥陈矿务利害情形折》（光绪二十二年正月二十四日），戚其章辑校《李秉衡集》，齐鲁书社，1993，第337—339页。
③ 《川省矿务拟请官商合资购运机器开办折》（光绪二十二年六月初七日），"故宫博物院"故宫文献编辑委员会编《宫中档光绪朝奏折》第10辑，台北，"故宫博物院"，1974，第13页。
④ 《为吉林省煤矿议定界出示晓谕事》（光绪二十四年二月二十三日），《吉林省档案档·实业》，吉林省档案馆藏，档案号：J001-24-1545。
⑤ 《遵旨兴办矿务折》（光绪二十二年四月初二日），"故宫博物院"故宫文献编辑委员会编《宫中档光绪朝奏折》第9辑，第804页。
⑥ 《盛京将军依克唐阿奏》（光绪二十四年九月十七日），汪敬虞编《中国近代工业史资料》第2辑上册，第557页。

度普遍不高。奉天矿务,自弛禁开采以来,"商股零星散布,并无提纲挈领之人,以致办理半年,迄无成效"。① 江南矿务,绅商"承领者寥寥,或先承领而后辞退"。② 两广矿务,"官商隔膜,上下不通,衙门吏役需索留难,殷实绅商无敢过问"。③ 云南矿务,"富商大贾,殷实良善者,恒皆裹足"。④ 河南安阳煤矿、湖北长阳煤矿、浙江衢州煤矿也因缺乏政治保障及资金不足,最终由"商办"转为"官督商办"。更为恶劣的是,乘各省官款不足、商情涣散的空档,社会上还涌现出一批以刘鹗为代表的不法职商,以所谓"借用洋款""中外合办"为名,勾结洋商,兜售各省矿权,催生了晚清历史上一股空前猖獗的矿务投机风,贻害国家甚巨(后述)。

至于开采方式,受资金不足和旧有观念的束缚,各省大都拘泥于土法开矿,且鲜有聘用外国矿师。云南总督崧蕃指出,云南矿务拟"不设机器厂,不用外洋矿师,以节糜费而杜后患"。⑤ 广西"官本艰窘,未请矿师,不用机器,均系招募土作"。⑥ 热河所属各矿,"大都以土法攻做"。⑦ 新疆矿务,"专恃人力"。⑧ 然而土法开矿,"一则认矿不真,一则集资不足,往往中道辄止,徒费人力"。⑨ 至于矿师的选用,更是矿务成败的关键,按照内行人的说法,"开矿不难,难在察矿"。⑩ 然而中国自身于矿学素乏讲求,矿务教育不过刚刚萌芽,借重外国矿师是唯一可行的捷径。但勿论中国官绅对此多持排拒态度,即便有财力重资聘用,也苦于缺乏合理的人才引

---

① 《总署收军机处交出依克唐阿抄折》(光绪二十三年二月十六日),中研院近代史研究所编《矿务档》第6册,台北,中研院近代史研究所,1960,第3399页。
② 《复张伯纯》(光绪二十三年正月初六日),中国科学院历史研究所第三所主编《刘坤一遗集》第5册,中华书局,1959,第2187页。
③ 张振勋:《筹办粤汉铁路章程》,《申报》1898年12月20日,第2版。
④ 《总署收南洋大臣刘坤一函(附贵州古州镇丁槐清折)》(光绪二十二年八月初十日),《矿务档》第6册,第3207页。
⑤ 《遵旨兴办矿务折》(光绪二十二年四月初二日),"故宫博物院"故宫文献编辑委员会编《宫中档光绪朝奏折》第9辑,第805页。
⑥ 《收广西巡抚史念祖电》(光绪二十二年三月初二日),《清代军机处电报档汇编》第27册,第5页。
⑦ 热河都统寿荫:《查明热河金银各矿情形并酌定加增课数折》(光绪二十三年十二月二十一日),中国第一历史档案馆《光绪朝朱批奏折》第102辑,第18页。
⑧ 《收新疆巡抚饶应祺电》(光绪二十四年正月十六日),中国第一历史档案馆《清代军机处电报档汇编》第36册,第217页。
⑨ 《致广西抚台史》(光绪二十三年三月十六日),顾廷龙、戴逸主编《李鸿章全集》第36册,第141页。
⑩ 《开平矿师米海利上南洋大臣禀》,《萃报》第9册,1897年10月17日,第5—6页。

进途径。正如御史曾宗彦所分析:"西法惟矿学最为深邃,彼国精此者,亦属寥寥,中国所聘之外洋矿师,率皆下材,即中选亦不可得,矿利何自而兴。"①

社会各界普遍呼吁的降低矿税,同样未能落到实处。当时欧美各国的矿税一般是5%,清朝通行税率为10%—20%,金银矿税甚至高达40%,并且各省自行其是,章程多歧。如矿税相对较低的广西省为10%,吉林煤税为20%,黑龙江新开阿林别拉沟煤矿税率高出吉林1倍,为40%。热河矿税也不降反增:各属煤窑旧例每年缴银5两,热河都统于光绪二十三年春奏请"化私归官",将官方抽分银整体提高10倍;同年,效益见好的金梁沟厂,及热河与直隶合办的双山子金矿升课,税率接近42%;效益不佳的土槽子、遍山线银矿,也于每年课款外,酌加4成。② 铁路矿务总局成立后,所订矿税也高达25%。矿税之外,多如牛毛的厘金、船钞,同样让矿商们望而却步。以长江一带为例,该处"厘卡林立,过关过卡,节节为难。有空船过境,船钞索至百数十千者,视强弱为高下,无一定章程,而各卡应完厘金,尚不在内"。③ 至于交通建设的滞后,又进一步抬高了开矿成本:修筑铁路此时不过刚刚起步,各省的内河小轮也在艰难创办之中。

社会风气未开与地方绅民的阻挠,同样羁绊着矿业发展的步履。光绪二十二年(1896)冬,江、鄂两省委员带两名洋矿师,赴江西萍乡查勘五金诸矿,结果遭当地居民万余人包围,"群谓开矿必伤及田园庐墓",只得草率勘视一周而罢。④ 翌年,安徽池州某矿厂屋被附近居民数百人付之一炬。⑤ 浙江奉化县银山冈乡民,也因反对开矿,竟就山麓编列栅栏,与官兵千余名对峙,卒致开矿之举被迫作辍,县令也因之去职。⑥ 湖北兴国龙角山据传有银矿,知州奉命往勘,遭遇的阵仗是:"该处父老人民盈千累百,咸执香一柱,在州尊前跪禀,山内本无矿苗,实因匪徒造言生事,且山周围

---

① 《江南道监察御史曾宗彦片》(光绪二十四年五月初二日),国家档案局明清档案馆编《戊戌变法档案史料》,中华书局,1958,第433页。
② 热河都统寿荫:《开办热河矿务情形并已征收课银数目暨起限升课日期折》(光绪二十四年八月二十九日),"故宫博物院"故宫文献编辑委员会编《宫中档光绪朝奏折》第12辑,第259—262页。
③ 《总署收湖广总督张之洞文》(光绪二十二年九月二十九日),《矿务档》第4册,第2313页。
④ 《矿苗难勘》,《申报》1897年3月2日,第1版。
⑤ 《皖矿被焚》,《益闻录》第1678期,光绪二十三年,第243页。
⑥ 《四述乡民闹矿》,《申报》1899年1月29日,第1—2版。

人烟稠密,坟墓累累,恳求作主免开,以顺民情。"① 此外,若干绅民冀图私挖牟利,也不断从中作梗。

既然在矿务管理体制、招商模式、资金构成、开采技术、降低矿税、改善交通、导民化俗等问题上,各省多无突破性改进,自办矿务的成效也就可想而知。其中,除江西萍乡煤矿在盛宣怀督办下大举开办,湖南矿务因陈宝箴主持有所改进外,浙江矿务,截至光绪二十三年夏,"著有成效者,甚属寥寥"。② 吉林省截至光绪二十五年(1899)底,吉林、宁古塔两处公司均已报停,唯三姓金矿报效军饷银 2 万两。③ 奉天截至光绪二十八年(1902),"官督商办者……贵铎始终未能办有起色,阮毓昌承办通、怀各矿,亦只交过课银一万一千余两。此外,商办之矿,或因不谙开采,或因赀本不充,浅尝辄止,举无足论"。④ 热河矿务,"开办多年,迄未收有实效……徒存收课之名,无裨筹款之实"。⑤ 江苏龙潭、栖霞、石烂山、双石岭等处煤铁等矿,"虽小有所获,要皆得不偿失,亏折不资"。⑥ 安徽邓县、宣城两属铁矿,均以土法办理,出铁出煤,为数无几。新疆金矿,官办则"入不敷出",商办则"无人应募";铜矿"每岁共能采铜矿二十余万斤,仅敷各城鼓铸红钱之用……尚须稍赔局费";铅矿"采炼徒守旧法,费繁运重,估价仍昂";宝尔吉银矿,"创办已近两年,公家亏款颇巨,委员赔累不堪。而挖获矿坯日出日绌,即在厂员弁夫勇,亦多受瘴亡故"。⑦ 四川新辟银、铜各矿,唯打箭炉银矿尚敷成本;冕宁、麻哈金矿开办 5 年,投资银 30 万两(含官款 10 万两),仅得金 220 余两。⑧ 甘肃矿利微薄,微不足道。

---

① 《求免开矿》,《申报》1897 年 12 月 5 日,第 1 版。
② 《湖郡开矿》,《申报》1897 年 8 月 27 日,第 1 版。
③ 吉林将军长顺:《吉林通省公司矿务归并办理折》(光绪二十五年十一月十八日),中国第一历史档案馆编《光绪朝朱批奏折》第 102 辑,第 54—55 页。
④ 增祺、玉恒:《密陈奉天矿务情形折》(光绪二十八年十一月十六日),中国第一历史档案馆编《光绪朝朱批奏折》第 102 辑,第 74 页。
⑤ 热河都统锡良:《热河矿务开办多年迄未收有实效片》(光绪二十九年四月初四日),"军机处档折件",台北,"故宫博物院"文献图书馆藏,文献号:155772。
⑥ 《南京拟开矿务学堂》,《集成报》第 30 册,光绪二十四年三月十五日,第 33 页。
⑦ 甘肃新疆巡抚饶应祺:《新疆试办矿务难收成效现与俄商伙办金矿谨将会议合同开具清单折》(光绪二十五年四月十九日),"宫中档奏折 - 光绪朝",台北,"故宫博物院"文献图书馆藏,文献号:408006567。
⑧ 《四川总督鹿传霖奏片》(光绪二十三年九月初三日),《矿务档》第 5 册,第 2559 页;四川总督奎俊:《奉旨查明督办冕宁金矿大概情形片》(光绪二十五年四月二十六日奏到),《军机处录副》,档案号:03 - 9645 - 026。

御史孙赋谦就此评论称:"迩来国用浩繁,款项支绌,乃为开矿采金之计。……乃闻开矿省份甚多,金苗非不盛旺,而不肖官商只图自保囊橐,试办已久,不肯升科,其有裨于朝廷者安在乎?"① 易德谦也感慨:"朝廷推广利源,准开五金各矿,然各省办理不实,非垄断,即瓜分,不特无益于国,且有害于民。"②

在甲午战后清政府主导的实政改革中,各省将军督抚的作用至为关键,尤其在矿务改革中,谕旨明确指出:"全在地方大吏认真办理,方有成效。"③ 通过对此期矿政的实地考察,不特可以窥知地方督抚应对矿务改革的基本态度,也能检验他们在战后改革中的实质立场。其中,湖南巡抚陈宝箴、湖广总督张之洞对于矿务改革最为热心,尤其陈氏所辖的湖南,也是最具维新气象的省份。山东巡抚李秉衡则对开矿深恶痛绝,这种态度也连带影响到他对洋务、教案所持的立场,结果险些给该省乃至整个国家带来灭顶之灾。更多的大员,徘徊在二者之间,他们虽然也承认开矿的重要性,并在光绪帝的三令五申下,或多或少地付诸实践,但面对开矿过程中的重重困难,往往都是浅尝辄止。光绪帝感慨:"今督抚多推宕!"④ 文廷式也批评疑于招谤、惮于用心、艰于措款、嫌于多事、怯于聚众、畏于受累、慊于无赏、难于持久是各省督抚的八大通病,并一针见血地指出:"即开矿一端,而天下官吏之泄沓因循,已有不堪复问者!"⑤ 就地方督抚本身而言,他们的推搪也诚然不乏理由:一则矿务兴废,无关考成;二则盈余报效,非同国课;三则识见有限,力不从心。如新疆巡抚陶模自称:"西北仕途罕谈洋务,臣与司道均属门外。"⑥ 伊犁将军长庚坦言:"奴才素不谙悉矿务,于西法尤为隔膜。"⑦ 盛京将军依克唐阿也表示:"奴才素昧理财,于矿务尤

---

① 《试办矿务延不升科宜及时整顿折》(光绪二十三年二月初八日),"军机处档折件",台北,"故宫博物院"文献图书馆藏,文献号:137185。
② 《易德谦致盛宣怀函》(光绪二十三年四月二十日),《盛宣怀档案》,上海图书馆藏,档案号:117029-3。
③ 《光绪宣统两朝上谕档》第23册,光绪二十三年十二月十九日,第366页。
④ 《盛宣怀行述》,盛宣怀:《愚斋存稿》,武进思补楼刻本,1939,"卷首",第25页。
⑤ 《奏为密陈开矿宜请西国矿师详核并请准民开采集股招商官为保护事》(光绪二十二年二月初四日),《军机处录副》,档案号:03-9643-058。
⑥ 《遵旨查明和阗一带金矿胠陈情形折》(光绪二十一年十一月初六日),"故宫博物院"故宫文献编辑委员会编《宫中档光绪朝奏折》第9辑,第472页。
⑦ 《查明中俄界内五金各矿情形折》(光绪二十三年四月二十六日),"军机处档折件",台北,"故宫博物院"文献图书馆藏,文献号:139924。

鲜阅历。"① 由这批官员来领导开矿,实属用违其才。而从世界矿业史来看,由于勘探技术尚未成熟,此时开矿也属高风险性投资。

二 陈宝箴主持湖南矿政

在宏观考察了甲午战后五年间官方开矿的成效后,以下将选择若干案例具体分析,以觇此期矿政中存在的典型问题。先论湖南。湖南是当时全国开矿最积极的省份,巡抚陈宝箴又是素称开明的维新大员,通过考察此期陈氏主持湖南矿政的基本情况,既能充分体味该省维新改革中遭遇的经济瓶颈,也能借以反思官办矿业的一般状况。

湖南山多地少,物产不丰,唯矿产尚称富有。然因社会风气保守,主持无人,矿业的开发迟迟未能走上正轨。甲午战后,湖南长沙、衡州、宝庆等府所属10余州县发生严重旱灾,灾黎达数十万众。为此,光绪二十二年正月,陈宝箴刚刚抵达巡抚任所,就奏请设立湖南矿务总局,发展矿业。其目的,就短近而言,是希望通过以工代赈,缓解饥荒;从长远来看,则希望通过开矿改善本省的财政状况,进而铸钱币、开学堂、设报馆、练营伍,实现强省、强国的抱负。② 不少维新官绅也对此寄予厚望。邹代钧评论:"湘省时事,尽在于矿,矿果兴旺,则百废具举。"③ 吴樵也认为:"湘省新政,除矿外,皆有神无迹之事。"④

作为当时国内首屈一指的省级矿务机构,湖南矿务总局驻地长沙,以候补道刘镇为总办,张通典、邹代钧充提调。此外,还在益阳、永定、龙王山、水口山、宁乡、辰溪、泸溪等处设立分局。为做到有章可循,矿务总局刚刚成立,就颁布《湖南矿务简明章程》,规定采用"官办""官商合办""官督商办"三种模式,其中,硝、磺、锑、铋、镍、金等矿概归官

---

① 《奉天金矿试办期满分别停留折》(光绪二十二年九月十六日),中国第一历史档案馆编《光绪朝朱批奏折》第101辑,第1095页。
② 陈宝箴:《拟办湘省矿务设局试行开采折》(光绪二十二年正月二十八日),中国第一历史档案馆编《光绪朝朱批奏折》第101辑,第1081—1082页;《邹代钧致汪康年函》(光绪二十一年十一月十六日),上海图书馆编《汪康年师友书札》第3册,上海古籍出版社,1986,第2640—2641页。
③ 《邹代钧致汪康年》(光绪二十二年七月十九日),上海图书馆编《汪康年师友书札》第3册,第2657页。
④ 《吴樵致汪康年、梁启超》(光绪二十二年六月),上海图书馆编《汪康年师友书札》第1册,第494页。

营；绅商开矿，须向总局禀明领帖，每帖缴银 100 两；官督商办矿业，凡能自炼者，由总局派员驻厂抽税，其委员、司事、巡勇、局用杂费，概由该矿供给（每月以 100 两为度），无力自炼者，交总局提炼，缴纳砂税；商民领帖开采之银、铜、铅矿，有能力自炼者，由委员驻局监管，无力自炼者，向总局售砂；寻常煤矿照旧办理。① 由此，湖南矿务总局确立起对本省矿产的垄断权，成为融矿产开发、矿砂收售、矿务管理等职能为一体的综合性矿业机构。

矿务总局成立后，随即派出委员多人四处勘矿。总办刘镇回忆："维时各属所呈矿苗甚夥，大抵西路以煤、铁、铅及朱砂为大宗，南路以铅、煤为大宗，长、宝多产煤、铁及锑，沅水所经暨岳、常多产金砂，铜则澧州、郴州，锡则永州、桂阳，均经本局延矿师派员绅分途履勘，都计百有余处，择尤开采者二十余处。"②

新开诸矿中，以锑矿（时称"安的摩尼"）最受重视，铅锌矿收效最速。就锑矿开发而言，矿局采取的方针是："一面卖砂以救无本钱之急，一面炼提以广将来之利。"③ 首先开采的是益阳板溪、峰尖西村两处锑矿，随后辰溪、新化等地锑矿也陆续获得开发。由于矿局财力不足、提炼技术不精，最初主要依赖外销原砂。早期锑砂主要售与汉口亨达利洋行。光绪二十二年冬，亨达利洋行与矿务总局达成第一份大订单，规定：亨达利包买辰溪、沅溪所产锑砂 3 万吨，矿局负责开采和运至汉口；每吨矿砂，亨达利先预付银 30 两，俟售出外洋，刨除用费，若盈余在 66 两以内，除去各项费用，余利双方均分，盈余在 66 两以外，则局七、亨三。④ 华商自炼锑砂，始于光绪二十三年粤商所办大成公司，资本银不过 3 万两，规模有限。就铅锌矿而言，首推常宁县水口山。该矿系光绪二十二年春陈宝箴委任宜章县训导廖树蘅督办。当年"八月见矿，九月畅出，十月则所获更多"。⑤ 该矿之所以见效迅速，除因廖氏办事认真、入山躬督凿采外，他还大胆革新，发

---

① 《关于清末湖南矿务机构的部分资料》，湖南历史资料编辑委员会编《湖南历史资料》1958 年第 4 期，湖南人民出版社，第 130—135 页。
② 刘镇：《湘矿捃要》（1906 年），杨世骥：《辛亥革命前后湖南史事》，湖南人民出版社，1958，第 39—40 页。
③ 《邹代钧致汪康年》（光绪二十二年八月初二日），上海图书馆编《汪康年师友书札》第 3 册，第 2663 页。
④ 《邹代钧致汪康年》（光绪二十二年十一月二十六日），上海图书馆编《汪康年师友书札》第 3 册，第 2693 页。
⑤ 《谈廖树蘅》，徐一士：《一士类稿》，中华书局，2007，第 192 页。

明"明窑法",有效解决了排水问题。截至光绪二十六年(1900)底,"采出之矿运鄂售与洋栈者,入银以百余万计,场上犹皑素山积"。①

此外,为响应光绪帝先办金、银矿山的要求,矿务总局还重点开发了平江县属黄金洞金矿。局设邓家湾,开有青湾、竹湾、前金山、冯家庄四窿。初期纯用土法,见效甚微。后陈宝箴托人从外国购买机器,延请开平矿师温秉仁试办。温"创为十六条脉,绘图帖说,开窿多而获苗少。又以煤路较远,所购机器尚不合用,爰将温咨回开平"。② 其后历任巡抚,或增加投资,或聘用外国矿师,但最终无一成功。事实证明,该矿矿石虽多而矿质不佳,不值大力开采。

同时,陈宝箴还下令重新整顿既有的硝、磺、煤诸矿。硝、磺历来是湖南矿产的大宗。光绪中叶,该省硝、磺除供应本省需用外,岁销东南各省4万担以上。③ 矿务总局成立后,除重点开发澧州、辰州等地硝、磺矿外,还设法垄断了矿砂销路。光绪二十二年三月二十五日,陈宝箴向朝廷奏明,嗣后外省员商来湘采购硝、磺,必须赴矿务总局呈验照文,采买领运,不得径赴产地自行收买,以杜私销。④ 至于煤矿,汉阳铁厂督办盛宣怀一度对湖南煤矿颇有兴趣,但陈宝箴拒绝采纳其聘请洋矿师、采用机器大举的建议,湘省士绅也担心盛借机垄断,结果双方卒未达成合作。

表1 光绪二十三年至宣统三年(1897—1911)湖南官矿局厂主要矿产产量情况

年别	铅砂(吨)	锌砂(吨)	磺砂(吨)	金(两)	锑砂(吨)
光绪二十三年	1285	196	145	—	—
二十四年	1884	3675	103	0.500	42790
二十五年	3036	4531	104	762.517	669040
二十六年	2791	5822	205	799.785	956980
二十七年	2260	4806	216	1028.602	642800
二十八年	3627	5721	252	2194.775	818400
二十九年	3670	5309	85	742.272	445440

---

① 《谈廖树蘅》,徐一士:《一士类稿》,第195页。
② 刘镇:《湘矿捃要》(1906年),杨世骥:《辛亥革命前后湖南史事》,第42页。
③ 付角今编著《湖南地理志》,武昌亚新地学社,1933,第235页。
④ 《外省赴湘采办硝磺悉由矿务总局办理片》,中国第一历史档案馆编《光绪朝朱批奏折》第101辑,第1101—1102页。

续表

年别	铅砂（吨）	锌砂（吨）	磺砂（吨）	金（两）	锑砂（吨）
三十年	2342	5558	58	726.904	455270
三十一年	2079	5178	59	2696.936	841120
三十二年	1792	6662	47	1940.194	395560
三十三年	1973	10011	34	989.176	277980
三十四年	2910	8124	39	2271.189	514320
宣统元年	3088	8483	83	3341.831	589740
二年	2553	7787	44	3818.965	513730
三年	4035	9498	97	2924.443	509170

资料来源：张人价《湖南之矿业》，湖南经济调查所，1934，第58页。又，锑矿产量据张人价同书"新化锑矿山矿务局历年锑矿产量表"纠正（第105页）；铅、锌产量据《湖南水口山铅锌矿报告》附译"英文节略"（湖南地质调查所，1927，附译第12页）纠正。

湖南矿务总局的成立，虽为该省的矿产开发打下微薄的基础，但远远称不上兴旺发达，尤其未能获得经济上的显著成功。其中原因，涉及资金、人才、技术、运输、销售、矿务管理诸方面。

其一，资金。陈宝箴接任巡抚之际，全省司道各库存银仅6.5万余两，加之多地被灾和奉派摊还四国借款，地方财政极其困难。长沙各殷实钱号，因开矿成败未卜，也不肯轻易出借。为此，湖南矿务总局除向厘金、善后、房捐各局挪借少量款项外，只能仰给于朱昌琳所办阜南官钱局（该局先后借银超过15万两，又代借乾益号钱庄3万两）。[1] 光绪二十二年四月，邹代钧私下透露："湘中筹项万难，我辈薪水尚无着落（现在支用，无非东扯西挪）。"[2] 截至光绪二十四年九月，矿务总局实亏银19.8万余两，另有挪垫官款、无息借款、息借商款约50.8万两，均未偿还。[3] 这从根本上制约了该省的开矿规模和开采水平。

其二，人才与技术。由于湖南风气未开，民情强悍，陈宝箴坚决拒用洋矿师。矿局初聘矿师罗岳生，为人鄙琐而本领低下。后又借调开平矿师邝荣光数月。邝为当地民人诘责，也不肯久任湖南。继邝之后的矿师温秉

---

[1] 《纪录：湖南矿务总局借款创办史》，《矿业杂志》1917年第1期，第9—12页。
[2] 《邹代钧致汪康年》，上海图书馆编《汪康年师友书札》第3册，第2650—2651页。
[3] 湖南巡抚俞廉三：《清理矿务详陈现办情形折》（光绪二十五年正月二十二日），中国第一历史档案馆编《光绪朝朱批奏折》第102辑，第36—38页。

仁，因主持黄金洞金矿不善，亦被辞去。就该省的开矿技术而言，也是极端低下。吴樵记述初期锑矿开发的简易程度称："只在山上拣选而已，并不用人力挖掘。"① 新化锡矿山的开窿之法也是："如土色稍松，则用锄开挖，如石质坚结，则用炮轰炸……有横开旁窿则用木撑住，有全属石窿则用梯上下，深至数十百丈，以备拾级而行。"② 皮锡瑞曾就此感叹："湖南矿事……苦无机器，不能深入。土人既不晓解，矿师只一人，故鲜成效。"③

其三，运输与销售。湖南所开各矿，省内需用无几，必须谋求外销，尤其要仰仗湖北汉口的转运枢纽地位。然而交通手段落后、厘捐沉重，不但大幅抬升了销售成本，也加剧了两湖之间的摩擦。光绪二十三年春，湖南绅士王先谦等向湖广总督张之洞禀请开通两湖之间的内河小轮，承运本省矿产，兼搭行客。不料张氏以开通小轮容易招引洋人、肇生事端为由，阻之甚坚。直到该年冬，经陈宝箴竭力斡旋，张之洞才同意由两湖合组鄂湘轮船公司，通筹合办。厘捐问题，也一度在两湖之间引起争议。几经协商，张之洞才同意暂免湖南矿砂、焦炭税厘，官煤减厘一半，硝磺、铁料、商煤仍照旧完厘。④

其四，矿务管理。尽管陈宝箴用人相当谨慎，矿局内部依然矛盾重重，其中既有人事上的纠葛，更有制度上的不足。总局初由张通典、邹代钧主事。不久，张通典因反对陈宝箴的官办方针，并卷入一些私人恩怨，被迫求退。张氏去后，续任总办蔡乃煌与喻兆蕃又势同水火；蔡与邹沅帆、吴樵也气味不投。吴樵披露："湘事杂乱，人有去志，徒以义宁乔梓相待甚殷，暂不忍去。沅及樵均为此所苦。近添一总办、一会办，合前两总、两会、两提六人，均自为之，而局事可知矣。"⑤ 分局状况也不乐观：益阳分局人事复杂，管理腐败，亏累严重；⑥ 宁乡分局部分司事、工匠，"在外淫

---

① 《吴樵致汪康年、梁启超》（光绪二十二年五月三十日），上海图书馆编《汪康年师友书札》第 1 册，第 490—491 页。
② 刘镇：《湘矿揖要》（1906 年），杨世骥：《辛亥革命前后湖南史事》，第 45 页。
③ 吴仰湘编《皮锡瑞全集》第 9 册，光绪二十三年十月二十四日，中华书局，2015，第 725 页。
④ 《咨南抚院湘省官煤并铁料、硝、磺仍请分别完厘》（光绪二十五年十二月初三日），苑书义等主编《张之洞全集》第 5 册，河北人民出版社，1998，第 3927—3929 页。
⑤ 《吴樵致汪康年》（光绪二十三年正月初五日），上海图书馆编《汪康年师友书札》第 1 册，第 528 页。
⑥ 《华昌炼锑公司及其创办人梁焕奎》，《湖南历史资料》第 2 期，湖南人民出版社，1959，第 84 页。

赌，肆行无忌，甚有骚扰不法情事"。①

最为时人诟病的，还是矿务总局的官办体制。陈宝箴之所以坚持官办，固然是急欲改善本省的财政状况，集中财力做大事，但同时也是担心"遽集商股，弊窦殊多"。②张通典披露陈宝箴对商办矿业的排斥称："矿务局之开，通省欢跃，绅商集资具禀，请开者八十余起，计矿山百六七十处，而皆批斥封禁，是亦不到者矣。"③姚锡光也通过检讨湖南矿产的销售，断言该省矿务必无成效："如硝磺一种，上海以制造局、火柴公司两项销售为大宗。其所用硝磺价目，日本硝每石八元，英国硝每石九元，德国硝每石八两，而湖南硝官价尚拟定八两，其出省运费、关捐不在内；日本磺每石二元一二角左右，德国磺每石四两左右，而湖南磺官价尚拟定四两，其出省运费、关捐不在内。是本国自产之硝磺，价值远出于外国运来硝磺之上，焉能畅销？至日本煤三两一礅（吨）者，湖南煤须合银五两一吨。安铁马义（锑——引者注）一种，有人愿自上海包售，价银二两五银一石，合银四十两一吨，而抚军右帅尚不许。照此则湖南矿产销路必不能畅，则矿产何能有起色？……中国官场而言商务，尚可问哉！"④ 以陈宝箴这样声名卓著的维新大吏，尚且对商办矿务如此压制，其他各省商办矿业的处境，也就可想而知。

湖南矿务起步之际，也是列强竞相攘夺中国矿业，以巩固和扩大自身势力范围之时。矿务总局下辖各矿，自然而然地成为外国官商垂涎的目标。光绪二十三年，湖南发生近代史上第一起恶性矿务投机案，即陈季同、法商戴玛德盅惑矿局委员欧阳栋、朱道濂，盗卖水口山铅锌矿，且涉全省矿产之销售。此事经由张之洞查知，湖南官绅竭力挽回，才换得该合同作废。明抢之外，湘矿片面依赖出口的弱点，也为外商趁机操纵乃至垄断湘矿的销路、价格，制造了机会。诚如罗运陟分析："销砂与西人，动辄受其挟制，固由我国矿学之未经深究，复不能炼冶制造自运出洋行销，故彼得以

---

① 《饬黎玉屏严行约束宁乡矿局司事工匠札（稿）》（约光绪二十三年），汪叔子、张求会编《陈宝箴集》中册，中华书局，2005，第1130页。
② 《外省赴湘采办硝磺悉由矿务总局办理片》（光绪二十二年三月二十五日），中国第一历史档案馆编《光绪朝朱批奏折》第101辑，第1101页。
③ 《张通典致汪康年》（光绪二十二年十二月初十日），上海图书馆编《汪康年师友书札》第2册，第1779页。
④ 姚锡光：《姚锡光江鄂日记：外二种》，光绪二十二年七月初五日，中华书局，2010，第144页。

扼我。"①

陈宝箴主持湖南矿政,是甲午战后中国官办矿业的一个缩影。尽管陈是当时举国闻名的维新大吏,治下也不乏俊才,但就湖南矿务总局短近的成效来看,并未如人们最初设想的那样,成为本省的富强源头;官办体制的弊端,也并未因陈氏个人的精诚廉洁而稍许消弭。这鲜活凸显了清朝自身的"制度病"。尽管如此,矿务总局的成立,对于开通本省的社会风气、扩大就业、抵制不法投机,还是起到一定积极作用。继任湖南巡抚俞廉三评价:"频年兴办,虽时绌举赢,然赡无业之民,运自有之货,已于民间不无沾润。"②尤其在甲午战后各省的矿务建设普遍徘徊不前的状况下,湖南的矿业进步还是相当突出的。即便政见与陈宝箴不尽合拍的王闿运,也不得不承认:"谁知百万银铅涌,始验中丞计画宽。"③

三　晋、豫、川等省矿政的误入歧途

湖南矿产开发中遭遇的资金、技术、人才诸问题绝非个别现象,其余各省也都面临类似的困境。在自办矿业徘徊不前的情况下,借资外力就成为若干省份的主动选择。不过适逢中国国势一落千丈,列强汲汲以争夺中国矿权为鹄的,借助外资本身势必包含巨大的政治风险。倘若再加上政府决策失当,以及不法商人的恶性投机,局面将更加难以收拾。山西、河南、四川等省矿政的误入歧途,正是在当时特定的历史环境下,国人走过的一段不堪回首的弯路。

先看山西。山西矿产丰美,富有煤矿,但因当地社会风气保守、交通不便,仅由当地人民土法开采,资本无多,时作时辍。甲午战后,光绪帝积极号召改革,山西巡抚胡聘之也锐意进取。光绪二十二年三月,胡氏刚刚履任,就奏请改用机器,采用西法,大举开发本省矿业。④同年八月,他

---

① 《罗运陟致汪康年函》(光绪二十二年十月初十日),上海图书馆编《汪康年师友书札》第4册,第3203页。
② 《清理矿务详陈现办情形折》(光绪二十五年正月二十二日),中国第一历史档案馆编《光绪朝朱批奏折》第102辑,第37页。
③ 王闿运:《送廖苏畡还山》,马积高主编《湘绮楼诗文集》第4册,岳麓书社,2008,第340页。
④ 《山西开办矿务片》(光绪二十二年三月初一日奏到),中国第一历史档案馆编《光绪朝朱批奏折》第101辑,第1102页。

又主持成立了山西商务局,任命刑部郎中曹中裕为总办,国子监候补学正贾景仁为会办,首先圈定的三项要政是矿务、铁路、织布。① 此外,胡还奏请改革令德书院,开办官钱铺等,一时颇有革新百政的气象。

然而胡氏的种种改革动作,尤其是开发本省矿产的呼吁,并未获得阖省绅民的响应。这由山西举人刘大鹏光绪二十二年十一月二十八日日记可窥一斑。"所到之处,人皆言晋省设招商局、开官钱铺大不便于民……至于修铁路、开矿务,谣之甚紧,无论士农工商,皆言其不便。……闾巷之间,议论腾沸,殊不可以入耳也。"② 至于晋商,同样缺乏投资实业的热情。"晋省殷商富户甲于他省,奈股分风气未开,几不知股分为何事。"③ 不过,最大的困难还是资金短缺。依照山西商务局估算,矿务、铁路、织布三项并举,至少需银 800 万两。该局初拟采用集股办法,但时阅年余,仅得银 30万两。④ 除官商隔阂外,曹、贾二人德望不孚,也是影响招股的重要原因。无奈之下,该局竟将本省甲午年(1894)半数未还的"息借商款"揽作本银,岁息 3 厘(按:法定 7 厘),以致"民怨沸腾"。⑤ 但种种拼凑,所得不过七八十万两。

正值胡聘之左右为难之际,分省知府何师吕、京师保华公,以及此前揽办芦汉铁路失败的刘鹗、方孝杰、容闳等人,相继以借用洋款为名,承揽山西路矿。鉴于当时已有芦汉铁路商借比利时款项的先例,胡氏认为借用洋款也未尝不可。众商争竞的结果,仅有方孝杰、刘鹗胜出。除其余诸商均未筹得实款外,贾景仁的幕后把持也是其中关键。"(贾)逮奉调入局,乃竟拉同严旨降调之方孝杰至晋,力保其承办铁路。……凡他商具呈领办者,俱遏抑之使不得达。……及刘鹗来晋揽矿,初上禀而抚臣驳之,一经诣附该员,遂得不营而定。"⑥ 关于方孝杰承办山西铁路的情况,在此不便展开,需要详细考察的,是刘鹗勾结福公司染指晋矿的情形。

福公司(Peking Syndicate Ltd.)是光绪二十三年春由意大利商人罗沙

---

① 《山西招商局上盛宣怀禀》(光绪二十三年五月),《盛宣怀档案》,上海图书馆藏,档案号:021981。
② 刘大鹏:《退想斋日记》,乔志强标注,山西人民出版社,1990,第 66 页。
③ 《姚祥符致盛宣怀函》(光绪二十三年),《盛宣怀档案》,上海图书馆藏,档案号:004206。
④ 《姚祥符致盛宣怀函》(光绪二十三年),《盛宣怀档案》,上海图书馆藏,档案号:004206。
⑤ 刘大鹏:《退想斋日记》,光绪二十二年十二月十三日,第 66—67 页。
⑥ 御史杨深秀:《特参贾景仁假公攫利纵欲败坏请交部议处折》(光绪二十四年闰三月十三日),《军机处录副》,档案号:03-5359-037。

第（C. A. Luzatti）出名组织，在英国伦敦注册成立的一家投机公司，本金仅2万英镑（约合银14万两），代表英商利益。罗沙第早年曾在意大利驻华使馆任职，对于山西、河南一带矿藏有相当了解。此外，他还与李鸿章的亲信、张荫桓的好友马建忠私交甚笃，并经由马建忠，结识了刘鹗。据御史黄桂鋆揭露，福公司成立后不久，就聘请马建忠任华总管，年薪银12万两；刘鹗任副总管，年薪银8万两。① 而马、刘二人果然不辱使命，当刘鹗在晋竭力游说胡聘之借用外资之际，也是马建忠在京频频周旋于李鸿章、张荫桓等人府第之时。

刘鹗博取胡聘之信任的手段，除依托贾景仁从中说项，还利用了胡氏急于求成和忧虑列强豪夺的心理，以"借外债以兴内利，引商力以御兵力"之词相蛊惑。② 光绪二十三年九月三十日，刘鹗与福公司签订山西矿务借款草合同，进而又商定了具体章程。刘鹗办矿草合同并章程的要点是：由刘鹗出面组织晋丰公司，向福公司借银1000万两，承办盂县、平定、泽州、潞安诸属矿务，年息8厘，60年为期；一切用人理财事宜，由刘鹗会同福公司总董办理，账目采用洋式；余利50%归福公司，25%归国家，15%归山西商务局，10%归晋丰公司。③ 该借款名为"商借商还"，但实际处处牵涉国家利权，不仅借息奇高、借期奇长，关于开矿地域和矿种的规定，也宽泛而含混，牵涉范围阔达三府一州，最核心的工程管理权、用人理财权，也均归福公司把持。不仅如此，福公司还意图由矿而路，攫取山西铁路的修筑权。而在方孝杰与俄华银行所订山西柳林铁路借款中，同样包含沿路开矿的欲求。显然，单就该两项借款的内容与性质看，英、俄两强相争之势已昭然若揭。

不过，以如此偌大之事，胡聘之居然事先未向朝廷奏明，就于光绪二十三年冬擅自批准晋省铁路、矿务借款，实在不能不引人疑猜。陈宝箴推断："非有人主持，晋抚无此担当，方孝杰更不敢出头。"④ 而在幕后主持之人，就是总理衙门大臣李鸿章。甲午战后李氏虽然一度失势，但作为朝中

---

① 《奸人卖国请杜狡谋以固疆圉折》（光绪二十四年十二月十八日），《军机处录副》，档案号：03-9644-079。
② 《刘铁云呈晋抚禀》（光绪二十三年），刘德隆整理《刘鹗集》上册，吉林文史出版社，2007，第657—658页。
③ 《刘鹗请办矿务合同》、《刘鹗请办矿务章程》，《军机处录副》，档案号：03-7140-021、03-7140-022。
④ 《致张之洞》（光绪二十四年正月十三日），汪叔子、张求会编《陈宝箴集》下册，第1551页。

少数精通洋务的大佬,他依然拥有不容小觑的外交影响力。在李氏看来,与其坐拥美利而不得其用,不如招引外资进行开发,同时也可让英、俄两强互相牵制。这与同期张之洞借用英款开发山西路矿,以打消英国揽办中国第三次对外大借款的设想,用意并无本质不同,甚至更高一筹。①

山西路矿借款的成立,在山西京官中引发轩然大波,内阁中书邓邦彦(25人联名)、都察院左都御史徐树铭等相继上奏弹劾。光绪帝由此下旨胡聘之将现办情形迅速上报,并命其将刘鹗、方孝杰斥退。光绪二十四年二月二十五日,胡氏奉旨奏复称:山西路矿借款自奏请试办以来,一直未有成议,今有方孝杰借得俄华银行款项,有该行董事璞科第函电为证;刘鹗借得福公司款项,有意大利公使签押为凭,这才暂为批准。他并解释道:"此事关系重大,原不敢轻议举办。第念时局艰危,强邻环伺,或代造铁路,或包办矿务,种种要挟,不如其意不止。而晋省矿产之富,载在西书,久为他人所涎羡,我不自取,难终保人之不取。与其迁延坐误,留以畀人,何如借款兴办,使之代造工程,分沾利息,或犹可泯觊觎之私,而戢争攘之谋。"②

与此同时,福公司、俄华银行也以借款合同业经山西巡抚批准为由,怂恿本国公使向总理衙门施压。李鸿章为此密召福公司、俄华银行至其官邸谈判。张荫桓也在关键时期进言,推动了该案的批准:"……电商总署各堂,均欲议驳,我遂查阅档案,乃知山西巡抚先曾奏明,奉有谕旨,同官见之,各无言,始得议准。"③ 光绪二十四年闰三月二十七日,总理衙门奏请批准山西路矿借款,删除刘鹗、方孝杰所立公司名目,代之以山西商务局,并对原订章程有所修订。就矿务而言,添入所开矿地、矿种,须向山西巡抚禀明,获准后方准开采;缴纳5%的落地税;年息降至6厘。至于承办年限仍为60年,开工日期并无限制,调度矿务、开采工程、用人理财之权仍归福公司,其种种丧权失利之处,并不比原订章程更显妥善。④ 四月初二日(5月21日),《山西商务局与福公司合办矿务章程》《柳太铁路合同》

---

① 《致总署》(光绪二十三年十二月二十四日酉刻发),苑书义等主编《张之洞全集》第3册,第2116页。
② 《遵旨覆陈晋省铁路矿务现办情形折》,中国第一历史档案馆编《光绪朝朱批奏折》第120辑,第661—663页。
③ 王庆保、曹景郕:《驿舍探幽录》,任青、马忠文整理《张荫桓日记》,上海书店出版社,2004,第574页。
④ 总理衙门:《遵议山西铁路矿务办理改订章程折》,《军机处录副》,档案号:03-7140-028;王铁崖编《中外旧约章汇编》第1册,三联书店,1957,第760—766页。

一并在总理衙门画押。

在甲午战后的众多督抚中，胡聘之属于见解相对开明、行为较有担当的一个。在其任内，除锐意改革山西书院、发展路矿外，还曾创办太原火柴局、山西通省工艺局、山西机器局等，客观上有助于开通社会风气，推动了山西走向近代的步履。可惜胡氏徒有振兴晋政的雄心，却苦于绅民不予支持，加之信用非人、才识有限，最终被中外不法商人乘机利用，以致利权未兴而财已外流，矿事未举而权已旁落。更为重要的是，有了山西矿案的成例，河南、云南、浙江数省也相继效仿，形成恶劣的"多米诺骨牌效应"，刘鹗皆为幕后黑手。

以河南矿案为例，河南矿案与山西一脉相承，基本情况也相近。甲午战后初期，囿于资金难筹和技术低下的现状，该省的矿务建设鲜有进展。光绪二十四年春，翰林院检讨吴式钊、分省候补道程恩培来豫，大力游说河南巡抚刘树堂借洋款开办矿务。吴式钊系刘树堂寄籍云南同乡，程恩培与刘氏同籍安徽，对于吴、程二人的建议，刘氏十分心动，加之其素有联英制俄的外交倾向，遂授权二人仿照山西矿务办法，向福公司交洽借款。同年二月初九日，刘树堂奏请批准吴、程二人以豫丰公司出名，与福公司订立合同，借款1000万两，开办河南矿务；商借商还，与国家无涉；盈余35%报效朝廷；开办60年后，所置矿业全数报效。刘氏并坦言，此次借款系"洋商出财，华商出力，隐其名于华商，名为自借洋款，实则以洋商而借洋债"，而其之所以赞成，与胡聘之所持理由大体相同。①

显然，吴式钊、程恩培投机豫矿的手法与刘鹗如出一辙，豫丰公司也同样是买空卖空。事实上，吴为刘鹗好友，程为刘鹗姻戚，只是由于刘鹗在山西的活动大招物议，才转托二人代为钻营。其时，因总理衙门要求山西矿务缴纳5%的落地税，罗沙第有所迟疑，该衙门遂同意福公司兼办河南煤矿，以资补偿。② 光绪二十四年五月初二日（6月20日），河南矿务借款获得清政府批准，只是将办矿范围由"怀庆左右，黄河以南，西南诸山各矿"，修订为"怀庆左右、黄河以北"。③ 但"所谓怀庆左右者，乃为概括

---

① 《豫省矿务请归商人自借洋款承办事（并清单）》，《军机处录副》，档案号：03-7124-042、043。
② 《福公司商人罗沙底禀文》（光绪二十四年四月初一日），《矿务档》第3册，第1621页。
③ 《遵议河南矿务办法改订合同折》、《照录豫丰公司与福公司议定河南开矿制铁以及转运各色矿产章程》，孙学雷、刘家平主编《国家图书馆藏清代孤本外交档案》第30册，全国图书馆文献缩微复制中心，2003，第12553—12572页。

彰德、卫辉、黄河以北之词,亦即断送河北三府诸山各矿之词",其他种种后续交涉,即缘此而生。① 总理衙门诸臣见识之昏庸,由此可窥一斑。至此,福公司连得横亘晋、豫两省的广大矿区,成为英国在华矿业投资的主要基地。受此影响,各地的投机案愈演愈烈,举人钱用中等申办云南全省路矿,补用知府高尔伊等申办浙江衢、严、温、处等府矿务,皆为其后续。

尽管山西、河南等省的矿务交涉留下严重后患,但客观上也扭转了此前清政府盲目排斥洋债、洋股的态度。最突出的表现,就是光绪二十四年十月初六日(11月19日)铁路矿务总局颁布《矿务铁路公共章程》,允许借用洋债,及以华股30%为前提,招收洋股。② 这进一步带动了"中外合办"矿务的高潮,如四川当局与英、法商人合办四川矿务,中俄商人合办黑龙江瑷珲境内煤矿、蒙古鄂尔河等5处金矿、新疆塔尔巴哈台等属4处金矿。以上矿案,情形不尽相同,内中的是非曲直也不便一一评说,唯四川矿事牵连甚广,却是不可不论。

四川地处冲要,富有五金,但自办矿务同样少有成效。戊戌前后,英、法两国对四川矿权的争夺进入白炽化。为遏制中外奸商的私下授受,避免重蹈山西等省的覆辙,督办四川矿务大臣李徵庸向总理衙门建议:"一国专擅,不如利益均沾之可息争也;华商混办,不如洋商包办之少受骗也;商借商还,不无如(如无)借无还之免贻后累也;望收盈余,不如坐收租税之较为稳著也。"主张由华商公司出资购买矿山,租给外资公司开采,如此"无所谓借,即无所谓还,不但国家概不担保,即洋公司亏歇,该矿山仍归华公司管守,并未抵按出卖"。③ 这获得了清政府高层的青睐。

光绪二十五年三月初五日(1899年4月14日),在李鸿章支持下,李徵庸以四川矿务局出面设立华益公司,招商英人摩赓(Pritchard Morgan)所办会同公司(Eastern Pioneer Co.),签订《四川矿务华洋合办章程》,规定华益公司筹集华款100万两,负责购买矿山,管理交涉;会同公司集股1000万两,先尽华股5成,听入洋股5成,并准各国附股,由华商总办,洋商会办;会同公司所租矿地,或分府,或分县,须商同华益公司,逐案

---

① 黄藻鞠编述《福公司矿案纪实》,出版地不详,1919,第8—9页。关于该合同内容的流弊及中英双方由此滋生的种种交涉,见该书第20—22页。
② 总理衙门:《明定矿务铁路章程请旨通行饬遵折(并章程)》(光绪二十四年十月初六日),《军机处录副》,档案号:03-9458-030、03-9458-031。
③ 《记名简放道李徵庸呈文》(光绪二十四年九月二十八日),《矿务档》第5册,第2577—2579页。

呈报矿务局；会同公司除缴纳落地税5%（若系官地，加缴地租5%）外，还须照章完纳出口税，余利25%报效朝廷；为期50年，期满所置矿业全归中国。①随后法国政府也以教案为要挟，强迫四川矿务局以保富公司（原华益公司并入）出名，与法商俞德乐所设福安公司、福成公司合作办矿。保富公司负责凑集华款200万两购买矿山，福安、福成两公司各集中外股银1000万两，前者承办灌县、犍为、威远、綦江、合州、重庆等处煤铁矿，后者承办天全、懋功两处五金矿产，其余各款与会同公司章程大致相仿。②这一办矿模式，表面上看，较山西等省全恃外资，对于国家主权、利权的伤害要小，但实际上，各外商办矿公司并未招收华股，与外资公司并无二致，何况英、法各商仅书面上承诺投资，而迟迟不曾注入资金。所谓"中外合办"，不过是英、法两国愚弄清政府的外交手段和争夺在华势力范围的幌子。

五口通商以来，清政府对外资在华办矿一直持排拒态度。甲午战后，随着中外情势的转变，一些有识官员逐渐认识到，在本国经济实力不足、技术条件有限的情况下，循谋商业途径，招引外资，未尝不是振兴民族矿业、抵制列强武力侵夺的良策。然而当时的中国积贫积弱，各方面的条件（尤其是制度建设）尚不健全，清政府又缺乏基本的资金核查机制、招商引资经验和折冲樽俎的外交谋略，结果被中外不法官商乘机利用，造成矿权的大片沦丧。以上矿案中，往往都由外资一方掌控工程开办权、行政管理权、用人理财权、勘矿范围、矿区面积、承办年限和办矿种类，含糊而漫无限制。不仅如此，他们还试图以矿业为据点，延伸至铁路、航道、港口码头、栈房、冶炼制造诸利益，以缔造更为广阔的势力范围。如福公司总工程师格那士（J. H. G. Grass）拟定的办矿方略，首要一则就是以转运、销售矿产为名，"谋在中国遍处之利益，并在南北各海口及运往他处之利益"。③

---

① 铁路矿务总局等：《奏为核定四川矿务章程折（附章程）》（光绪二十五年三月初五日），《矿务档》第5册，第2582—2590页。
② 《总署奏遵议奎俊请招集华洋商人开办川省矿务议定章程折》（光绪二十五年八月二十日），王彦威、王亮编《清季外交史料》卷140，北平外交史料编纂处，1935，第14—16页；四川总督奎俊：《川省矿务总局保富公司招集华洋商人合办议定章程折》（光绪二十五年九月二十四日），中国第一历史档案馆编《光绪朝朱批奏折》第102辑，第45—46页；《呈四川矿务总局设立保富公司招商福成公司承办五金矿产议订华洋合办章程》（光绪二十五年九月二十四日），《军机处录副》，档案号：03-9645-068。
③ 《外务部收委办山西矿务姚文栋呈附节略暨福公司矿师格那士估单》（光绪二十九年三月二十九日），《矿务档》第3册，第1432页。

就这样，凭借坚船利炮和不平等条约的庇护，经由中外奸商的联手钻营，外国列强相继从中国攫取大宗矿权，以及种种经济的、非经济的附加利益，在中国建立起一个又一个"国中之国"。

四 旧北洋旗下两大矿局的接连陨落

通过以上三节的考察可知，甲午战后清朝自办矿务的成效微乎其微，晋、豫、川等省还在借资外力的路上付出惨重代价，不仅如此，当时国内最具发展活力的两大矿业——漠河金厂和开平矿务局，也在此一时期发生剧变，相继落入列强之手。这与当时清朝整体政治经济气候的转型，李鸿章的失势，及其自身的"官督商办"体制，是息息相关的。

1. 漠河金厂的盛极而衰

漠河金厂（简称"漠厂"）位于黑龙江省（简称"江省"）西北边陲，系光绪十四年（1888）冬候补知府李金镛奉北洋大臣李鸿章之命创办，兼有开源、实边双重目的。总局设在漠河，不到两年时间里，出金近4万两，同时商贩渐兴，兵民相习，气象迥非昔比。光绪十六年（1890），李金镛病殁，李鸿章另委候选知县袁大化接任。袁一面继续沿用李金镛时期的各项章程，一面将裁撤冗杂、改用机器、节省糜费作为下手要策，并派出委员多人四处勘矿。光绪十九年，瑷珲观音山金矿的发现，为漠厂带来巨大转机。该矿矿苗既旺，矿质又佳：光绪二十年，漠厂得金28370两，33%出自该矿。光绪二十一年前八个月（包括闰五月），漠厂得金35280余两，57%出自该矿，占总金价的70%。① 光绪二十一年九月至十一月，漠厂月均得金二三千两，"为开矿以来所未有"。②

随着漠厂产量的蒸蒸日上，效益也节节攀升。光绪二十年，该厂派分股息至176%，为国内各厂所未有。③ 翌年，该厂净结余677676两，较上年利润几增一倍（见表2）。④ 受此影响，漠厂股票在市场上大受青睐，"（每

---

① 《总署收李家鏊函》（光绪二十一年十二月十八日），《矿务档》第7册，第4572页。
② 《上北洋大臣书》（光绪二十一年十二月十九日），袁大化：《漠矿录》，张本政整理，《近代史资料》总第73号，中国社会科学出版社，1989，第115页。
③ 参见《总署收黑龙江将军增祺文》（光绪二十一年七月二十三日），《矿务档》第7册，第4561页。
④ 《光绪二十一年漠河矿务公司第七届帐略启》，《申报》1897年6月8日，第5版。

股）股本一百两，直涨至千数百两，犹争相购买"。① 新疆、吉林、四川等省纷纷要求咨送漠厂章程，参考借鉴。英国伦敦某报也表彰该厂称："以中国兴举工程，初不料其有此。……倘能始终不懈，务求设法以扩张之，富国利民之道，其在斯乎。"②

表2 光绪十五年至二十一年（1889—1895）漠河金厂财务状况

单位：两

年份（光绪）	余利（金价并货利杂余）	保险公积	结余	分配		
				报效官方	股利	员司花红
十五年	37714	7714	30000	9000	14972	6000
十六年	38369	8369	30000	9000	14900	6000
十七年	80198	30198	50000	15000	24750	10000
十八年	63330	23330	40000	12000	19780	8000
十九年	60059	10059	50000	15000	24750	10000
二十年	389947	29947	360000	108000	179872	72000
二十一年	677676	30000	647676	700268	47840	9578

资料来源：《矿务档》第7册；袁大化《漠矿录》，《近代史资料》总第73号；《中国近代工业史资料》第1辑（下）；薛福成《出使英法义比四国日记》（岳麓书社，1985）；《军机处录副》；《宫中档光绪朝奏折》。需要注意的是，光绪二十年之前是照"漠河旧章"分配，光绪二十一年改按"漠河新章"办理。又，在股利、员司花红等项上，何汉威是照比例核算，与实际账目有出入；蔡永明的统计则有几处明显错误，且欠精确 ［见何汉威《清季的漠河金矿》，《中国文化研究所学报》（香港中文大学）第8卷第1期，1976年12月；蔡永明：《洋务企业的近代股份制运作探析：以1889—1898年的漠河金矿为例》，《中国社会经济史研究》2003年第4期］。

漠厂之所以能在极端恶劣的地理、交通条件下取得巨大成功，除依托前后两任总办的苦心经营外，也离不开李鸿章的经济支持和政治庇护。漠厂的原始资本有三：北洋公款10万两（对外假称"保借商款"）、江省公款3万两和自招商股约3万两。可以说，官款维系着漠厂的命脉。迨至光绪十七年（1891），迫于江省的压力，漠厂先行归还江省、北洋官款各3万两之后，幸得李鸿章将剩余公款7万两充作股份（名曰"佳水公记"），才得以勉强撑持。③ 光绪十九年，漠厂与江省争办观音山金矿，也仰仗李鸿章的鼎

---

① 李树棠：《东徼纪行》（二），张守常点注，光绪二十五年正月初十日，《黑河学刊》1989年第1期。
② 《督办勤能》，《知新报》第39册，1897年12月4日，第19—20页。
③ 袁大化：《肃毅伯李批》（光绪十七年四月初七日），张本政整理《漠矿录》，《近代史资料》总第73号，第135页。

力支持而得偿所愿。此外,为保持该厂的独立经营权,李氏还反对户部插手账务,命袁大化仅在年终造送收支总数备查。户部为此"屡驳报册,北洋则力持无以部例烦苛责漠矿,相持断断"。①

正因为漠厂事无巨细,承命北洋,甲午战后李鸿章失势去职之后,该厂随之成为江省、户部联手打压的对象。依照李金镛原订章程,得金之后,先付矿工 6 成,局得 4 成,再开除应还借款、官利、局用外,盈余并作 10 成,分为黑龙江军饷 3 成、商股 5 成、员司花红 2 成。② 这已是格外照顾江省利益。但该省当局因漠厂控制权的旁落和争办观音山的失败,始终不能释怀。光绪二十一年(1895)春,署理黑龙江将军增祺以应付甲午战事为名,向漠厂勒索银 3 万两,遭袁大化所拒。随后增祺趁入京之机,四处宣扬漠厂利益之丰,并诋毁袁大化。户部与漠厂本就积怨已深,加之正为战后筹款大伤脑筋,遂以袁大化办矿有名无实、账目不清为由,奏请整顿。光绪二十一年七月,副都统衔延茂奉旨查办漠厂。适逢袁大化于该年夏间大病数月,称病请辞,继任北洋大臣王文韶委任候补知府周冕接任。值此两任总办交代之际,袁大化又将漠厂历年粮货盈余 10 万两报效北洋。这更招致江省与周冕的双重不满。户部、江省的联手发难,与漠厂内部的新仇旧怨彼此交错,很快将漠厂推向纷争的旋涡。

光绪二十二年二月十五日,黑龙江将军恩泽、延茂奏称,上月十七日,观音山分厂把头刘吉春及总办周冕,相继指控观音山总办袁大杰(按:袁大化胞弟)携金潜逃,恩泽等随即派兵缉拿,截获金车 4 辆,金 1000 余两,袁大杰漏网。③ 这就是震惊全国的"漠河矿案"。"漠河矿案"发生后,江省随即在漠厂掀起一股血雨腥风:委员欧阳锦爵、曹国琛,逮案受审;袁大杰族孙袁广平、从弟袁大信,毙命狱中;司事刘奎璧、周化鲤,解省盘查;知县张敬勇、谭承先、冯仲贤,赴省讯核。袁大化则被困漠河 7 个月,羁押省城 5 个月,江省上下,"几乎举国成仇"。④

---

① 袁大化:《丙申黑龙江矿案原委》,魏长洪整理,《近代史资料》总第 80 号,中国社会科学出版社,1992,第 117 页。
② 《漠河金厂章程折(附清单)》(光绪十三年十二月初五日),顾廷龙、戴逸主编《李鸿章全集》第 12 册,第 293—298 页。
③ 《奏为查明候选知县观音山金矿委员袁大化(杰)挟金潜逃请旨革职查办折》,《军机处录副》,档案号:03-5338-077。
④ 《周守来电》(光绪二十二年十月三十日到),顾廷龙、戴逸主编《李鸿章全集》第 26 册,第 286 页。

以此为契机，恩泽、延茂奏请为漠厂另立新章，大幅提高军饷报效，削减股利和员司花红。"从此军饷骤增，所余漠厂四成、观厂二成，不足充局用，而股东余利、员司花红无着矣，由是大困。"① 不仅如此，恩泽还以漠河新章为辞，追讨袁大化离任前所分光绪二十年花红银3.6万两。为求自保，袁竟向恩泽声言，愿将其曾管光绪二十一年漠厂金价、货利项下余银十五六万两一概报效，以免被周冕私吞。周冕为此恨极，竟坦白若照新章，漠厂实有余银22万余两。经过各方拉锯，此22万余两，最终被分作江省赈款四成、北洋赈款三成、上海赈局半成、漠厂公费半成，另员司花红二成，代偿袁大化追款。② 漠厂的利润由此被瓜分一空（见表3）。

表3　光绪十五年至二十一年（1889—1895）漠河金厂报效

单位：两

年份（光绪）	黑龙江军饷	新增					合计
十五年	9000						9000
十六年	9000						9000
十七年	15000						15000
十八年	12000						12000
十九年	15000						15000
二十年	108000						108000
二十一年	396300	黑龙江赈款	袁大化花红充江省军饷	北洋军费	北洋赈款	上海赈款	700268
		89583	36000	100000	67187	11198	

资料来源：《军机处录副》；袁大化《漠矿录》，《近代史资料》总第73号；"故宫博物院"故宫文献编辑委员会编《宫中档光绪朝奏折》；《矿务档》第7册。

此事刚刚落幕，"划界之争"再次打响。由于光绪帝三令五申，江省也被迫打出"自办矿务"的旗号。光绪二十二年，恩泽批准候补知州曹廷杰试办都鲁河金矿。但都鲁河与观音山仅有一岭之隔，矿脉相通，恩泽遂借机要求以青山为界（按：内兴安岭东山），与漠厂划分界限。王文韶也认为，"若北洋办矿委员与本省委员界限稍有未清，难保无匪徒从而生心，始

---

① 刘文凤：《东陲纪行》，光绪二十四年五月初一日，出版地不详，清光绪年间刻本，第31页。
② 恩泽：《奏为金厂二十一年货利杂余为款甚巨新旧交代各执一说请即酌提四成归公留备江省赈款折》（光绪二十二年十一月二十六日），"故宫博物院"故宫文献编辑委员会编《宫中档光绪朝奏折》第10辑，第450—452页。

而影射，继而强占"，建议以现有各厂周围 500 里为界，唯观音山仍归漠厂管辖。① 朝廷两相比较，最终采纳了恩泽的意见。"划界之争"是江省与北洋在金矿开采权上长期斗争的必然结果，江省自办矿务，本身名正言顺，但其动机仍是为了限制漠厂，向北洋争利，这与甲午战后"卧薪尝胆""自强求富"的号召是格格不入的。事实上，即便有江省的格外偏袒，都鲁河金矿卒因办理不善，于光绪二十六年停办。

光绪二十三年五月，随着查办漠厂的风波逐渐平息，在李鸿章支持下，王文韶奏请为袁大化及涉案诸人昭雪。光绪帝也意识到"漠河矿案"背后另有隐情，准袁开复原官，交王文韶差委。然而袁大化等人虽蒙昭雪，漠厂遭受的创伤却难以平复，尤其周冕肆意妄为，更进一步恶化了漠厂的处境。周冕接任总办后不久，就将漠厂总局移到瑷珲，督工、用人、理财诸要务悉置不问，而私挪金厂资本数十万两，在上海、黑龙江等地另开买卖。光绪二十二年起，该厂的经营急转直下，成本却大幅攀升。此前该厂用费每年最多不过 16 万两，光绪二十二年，该厂竟用至二十四五万余两，翌年更高达三十二三万两。无怪乎时人感叹"甚矣，靡费之多也"。②

针对周冕在漠厂的倒行逆施，李鸿章屡屡向王文韶问责，王也深以用人不当为憾。光绪二十三年冬，李鸿章的亲家、御史杨崇伊上奏，弹劾周冕经营不当、挪支厂费、滥杀流民、勾结俄人等种种劣迹。③ 户部也因漠厂产量和报效额的骤减，对周冕大为不满。光绪二十四年闰三月，周冕被革职查办，由徐杰继任。但面对病入膏肓的漠厂，徐杰同样束手无策："金厂余财早经前手用罄，盘交粮货，除去股本外，应即代缴军饷"；"自改章从新，旧股东皆大失利，谓西人公司无此办法，遂啧有烦言矣"；④"已开各厂现均渐次消乏，急切难得新苗。加以年来各处歉收，食物昂贵，出款必不可少，入款难望其增，侵寻亏耗，拮据万分"。⑤ 尽管徐杰要求局部修订漠河新章的建议很快获得朝廷批准，但他还是于不久后称病请辞，逃离了这

---

① 《黑龙江漠河观音山金厂创办有效应请与本省现办各金矿画清界限以专责成折》，《军机处录副》，档案号：03-9643-100。
② 李树棠：《东徼纪行》（二），光绪二十五年正月十六日，《黑河学刊》1989 年第 1 期。
③ 《奏为特参周冕贪暴害民事》（光绪二十三年十二月十四日），《军机处录副》，档案号：03-5353-073。
④ 李树棠：《东徼纪行》（二），光绪二十五年正月初十、二十日，《黑河学刊》1989 年第 1 期。
⑤ 直隶总督裕禄：《奏为漠河矿局新章提饷过多入不敷出拟请酌量变通以维大局折》（光绪二十五年正月十九日），中国第一历史档案馆编《光绪朝朱批奏折》第 61 辑，第 609 页。

个是非之地。

综计光绪十五年至光绪二十六年四月,漠河金厂累计报效额超过120万两,位居国内各"官督商办"企业榜首;其中单单光绪二十一年的报效额就高达70万两。这一事实有力证明,尽管甲午战后的清政府每每以"恤商惠工"相标榜,但落实到现实层面,依然是以传统的行政眼光对待新式企业,甚至不惜妄动企业的根本大法。而在强硬的政治力面前,无论是漠厂督办,还是股东员司的利益,都同样得不到保障。随着漠厂的迅速衰败,黑龙江边防也遭到严重腐蚀。庚子事变期间,漠厂被俄人强占,大肆掠夺破坏。此后直至清末,再无一家五金矿业,堪与早期的漠河金厂媲美。

2. "官夺商权"后的开平矿务局

相较于漠厂的金色光环与各方围绕该厂展开的明争暗斗,开平矿务局在庚子年(1900)悄然易主,却显得丝毫不露形迹,以至于直到光绪二十八年,英国人禁止该局悬挂龙旗,国人才发现痛失矿权的残酷现实。

开平矿务局是光绪三年(1877)直隶总督李鸿章委任轮船招商局总办唐廷枢筹办,目的是解决各军工企业和轮船招商局的用煤问题。唐氏出身买办,熟谙西法,在煤矿经营上,力主聘请外国矿师,购买先进的机器设备。又不惜重金改善水陆交通,修筑唐胥铁路,置备轮船码头,规模宏大,规划久远。尽管该局名为"官督商办",但为减少官方的干预,唐廷枢刻意减少对官款的依赖。开平早期总投资超过220万两,其中150万两来自集股所得。①

光绪十八年(1892),开平的各项事业步入正轨之际,唐廷枢病逝,李鸿章另委张翼继任。张翼(1846—1913),字燕谋,顺天通州人,出身醇亲王府,其继配又与慈禧太后有瓜葛之亲。张翼继任督办后,受益于唐氏打下的良好基础,煤炭产量和销售额持续上升,矿井、轮船、码头、厂栈历年均有增置,规模愈加阔大。所属唐山、林西两大矿井,光绪二十一年雇工17000余人,每日可出煤两千吨(每吨1680斤)。② 光绪二十三年,唐山、林西两矿,售煤共计190余万两,净结余70余万两(另一说为90万两,见表4),利益诚属丰厚。③

---

① 直隶总督裕禄:《遵旨查明开平矿务历年收支数目事》(光绪二十五年九月初四日),《军机处录副》,档案号:03-9645-058。
② 徐润:《徐愚斋自叙年谱》,沈云龙主编《近代中国史料丛刊续编》第491辑,台北,文海出版社,1978,第153页。
③ 《直隶开平矿局第十四届总结》,《湘报》第144号,光绪二十四年七月十七日,第575—576页。

表4　1881—1899年开平矿务局原煤产量、销售及利润概况

年别	原煤产量（吨）	天津输出量（吨）	利润（元）
1881	3613	—	
1882	38383	8185	
1883	109090	8503	
1884	179255	13731	
1885	241385	17485	
1886	130870	34100	
1887	226525	46492	
1888	340097	38042	
1889	246699	51959	279751.17
1890	242957	56855	250990.32
1891	285415	95552	428151.24
1892	313805	85589	231272.83
1893	322745	81840	332973.57
1894	402310	140796	634666.01
1895	348817	96775	411102.28
1896	609288	128098	562022.62
1897	663351	193353	909376.63
1898	731791	202214	1341382.40
1899	778240	189735	551645.00

资料来源：张国辉《论开平、滦州煤矿的创建、发展和历史结局》，丁日初主编《近代中国》第3辑，上海社会科学院出版社，1993，第60页；开滦矿务局史志办公室编《开滦煤矿志》第2卷，新华出版社，1995，第310页；王玉茹：《开滦煤矿的资本集成和利润水平的变动》，《近代史研究》1989年第4期。

不过在这种表面繁荣的背后，是局政的日益腐败。张翼倚仗宫廷为护符，营私舞弊，不一而足。仅据股东郑观应揭露者，就有将香港栈房、码头改为私产，擅自出售；经理矿局与华商所购广州地皮10余年，因逃税致被充公，损失约计200余万两；不顾矿局资金短绌，大量对外投资等。[①] 光绪二十七年（1901），外国人的相关调查也表明：在开平只需60人就能完成的工作，竟用617人；工资单上虚报的名额高达6000员之多；负责出仓、

[①] 《覆陈君可良、唐君翘卿、谭君幹臣论商务书》（宣统二年），夏东元编《郑观应集》下册，上海人民出版社，1988，第621页。

验收、采购、售卖、航运、租赁等事宜的相关人员，每年人均受贿额2万两左右。① 加之张翼沉迷宦途，不常驻局，也严重影响了开平的生产经营。

开平矿务局的腐败，牵连的不仅是一己利益，也影响到甲午战争的大局。就在黄海大战前夕，北洋海军提督丁汝昌还在就煤炭供应不足和质量低下的问题，屡屡向张翼问责："包煤专备行军之需，若尽罗劣充数，实难为恃，关系之重，岂复堪思"；"迩来续运之煤仍多散碎，实非真正'五槽'。阁下虽经三令五申，而远在津门……俟后若仍依旧塞责，定以原船装回"。② 可以说，北洋海军的失败，张翼也责有攸归。而甲午战后，随着铁路建设的全面铺开、汉阳铁厂的重新整顿，以及内河航运业的勃兴，同样向开平提出更高标准的生产需求。但事实却是：轮船招商局屡屡抱怨开平煤价格昂贵，质量低劣；汉阳铁厂的煤焦供给，也严重受扼于开平，并连带影响到芦汉铁路的建设进度。

张翼在开平的表现如此不尽如人意，北洋方面也并非全未觉察。不过随着直隶总督李鸿章的去职与王文韶的继任，双方的合作明显降温，尤其因天津至古冶300里铁路的归属权问题，还产生严重的政治裂痕。该路本是在唐胥铁路的基础上延修而成，总共耗银260余万两，包括商股35万两、官款128万两以及部分洋债。出于整顿路政和拓展延修的需要，也鉴于该路官款居多、管理腐败，王文韶接受吴懋鼎、胡燏棻的建议，于光绪二十一年九月初三日奏请将开平"商路"，与古冶至山海关的"官路"，合并为津榆铁路，统交吴懋鼎督办。③ 这直接侵害了张翼的利益，也滋生了他与吴、胡二人的私人恩怨。

戊戌政变前后，张翼通过结交荣禄，及在京津之间通风报信，成功赢得慈禧太后的宠信，也换取了他在仕途上的飞黄腾达。光绪二十四年十月初三日，张翼受命督办直隶全省及热河矿务；同月二十五日，奉上谕以四品京堂候补，帮同胡燏棻办理津芦、津榆、津镇及关内外铁路事宜；翌年四月，补授内阁侍读学士。随着在政治上的迅速得势，张翼很快暴露了其小人得志的嘴脸。不久，胡燏棻就被张翼媒孽去职，吴懋鼎也连带遭到弹

---

① 参见刘佛丁《开平矿务局经营得失辨析》，《南开学报》（哲学社会科学版）1986年第2期。
② 丁日昌：《致张燕谋》（光绪二十年六月二十八日、八月十三日），戚俊杰、王记华编校《丁汝昌集》，山东大学出版社，1997，第211、217页。
③ 直隶总督王文韶：《北洋铁轨商路拟请归并官局办理以一事权而便推广折》，中国第一历史档案馆编《光绪朝朱批奏折》第102辑，第777页。

劲。而在矿局内部，张翼更是独断专行，作威作福。郑观应感慨"公司专制如天府"，① 正是该局状况的真实写照。英商墨林（C. A. Moreing）也了解到：张"是整个企业的绝对主人，可以任意行事"。② 这是此后张翼敢于与英商擅订卖约，且长期不为人知的深层政治背景。

由于张翼在经营开平的过程中，一味盲目扩建和对外投资，开平滋生了大量不良资产，加之财务结构不合理、管理腐败、矿井连被水淹，该局陷入严重的财务危机（参见表5）。然而无论是挪借北洋官款，还是筹集商股，张翼都无能为力，结果只能仰给外债。光绪二十三年，张翼通过德璀琳（Gustav von Detring），以开平的码头和仓库作抵，首次向德华银行借款45万两。翌年，为开发秦皇岛港口，他又不惜以整个矿局及其附带产业作押，向英商墨林高息贷款20万英镑（约合银140万两）。截至光绪二十六年春，开平负债额已高达269万两，含北洋银钱所旧债50万两，庆善银号借款14万两，英商借款140万两，德华银行借款45万两，张翼垫款20万两，逼近资不抵债。③

表5　光绪四年至二十四年（1878—1898）开平矿务局历年收支数目

单位：津平银

类项	细目	款额
进款		15694419.30
出款	已付现款	10882433.019
	工程等项占用	2229729.665
	资本各项占用	1577209.312
	股本各项占用	155582.67
	各户旧欠借垫等款	827132.769
实存		22331.861

资料来源：直隶总督裕禄《呈开平煤矿自光绪四年至二十四年十二月止历年收支数目清单》（光绪二十五年九月初四日），《军机处录副》，档案号：03-9645-060。

---

① 《商务叹》（甲辰稿本），转引自徐元基《从〈商务叹〉看郑观应对官督商办的态度》，《历史研究》1984年第5期。
② 《墨林在伦敦高等法院的证词》（1905年2月3日），李保平等主编《开滦煤矿档案史料集（1876—1912）》（1），河北教育出版社，2012，第311页。
③ 《出卖开平矿务局合同》（1900年7月30日），王铁崖《中外旧约章汇编》第1册，第967—968页。又，该文将德华银行借款误作15万两。

面对每况愈下的财务状况,当戊戌年铁路矿务总局宣布允许华商公司招收洋股、中外合办的消息后,张翼很快萌生了吸收洋股的念头。迨至庚子年八国联军压境,矿局处境风雨飘摇,其个人也被英国人以私通义和团为名拘禁时,他更是很容易被德璀琳、胡华(H. C. Hoover)"中外合办"的说法所蛊惑。只是未料想,英商仅是借"中外合办"的名义虚晃一招,实际上则不添现银,反增股本虚数三分之二。前后缔造经营30余年,规模为中国诸矿之冠,净资产超过340万两,关系军国大局的开平煤矿,就这样被英国人轻易骗占。张翼则赚得新公司终身督办的虚名,以及与德璀琳合分新公司红股5万股(合5万英镑)。① 留给国人的,却只有无限的遗恨和长达数十年的漫长交涉。

张翼一人葬送了一个企业,这是就开平最终的结局而言;而在此过程中,他的八面玲珑、巧于逢迎,又赢得过慈禧太后、荣禄、载沣乃至刚毅、徐桐等许多权贵的赏识与喝彩,无怪乎德国公使海靖批评戊戌之后的清朝当局:"有如将善视之人迫而令其盲,善行之人迫而令其跛也。中国如此,何能不败?"②

五 小结

甲午战后,中国面临的首要任务是谋求改革,救亡图存。然而对当权的清政府而言,改革思想的统一固然难以达成,迈向实践的道路更是处处荆棘。这透过此期中国在矿务改革中遇到的问题,相对集中地表现出来。

由于当时中国的民营资本财散力弱,外国资本又不断扩张渗透,中国自办矿业的发展,相当程度上要依靠政府的引导与支持,而国库空虚、外债激增的巨大压力,也迫使清政府不得不在矿务领域有所作为。但就官办矿业的实际状况而言,无论是洋务运动时期的前期尝试,还是此一时期的再次实践,大体都以失败收场;即便是陈宝箴治下的湖南矿务总局,也同

---

① 《照译胡华致德璀琳函》(1901年1月20日),《东方杂志》第7年第10期,宣统二年十月二十五日,第126—127页。
② 《德国公使海靖照会》(光绪二十四年十二月十九日),孙学雷、刘家平主编《国家图书馆藏清代孤本外交档案》第28册,第11911页。

样无法摆脱官办制度的痼疾。此外,资金、人才、技术、管理诸要素也无不羁绊着官办矿业的步履。借资外力的思路,虽然不再为清政府盲目排斥,但山西、河南、四川等省的草率试验,却很快暴露了此一思路背后的巨大风险:外资所到之处,往往即该国势力伸张之所,无论是借用洋款,还是中外合办,无不密布着重重陷阱。与此同时,漠河金厂、开平矿务局的覆败相循,再度证明了"官督商办"矿业的难于持久。在此背后,以李鸿章为首的旧北洋集团的分崩离析,及其政敌的投间抵隙,亦是不容忽视的重要因素。保护扶植商办矿业的思想,虽然有所萌芽,但尚未在矿务实践中真正扎根。列强的军事侵占和外交威慑,中外奸商的联手欺诈,又进一步恶化了中国自办矿业的境遇。

尽管如此,与洋务运动时期相比,甲午战后中国的矿务建设并非全无进步迹象可言。其一,官方的参与程度整体提升。除光绪帝直接出面、三令五申外,各直省将军督抚乃至一些府州县官,也主动或被动地卷入其中。湖南、江苏、四川、安徽、吉林等省还成立了矿务总局、矿务总公司、商务总局,中央也组建了铁路矿务总局,加强了对矿务企业的行政管理和制度约束。其二,开矿目的由早期的服务于军工企业、航运业,突出转向开拓利源,裨益度支。其三,矿业政策由禁止和限制民间办矿,转为一定程度的鼓励扶植。其四,开矿区域由点带面,逐渐在全国范围内铺开,尤其边疆各省的矿产开发,引起中外各界的广泛关注。这一则由于这些地区往往富藏金、银、铜矿,更加切合朝廷"求富"的取向;二则列强对边疆地区的侵略渗透,也刺激官方不得不加紧对边疆地区的矿产开发。其五,湖南矿政异军突起,直隶作为全国开矿先进的地位有所削弱。其六,在资金筹集上,由排斥外资,转为允许借用外资,乃至"中外合办"。其七,矿种开发走向多样化,除传统的煤、铁、铜、金、银诸矿外,新兴的锑、铅锌等矿,迅速成为市场的新宠。

此一时期,顽固派的阻挠已经不再是矿业发展的主要阻力,矿业建设的政治环境总体有所改善。尤其光绪帝,对发展矿业表现出浓厚兴趣。不过由于自身权力不足,他的作用也只能局限于行政层面的摇旗呐喊。以户部为代表的中央高层,虽然也承认发展矿业的必要性,但较之实地建设和长远规划,他们更热衷于榨取眼前利益。地方大员,在开采矿产的问题上,能力与魄力兼具者,寥寥无几。以陈宝箴、胡聘之为代表的少数督抚,虽然试图在矿务领域有所作为,但究其表现,实属力不从心。换言之,单就矿务改革而言，统治阶层也没有做足准备，若寄望于他们将"百日维新"时期的改革蓝图一一付诸实施，不啻于"缘木求鱼"。由此以观，"百日维新"的失败，未尝没有现实层面的必然性。

(作者单位：中国社会科学院近代史研究所)

自由制与包商制：1920年代广东盐税征收制度的嬗变[*]

于 广

内容提要 盐税是近代中国政府重要的收入来源。民国时期，盐税征收制度大致经历了自由制取代专商引岸制的演变。在1920年代，广东盐税征收制度却出现自由制—包商制—自由制的转换。"先税后盐"的包商制因能较好地规避私盐带来的损失，一度成为政府增收的良方。但包商制忽略了其他商民的利益和诉求，未能根本改变政府的财政困境，最终被废止。1920年代广东盐税征收制度的嬗变，反映了在军费优先的财政体系下，政府依赖税制的即时收益维持运作，这种财税增加的模式使得政府在以西洋税制为范本进行改革时仓皇反复，造成税制上的混乱难以解决。

关键词 民国时期 广东 盐税 自由制 包商制

为了摆脱财政困境，晚清和民国政府一直倾向于以西洋税制进行理财，但税制上的混乱却始终难以解决。[①] 造成这种困境的原因是什么呢？盐税作为政府依赖的税源之一，是税制改革的主要税种。近代中国盐税征收制度主要有专商引岸制、自由制和包商制三种类型。[②] 自由制取代专商引岸制是民国时期盐税征收制度发展演变的大趋势。然而，1920年代广东地区的盐

---

[*] 本文得到2016年国家社科基金重大项目"近代中国工商税收研究"（项目号：16ZDA131）的资助。

[①] 刘增合和林美莉均认为西洋税制是近代中国政府进行财政改革的主要方向。可参考刘增合《"财"与"政"：清季财政改制研究》，三联书店，2014，第296—337页；林美莉《西洋税制在近代中国的发展》，台北，中研院近代史研究所，2005，第3页。

[②] 专商引岸制是指某些专商凭借政府给予的引票，在某个固定的销售区域运销盐斤，一般可以世袭，其他盐商不得与其竞争。自由制允许商民自由纳税，然后前往指定地点领照运销。包商制是指政府公开向盐商招标某一地区的食盐专卖，出价高者即成为该地区的包商，其他盐商在包商期内不得与其竞争，包商期结束再重新竞标。

税征收制度却经历了自由制—包商制—自由制的转换。尤其是"先税后盐"的包商制，一度成为政府增收的良方，在一定时间内提供了可靠的税收保障，却也未能长期持续。包商制是如何出现和推广的？为什么不能一直推行下去？笔者围绕广东盐税征收制度中的自由制和包商制，以1920年代广东的盐税征收制度的嬗变为线索，尝试对开篇的疑问做出回答。

1920年代广东地区的盐税是孙中山革命政府讨伐陈炯明和北伐的重要财政来源，梳理该时期盐税征收制度的演变，对理解革命状态下的税收和税制具有借鉴意义。目前学界关于民国时期新旧税制研究较多，但税制间的互动鲜有提及。盐税问题的研究则主要集中于各时期中央政府的盐政改革，对地方盐税征收制度和实践缺乏详细研究，对民国广东盐税的研究较少，也未见关于本专题的专作。① 本文拟利用相关历史资料，对1920年代广东地区的盐税征收制度做具体考察，以窥探近代中国税制改革的动因和成效，为税收史和盐业史研究提供一些有益的补充。

一 自由制下的盐税征收

民国以后，为增加中央财政收入，政府大力改革原有税制。在盐税方面，社会各界对清代沿袭下来的专商引岸制尤为不满，"专商借报效之力，世袭其业，视引岸犹汤沐邑，驱食户为纳税奴，侵蚀国税，垄断盐利"。② 1913年，北京政府聘请英国人丁恩为稽核所会办兼盐务署顾问，先后制定《盐务署官制》《盐税条例》《缉私条例》等规章制度。此后各地纷纷开放引地，任商民自由售卖。1931年南京国民政府正式颁布《盐法》，第一点即明确体现"取消专商，实行自由"的宗旨。由专商引岸制向自由制转变是民国盐税征收制度改革的大体趋势。

广东亦不例外。鸦片战争后，频繁的战争和赔款加重了政府的财政危

---

① 民国盐业史的研究成果主要有王仲《袁世凯时期的盐务和盐务改革》，《近代史研究》1987年第4期；张生：《论南京政府初期的盐税改革》，《近代史研究》1992年2期；刘经华：《民国初期各大盐区改革绩效分析》，《中国经济史研究》2002年第4期；董振平：《抗战时期国民政府盐务政策研究》，齐鲁书社，2004；张立杰：《南京国民政府的盐政改革研究》，中国社会科学出版社，2011；曾小萍：《自贡商人：近代早期中国的企业家》，江苏人民出版社，2014。

② 《北京政府时期盐政改革概况》，江苏省中华民国工商税收史编写组、中国第二历史档案馆编《中华民国工商税收史料选编》第2辑，南京大学出版社，1995，第16页。

机，盐课盐饷不断加重。数据显示，从道光至光绪年间，盐饷上涨5倍有余，盐商难以承受，广东盐业几乎荒废。① 光绪年间，广东盐业由专商引岸制改办官运。宣统三年（1911），改官运制为"通纲包饷"，由大盐商孔法徕组织盐商公所，认饷580万两。② 但时逢盐价倍昂，私盐充斥，销数日绌，未及半载，孔法徕难以承受。辛亥革命后，广东宣布独立，孔法徕不再续承盐税，又无盐商敢于承接，广东盐业再次荒废。1912年广东军政府成立后的7个月内，财政实收入仅398万元，约为清政府同期的10%，但军费支出则远远超过清末。③ 为解决财政危机，在稽核所会办兼盐务署顾问丁恩的支持下，1914年广东中、西、北三柜④区域悉行开放引地，每盐一包（200斤）盐商只需纳饷3元，即可前往指定地点领照运销。其余东、南、平三柜以及潮桥各埠后亦逐渐改为自由制。自由制实行以后，广东盐业得到显著改善，1914年广东销售税盐1954821担，1917增加至4516809担，盐税收入亦从1914年的715.5万元上升至1917年的913万元。⑤

直至1922年，自由制下的广东盐税收入一直稳定在700万元左右，占到正税收入的五成以上。1922年底，孙中山联合滇、桂、粤等地军阀发动驱逐陈炯明的讨陈战役。次年3月，孙中山成立大元帅府，但政权极不稳固，⑥ 各军所需军费与日俱增，政府财政赤字巨大。1923年3—12月，大元帅府财政部和财政厅的正税收入总计为大洋870余万元，支出却达到大洋1400余

---

① 周琍：《清代广东盐业与地方社会》，博士学位论文，华中师范大学历史文化学院，2005，第24页。
② 邹琳：《粤鹾纪要·第一编》，沈云龙主编《近代中国史料丛刊》第890册，台北，文海出版社，1989，第10页。
③ 邱捷：《孙中山领导的革命运动与清末民初的广东》，广东人民出版社，1996，第288页。
④ 粤盐的运销分为两大系统，即省河（广州）系统和潮桥系统。省河粤盐自乾隆中期改纲归埠，别为六柜，是为西、北、中、东、南、平柜，其中西、北、中三柜配省河盐斤，称为省配区；东、南、平三柜多为沿海地区，靠近盐场，称为坐配区，由盐商直接就场配运。
⑤ 《历年全国盐税收入分区统计表》，南开大学经济研究所经济史研究室编《中国近代盐务史资料选辑》第4卷，南开大学出版社，1991，第266页。
⑥ 孙中山抵达广州成立大元帅府后，其势力范围仅局限于河南岸，甚至连广州城都无法控制，北岸大部由滇军杨希闵控制，扼守粤汉铁路的黄沙被沈鸿英手下李易标接管，珠江入海口亦被桂军刘震寰部占据，而广属以外西江、北江区域更是孙中山无法直接管辖的区域。因此，时有人说："广州军阀部队约4万人，孙中山仅得150—200人的卫队听命。"见于广《孙中山大元帅府时期的盐税改革》，《盐业史研究》2014年第4期；雅各布斯：《鲍罗廷来到广州》，《国外中国近代史研究》第5辑，第196页，转引自邱捷《论孙中山在1923年的军事斗争》，摘录于《孙中山领导的革命运动与清末民初的广东》，广东人民出版社，1996，第151页。

万元，赤字高达大洋 500 余万元。大元帅府不得不通过借款和变卖官产弥补开支，借款获得 300 余万，变卖官产等方式获得 130 余万。1924 年，广东省财政厅正税收入为大洋 640 余万元，支出却达到大洋 1309 余万元，赤字达到大洋 660 余万元，依靠借款和变卖官产等税外收入所得的 620 余万元，得以勉强维持收支。① 广东财政步履维艰，时有评论道："粤中财政，久已竭泽而渔"，致使时任省财政厅厅长的杨西岩"大有巧妇难为无米之炊"之感。②

巨大的财政压力之下，原本充裕的盐税本应是政府重要的收入来源，但大元帅府成立初期，盐税收入并不理想。受战争影响，盐商在陈炯明时期的已税饷盐未能销售，盐商为规避风险，不肯运销新盐，以致盐税收入锐减。1923 年 5 月，孙中山大元帅府盐税收入仅 2 万元，不及正常月份的二十分之一。③ 为解决盐税不足的困境，孙中山任命伍学煜为两广盐运使，推行"限配法"，以"一包新税准搭一包旧税"，规定若不运销新盐，已税旧盐也不得销售。④ 但沈鸿英在 1923 年 4 月发动叛乱，北江、西江陷于战事，新盐、旧盐均难以运销，盐税不足的状况未能有效缓解。

为改变此种不利状况，孙中山任命邓泽如为两广盐运使，于 1923 年 6 月起改行征收"优先现税"。"优先现税"是为区别旧税，"优先"指政府用"优先符"取代已税印花，"未经盖有优先符不得配盐"。⑤ 以前盖有旧印花的税盐，可通过"新税搭旧盐"的办法销解，规定盐商认缴现款 15000 元可销解旧盐印花 400 包。每包缴纳盐税 5 元，即按照 15∶2 的比例，每 3000 包新盐可以销解 400 包已税饷盐。同时，为鼓励盐商配盐，规定凡纳税之盐商均享有两折抵扣，即原来 30 万元的税单只需缴纳 24 万元税银。

---

① 《陆海军大元帅大本营公报》第 35 号公布，沈云龙主编《近代中国史料丛刊三编》第 56 辑，台北，文海出版社，1989，第 1807—1850 页；广东省财政科学研究所、广东省立中山图书馆、广东省档案馆编《民国时期广东财政史料》第 4 册"财政统计"，表 12、13、14，广东教育出版社，2011，第 4019—4022 页；《陆海军大元帅大本营公报》第 40 号公布，沈云龙主编《近代中国史料丛刊三编》，第 3511—3517 页；《陆海军大元帅大本营公报》第 36、37 号公布，沈云龙主编《近代中国史料丛刊三编》，第 2046—2056 页。
② 《粤局之善后难》，《申报》1923 年 3 月 20 日，第 7 版。
③ 《陆海军大元帅大本营公报》，沈云龙主编《近代中国史料丛刊三编》第 56 辑，第 1928—1929 页。
④ 《陆海军大元帅大本营公报》第 16 号指令，沈云龙主编《近代中国史料丛刊三编》第 56 辑，第 74 页。
⑤ 《陆海军大元帅大本营公报》第 353 号指令，沈云龙主编《近代中国史料丛刊三编》第 56 辑，第 1073 页。

这种软硬兼施的举措，取得不错的效果。如表1所示，6月以后盐税收入明显增加，优先现税几乎占据所有比重。

表1 1923年6—8月两广盐运使署收入税款数目统计

单位：元

日期		接前任之税款	省河现税盐饷	优先现税	各机关解饷	借入款项	杂税	总计
（1923年）	6月	无	33830	230285	6956	无	1330	272402
	7月	无	无	373150	2229	无	6017	381406
	8月	无	无	510600	无	无	13160	523760

资料来源：《两广盐运使署收入税款数目统计》，《陆海军大元帅大本营公报》，沈云龙主编《近代中国史料丛刊三编》第56辑，第1928—1938页。

在"优先现税"的盐税征收制度下，盐商只能通过购买更多的新盐来销解旧盐，导致盐商的负担不断加重，许多中小盐商日益窘迫而宣告破产。数据显示，1923年8月由盐场运往广州省河的盐船仅16只，而往常可达35只。① 盐商数量减少，导致省河存盐不足，河配盐价也出现上涨，如图1所示，从1923年4月的3元涨至8月的6.2元多，增加一倍有余。饷盐价格随之上涨，导致民众更青睐私盐，私盐问题愈加严重，制约着广东盐税的增长。②

值得一提的是，为解决困境，其间曾有官员两次建议实行包商制。1923年9月，盐政会议员洪宽提出包商制的方案。他认为盐运使署的困境总归在于积欠过多税饷，为了偿还预饷又不致停止征税，他建议推行包商制，方案如下。盐运使署发行抵纳券100万，其中用50万如数偿还所欠预饷，另外50万以8折出售。并准盐商招股200万成立盐业银行，发行兑换券200万元分别交予股东，这200万股本一半由盐运使署发行的抵纳券组成，另一半则以现金方式筹集。盐运使署的100万元抵纳券，可以用盐税来偿还，即盐商每月少缴纳10万元盐税，10个月即可还清欠饷。洪宽预估以此方法盐运使署每个月有60万元的收入，除去偿还盐商的10万元，盐运使署可以结

---

① 《照录下河六布之关单部存河》，《粤鹾月刊》1924年第70期，第108页。
② 在孙中山大元帅府时期，邓泽如的"优先现税"并非一直顺利，其间遭到伍汝康、赵士觐的反对而中断数月。但伍、赵的改革成效不足，又恢复到邓泽如的"优先现税"，并巩固了邓泽如的威信，后来邓泽如、宋子文又推行包商制，未见官员的反对。参考于广、柯伟明《孙中山大元帅府时期的盐税改革》，《盐业史研究》2014年第4期。

余50万元。①

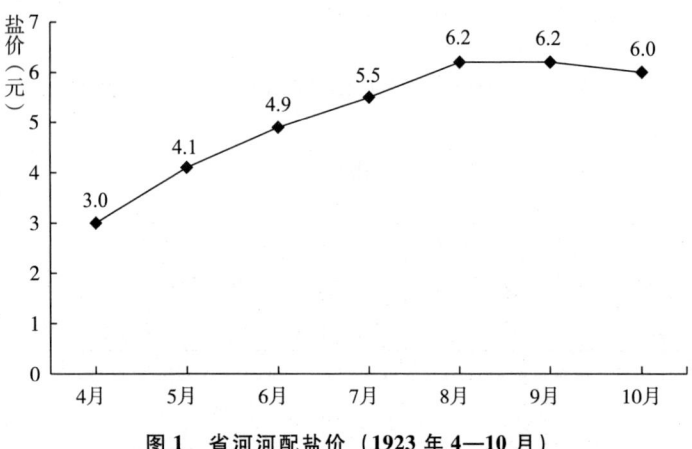

图1　省河河配盐价（1923年4—10月）

资料来源：《旧历癸亥年自四月起至十月上旬止河配价格表》，《粤醝月刊》1924年第70期，第112页。

但洪宽提出的包商制遭到两广盐运使邓泽如的反对而未能实行。根本原因在于它"先盐后税"的特点，尽管它规定每年的销盐数及纳税额，但销盐在前，缴税在后。邓泽如认为"若包商销盐稍一不慎，滞碍全纲，反于税收有损无益"。② 一旦盐商销不及额，政府面临盐税短收的风险，这对于在在需款的孙中山大元帅府是不能承受的。但随着形势的发展，孙中山大元帅府对盐税的需求不断增加，包商制再次提上议程，而征收方式由盐商提倡的"先盐后税"改为"先税后盐"。

二　包商制的出现和推广

邓泽如征收"优先现税"的办法使盐税收入得到改善，但始终未能达到1922年以前的数额，数据显示，1922年盐税税额为大洋600余万元，1923年和1924年分别只有大洋300余万和500余万元，远远不如以前。③

---

① 《函财政部叶部长奉发洪宽条陈盐务改由商办各节当经议会会议决暂定缓办》，《粤醝月刊》1923年第68期，第10页。
② 《函财政部叶部长奉发洪宽条陈盐务改由商办各节当经议会会议决暂定缓办》，《粤醝月刊》1923年第68期，第12页。
③ 广东省财政科学研究所、广东省立中山图书馆、广东省档案馆编《民国时期广东财政史料》第4册，第419页。

1924年下半年以来，各行各业的商人频频罢市，政府税收愈加短绌。陈炯明势力仍盘踞东江流域，10月孙中山又准备北伐，所需军费骤增。①

但征收"优先现税"的办法只能短期提升销量，政府仅控制盐商省河配盐，对于盐商在配盐后的具体销区并未约束。对于私盐充斥的地区，合法盐商多是畏而不前，以致销盐数停滞，且境况愈差。尤其是广属②附近，各县因地处珠江下游紧邻港澳，河道纷歧而私盐猖獗，饷盐销售每况愈下。以新会县为例，该县1923年之前每年配盐26312包，1923年配盐8650包，1924年前10个月仅配盐5740包。③ 私盐重灾区配盐数目的减少导致政府盐税收入难以持续增加，而军费开支却不断增长，孙中山大元帅府一度只能征收预饷以维持开支，1923年9月广东政府向盐商林丽生折价征收预饷36万元，10月又加至50万元。④

在此情况下，如扩展税源，只能提升私盐重灾区的销盐数。1924年10月，在邓泽如的支持下，盐运使署决定在私盐盛行的广属地区实行包商制，"包承盐店只系照旧案广属附近11县，其余中柜从前未包承盐店各县及西、北两江销区均系照常运销，不再商包之内"。⑤ 但与1923年洪宽提出的包商制有所不同，此次包商制是"先税后盐"，即每月1日由盐商先行纳税，再行销盐。1924年10—12月，政府先后在香山（10月）、新会（11月）、番禺（12月）、东莞（12月）、花县（12月）、从化（12月）、三水（12月）、增城（12月）、龙门（12月）、顺德（12月）等广属及附近11具招承盐商，由出价高者承包该县所有食盐运销，并与各商制定了承办章程。

由承办章程可知，承包商须于每月1日先行缴纳预饷，才能在省城配盐回县分销，"如是月配运盐斤超于定额之外，则于掣配时照数缴纳，若不及认额之数，照额补足"。该章程要求承包商必须在广州有一家担保店进行担保，如此一来，销不及额的风险完全转嫁于盐商。但政府给予包商诸多特权，包商不仅享有所配县属的食盐专卖权，也拥有特殊的缉私权，允许私

---

① 敖光旭：《论孙中山在1924年下半年的是是非非》，《近代史研究》1995年第6期。
② 广属是指以省城广州为中心，其治下的11县，包括香山、新会、番禺、东莞、花县、从化、三水、增城、龙门、顺德等。
③ 《呈财政部长为怡怡公司商人邓鲁闲、邓霭如承办新会县全属总盐店谨具章程暨十一年来销盐数目表请照准指遵文》，《粤醝月刊》1924年第78期，第9页。
④ 《两广盐运使署收入税款数目统计表》，《广州民国日报》1923年11月6、7、10、13日，第6版。
⑤ 《咨稽核所关于上河公会会长呈称广州各县盐店包商窒碍一案相应备文咨复查照文》，《粤醝月刊》1925年第80期，第19页。

自没收未纳税的私盐,并可随时请军警协助缉私:"缉获私盐即由本公司估价发卖,所得之价应除给花红外,概归本公司所得以资弥补。"① 该规定在一定程度上使政府与盐商之间互取所需,一方面满足政府的税收需求,另一方面消除承商对私盐的担忧。

广属地区实行包商制后,各县食盐的饷盐销数增加明显。由表2可见,香山在1924年10月实施包商制后,11月配盐数目由500包上升至810包,12月更是增加至2535包;新会配盐数目由10月的340包增加至11月的2683包,12月上升至11954包;东莞、番禺、顺德、花县和三水在12月实施包商制后所增加的配销盐斤也十分明显。配盐数的大幅增加使政府省配地区的收入大增。

表2 广属及附近各县1924年10—12月实施包商制前后盐斤数目

单位:包

月份	香山	新会	东莞	番禺	顺德	花县	三水
8月	330	491	341	811	651	360	1121
9月	400	451	290	1142	911	380	1491
10月	500	340	910	1591	811	380	411
11月	810	2683	2811	1195	1181	580	951
12月	2535	11954	11751	4175	2331	782	1321

资料来源:《省河配销中西北三柜盐斤数目总表》,《粤醝月刊》1924年第78期,第75—82页。

1925年8月,广州国民政府成立以后,宋子文被委任为国民政府财政部部长兼广东省财政厅厅长,宣布停止征收"优先现税","现在财政统一,全省军需独立,自应将前项省配盐税包缴办法停止进行,由各商照旧自由向运署直接缴税配盐,借以节省所给包缴商人利益,并可设法扩充征收,免拘日额"。② 同时决定将包商制由广属地区逐渐推广至粤省各地,"各属销盐尚能及额,已由各商加额借款并缴按预各饷,准其继续承办,此项包销办法似应推广,使销盐既有额责,俾税收得有确实预算"。③

1925年10月,国民革命军东征战役相继克复东江、潮汕、雷琼等地

---

① 《论承办番禺县全属总盐店宏裕公司遵照定章开办文》,《粤醝月刊》1924年第79期,第83页。
② 《函中央银行奉部令各省配盐税停止包缴办法习于合约届满之日起即行取销文》,《粤醝月刊》1925年第87期,第47页。
③ 《处签呈财政部关于布告招商投承广州市区及西北各区盐店请鉴核示遵文》《盐务月刊》1927年第18期,第1页。

区，包商制得以在这些坐配地区推广。1925 年 11 月，东柜地区开始招商投承，实行包商制。① 1926 年 6 月，邹琳就任潮桥盐务支处处长，布告实行招商，分区包卖食盐，计桥上三区每年销 56 万担（每担 100 斤），每担纳税 2.5 元；② 桥下每年销 32 万担，每担纳税 1.25 元。1926 年 7 月，平柜、南柜及琼崖十三县也相继招商开投，实行包商制。③

1926 年 4 月，宋子文将两广盐运使署和稽核所合并为盐务总处，由郑芷湘担任处长。国民革命军北伐期间，财政部仍设于广州，承担着国民政府和北伐部队的大部分支出。④ 为进一步增加盐税收入，鉴于邹琳对潮桥地区包商制改革的成效，宋子文在 1926 年 10 月委任邹琳为盐务总处处长，决定将包商制推广至省配的北柜、西柜地区及其他的坐配地区。宋子文 11 月离开广州北上后，由孔祥熙接任财政部部长兼广东财政厅厅长，但在盐税征收上仍仰仗邹琳。

1927 年 10 月，盐务总处开始在北柜的清远、佛冈、英德、乳源、翁源等县及西柜的高明、鹤山、高要、德庆、罗定、云浮、郁南等县投承招募盐商，实施包商制。包商区域共定为德庆、清佛、罗云郁、高鹤、英源、高要七区，按区招商投承盐店，依照广属地区的包商制办法，认定销额包缴盐税，每年额约 173730 包，由包商先税后盐。⑤ 至 1928 年前，各地区均已订约实行包商制，如表 3 所示。包商制的实施在短时间内使盐税收入得以迅速增长，从 1924 年的 500 万元上升至 1927 年的 1100 万元。⑥

表 3 北柜、西柜七区与恩春、广市区包商认额概况

地区	销界	商名	配销类别	年认盐额	承办时间
德庆区	德庆县	利民公司	省配西柜	2820 包	1927 年 12 月
清佛合区	清远、佛冈	安丰公司	省配北柜	41620 包	1927 年 12 月
罗云郁合区	罗定、云浮、郁南	德安公司	省配西柜	14590 包	1927 年 12 月

---

① 《处批东江盐务局局长谭平据呈商人请设盐店肯核明准予立案由》，《盐务月刊》1926 年第 8 期，第 84 页。
② 《粤盐包商与闽赣之关系》，《银行周报》第 10 卷第 30 期，1926 年，第 9—10 页。
③ 《部布告运商人等定期开投琼崖盐税仰到处竞投文》，《盐务月刊》1926 年第 4 期，第 58 页。
④ 吴景平：《宋子文评传》，福建人民出版社，1992，第 27 页。
⑤ 《处签呈财政部关于布告招商投承广州市区及西北各区盐店请鉴核示遵文》，《盐务月刊》1927 年第 18 期，第 1 页。
⑥ 《广东盐税民国十五年收数表》，江苏省中华民国工商税收史编写组、中国第二历史档案馆编《中华民国工商税收史料选编》第 2 辑，第 1767—1768 页。

续表

地区	销界	商名	配销类别	年认盐额	承办时间
高鹤合区	高明、鹤山	亨利公司	省配西柜	7000 包	1928 年 1 月
英源合区	英德、乳源、翁源	生生公司	省配北柜	40410 包	
高要区	高要	裕丰公司	省配西柜	18590 包	
恩春区	恩平、开平、台山、赤溪及阳春、新兴、阳江	恒记公司	坐配、附场及部分省配中柜	130080 担	
广市区	广市区	裕利公司	省配中柜	51220 包	1927 年 11 月

资料来源：《广属及附近各县包销盐店承商年限认额及按预饷数目表》，江苏省中华民国工商税收史编写组、中国第二历史档案馆编《中华民国工商税收史料选编》第 2 辑，第 1750—1752 页。

但值得注意的是，包商制下的盐税增加主要依赖承商缴纳的预饷，而非实际销盐数，二者存在时间差，一旦承商的实际销盐数不及认额数，便很难维持下去，这无疑为日后包商制的推行失败埋下了隐患。

三　包商制的困局及废止

从 1924 年至 1927 年，包商制在粤省各地迅速推广，增加政府收入的同时，也造成包商对食盐的垄断，导致其他盐商的销岸减少和盐价上涨。在此过程中，其他盐商和民众的反对声不断，引起销区售盐数目不及认缴额数，承商收不抵支，不得不申请退办。整个过程可分为两次危机，第一次在 1924—1925 年广属地区推行包商制后，第二次在 1927 年包商制推广至粤省全境后。

1924 年 10—12 月，广属附近十一县先后实行包商制，引起上河盐商的坚决反对。广东省配地区分为上河盐商和下河盐商，下河盐商赴沿海诸场配盐，运回省河秤配，再由上河盐商运往各县销售。广属附近十一县原来属于上河盐商的销区，实施包商后，上河盐商必须改往其他地方运销，一旦在以上县属售卖盐斤，即被视作私盐。①

1924 年 12 月，上河盐商公会会长赖泽煌上书两广盐运使邓泽如，认为包商制使上河盐商失去自由，并请求"取消以维蓰业"。② 邓泽如拒绝赖泽

---

① 《据上河盐商公会会长赖泽煌禀复蹈包销、失却自由，肯明令取销以维蓰业由》，《粤蓰月刊》1924 年第 79 期，第 100 页。
② 《据上河盐商公会会长赖泽煌禀复蹈包销失却自由肯明令取销以维蓰业由》，《粤蓰月刊》1924 年第 79 期，第 100 页。

煌的请求，认为北江、西江销区仍照自由运销，并不受影响，而上河盐商也可承办广属地区的盐斤："广属十一县，其余中柜从前未包成盐店各县及西、北江销区均系照常运销，不在商包之内，而现承各商又多上河盐业者合伙承办，更何患无自由运销之余地？"① 他认为实施包商有利于包商地区缉私，更有利于盐斤的畅销。

政府未能满足上河盐商的请求，为平息抗议，象征性地给予上河盐商一些政策上的补助。上河盐商运往北柜销售的盐斤，多由黄沙经粤汉铁路到达韶关，再分别运至各县。最初规定粤汉铁路运盐每卡235包交纳八折车费约110元，后又不断加抽军费至每卡盐220元，上河盐商运往北柜的盐斤作为三等货物被列为征收对象。1925年1月5日，政府将饷盐单独划出，不予征收加饷，以维持盐业。② 此外，盐运使署屡次通饬北江、西江军队保护盐商，禁止私设关卡。在此情形下，上河盐商的反对暂时得以平息。

但上河盐商在广属县区的退出，使当地食盐完全由承商控制，承商为了完成每月近万包的配额，加大缉私力度，致使私盐买卖空间减小，饷盐价格却不断上涨。承包商所售饷盐因缴纳每包5元的盐税，销售价格始终在每包7元以上。广属各县濒临港澳，且河道密集，加上地方团局的保护，私盐盛行，价格在每包3元左右。私盐与饷盐价格的悬殊使当地商民偏爱价廉的私盐，对承商缉私和盐价上涨十分不满，各地相继发生集体反对，甚至暴力事件。

在香山县，1924年10月裕民公司承办香山全属盐斤，设立总盐店，香山的其他盐店均须在裕民公司处登记存盐，因获知榄镇同益堂有20余包存盐，裕民公司派遣稽查员前往榄镇同益堂查点存盐，遭到暴力反抗，"该盐店店主兼司理李伯荣，率同店伙伴在该店瓦面放枪示威，不服查点，幸就军警、民团闻警到场弹压，不致闹出人命"。③ 同月，该县林福元等商人以停业相威胁，请求取消包商制，恢复自由配运。④ 在台山县，1924年12

---

① 《函广东省长为各县盐店包商并无窒碍相应查案肃复查照文》，《粤醝月刊》1925年第80期，第27页。
② 《呈大元帅请将粤汉铁路客货车票加抽二成一案划出盐税一项特予取销以维盐务文》，《粤醝月刊》1925年第80期，第5页。
③ 《令香山县长据承办香山总盐店裕民公司商人何佐等禀榄镇同益堂盐店不服查点放枪抗拒一案仰即遵照批饬事理拘传讯拟呈候核饬文》，《粤醝月刊》1925年第80期，第52页。
④ 《据商人林富元呈请取销包商准配运盐饷运回石歧售卖由》，《粤醝月刊》1925年第81期，第92页。

月盐商及盐课专员拟在台属广海设局负责盐务,但遭到当地商民反对,"各乡延抗,暨兵灾阻碍……迭经派员前往商借地址设局,该乡团防、公所、所长因事他往,无人主持,乡人均拒不允借,无从着办"。① 在南海县,1924年12月富安公司承办南海全属盐斤,该公司在南海属内四处遍贴布告,并通知属内所有原先盐店必须向总店处购买盐斤。但生昌泗记、和益堂等店"立意藐视钧示,违抗饷章显然可见"。②

在当地商民的抗拒下,饷盐销售十分困难。根据章程规定,盐商应在每月1号按时缴纳该月预饷,但在"包商制"实施后的第二月(1925年1月),各地包商均出现迟延。直到该月10号,盐运使署仍在派员催缴各地承商如数缴纳。③

1925年2月,香山县承商裕民公司商人何佐因销不及额,声称承办困难,呈请盐运使署每月减少销额400包。④ 但遭到两广盐运使邓泽如的拒绝,称该商实为"有心尝试,断难照准",并要求照额缴税。⑤ 请求被拒后,裕民公司以销不及额为由,2月至4月的税饷均延欠缓交。至1925年4月,邓泽如不得不取消裕民公司承办资格,另行核准新商香益公司认定全年销额12000包,承办该县属盐斤。为反对盐运使署单方面裁退,裕民公司大量贱价抛售存盐,阻碍新商香益公司的运销。香益公司担心销盐短绌,遂呈请盐运使署称其只有减轻配额,才愿意承办香山盐斤,"原认全年销额一万二千包内减去一千二百包,以一万零八百包为减定之额……该新商方敢接办"。⑥

与此同时,新会、顺德等县也因销不及额而提出减额的请求。据新会县承商怡怡公司反映,该公司自开办以来至1925年4月底,原定应缴纳税额计6500包,已缴过4300包,但事实上只卖出饷盐2400包,存下准单1200包,盐店配存未卖之盐500余包,较之原定税额不及半数。故该公司

---

① 《令台山县长协助办理上月盐课文》,《粤醝月刊》1924年第79期,第46页。
② 《令南海县县长李宝祥、南海盐店验缉员李孝章据富安公司商人谭德新等呈为越界掺销妨害饷源合行令仰遵照批饬事理妥办具报文》,《粤醝月刊》1925年第81期,第67页。
③ 《令委员催承办盐店各商缴纳一月份上期税款》,《粤醝月刊》1925年第80期,第46页。
④ 《据承办香山全属总盐店裕民公司商人何佐呈请办理困难请准每月减少销额四百包以维现状由》,《粤醝月刊》1925年第81期,第93页。
⑤ 《据承办香山全属总盐店裕民公司商人何佐呈请办理困难请准每月减少销额四百包以维现状由》,《粤醝月刊》1925年第81期,"批示",第93页。
⑥ 《呈财政部为核准中山新会两县盐店承商减认额缘由请查核备案示遵文》,《粤醝月刊》1925年第81期,第9页。

呈请将原来每年应缴12000包盐改为9000包。① 顺德县承商裕安公司也反映，1925年1月仅销盐48包，2月销盐913包，3月销盐976包，4月销盐达1345包，但积存准单未配之盐2000余包，存已配之盐1000余包，积压资本总在20000元以上，由此陷入"既投巨本，欲退不能，欲进不得"的局面，所以不得不呈请将原来每年应缴销额18000包减去1400包。②

迫于承商的压力，1925年5月盐运使署核准香山、新会、顺德等县减额的请求，并令盐警及地方各军保护承商，协助缉私。③ 尽管如此，香山承商仍在5月因收不抵支而请求退办，其他各地承商销盐数尚能及额，但并不能按时缴纳税额。④ 1925年10月，各地承商前项合约纷纷到期，依据包商承办章程，未按时缴额则取消包商资格，盐运使署按章程本应取消各县包缴办法。但时正值国民革命军东江战役，所需款项巨大，盐运使署不仅与各县盐商续办包销，并将预缴饷额的日期从每月1号延后至每月5号，后又改为每月10号。⑤ 在政府的妥协下，包商制得以继续推行。1925年，省配每月平均销盐数为38万元，⑥1926年的省配每月平均销盐数为56万元，超过了1924年的月平均销盐数。⑦

包商制使广东盐税收入得到有效的增长，1927年9月，广东政府开始在北江、西江各县属推广，而潮汕、平柜、南柜、东柜以及琼崖也纷纷实行"包商制"。此消息一出，再次引起上河盐商以及当地民商的反对。

1927年9月，北柜、西柜推行包商制后，上河盐商只能将食盐外销湖南、广西等地。从1927年10月开始，上河盐商公会不断向盐务总处请求恢

---

① 《呈财政部为核准中山新会两县盐店承商减认额缘由请查核备案示遵文》，《粤盬月刊》1925年第81期，第12页。
② 《呈财政部为核减承办顺德县盐店裕安公司销额缘由请察核备案文》，《粤盬月刊》1925年第81期，第15页。
③ 关于盐警保护承商各文，《粤盬月刊》1925年第80期，第28—34页。
④ 《布告准中山县盐店香益公司退办暂行规复旧制由前经呈准立案各盐店商人自由赴省配盐运销文》，《盐务月刊》第48期，第2页。
⑤ 《处令广属承商各公司由九月份起所有完税购单概由本处办理，其以前未完税款并向中行完足以资结束文》，《盐务月刊》1926年第5期，第28页。
⑥ 《广东统一后第一年盐税收入预算数目表》，《粤盬月刊》1925年第89期，第81页。
⑦ 由于1926年的统计数据不全，目前掌握到的数据只有5个月，即4月销盐45万元，5月销盐70万元，7月销盐83万元，8月销盐47万元，12月销盐35万元，笔者取该5个月销盐数的平均数暂代替该年的销盐平均数。《盐务月刊》1926年第1期、第2期、第4期、第5期、第9期，"附录"。

复自由制,"将招商投承之广州市及西北两路各属盐店取消,恢复自由"。①但盐务总处认为,上河各盐商同样可以竞投,且不影响外销。②并向上河盐商表示"现在军需紧迫,尤赖次包商按预各饷借资接济,所请取销毋庸议"。③

请求遭拒后,上河盐商公会在配盐的过程中,联合各盐商反对政府。根据包商制规定,政府令上河盐商公会为承商优先派船,即"随到随配"。上河盐商公会为维护其会员利益,拒绝政府规定的"随到随配",令承商通过挂号按次序配盐。④虽经政府百般交涉,"随到随配"也难以实现,各县包商不断上呈盐务总处反映运盐不足。⑤上河盐商除在行动上不配合政府外,还到处分投邮电,鼓动社会舆论,反对包商制。⑥

此次上河盐商的反对,未能如1924年第一次危机时与政府妥协,原因有二。(1) 1924年广属地区本是私盐重灾区,上河盐商在广属当地的销盐数本身较少,在广属地区实行包商制尚不足以影响上河盐商的根基。(2) 北江、西江是上河盐商的主要销区之一,而盐商原先已预先缴纳税单的地方必须更换,且只能在湖南、广西境内,从根本上限制了上河盐商的生计。尽管政府依照前例给予上河盐商其他政策性的协助,例如减免杂税、加强保护运道等,但并未换取上河盐商的支持,抗议依然不断。

在上河盐商的支持下,北江、西江等地的商民纷纷强烈反对。肇庆商务分会"请求取销包缴盐税,俾得自由贩运,以裕民食"。⑦英德县商会会长张伟邺称:"外商投承于英德等属,盐价不无增长,有碍民食。"⑧该县商民抗拒强烈,"张贴标语,警告承商,并向所租赁之店东及船主等限日将该

---

① 《部函复广东省政府请将广州市及西北两路招商投承盐店案撤销碍难照办请查照并转饬知照文》,《盐务月刊》1927年第21期,第6页。
② 《部咨复广东省政府关于上河盐商公会呈请取销广州市等处招商投承一案应毋庸议请查照文》,《盐务月刊》1927年第19期,第7—8页。
③ 《部函复广东省政府请将广州市及西北两路招商投承盐店案撤销碍难照办请查照并转饬知照文》,《盐务月刊》1927年第21期,第6页。
④ 《处批生生公司据呈请谕令上河盐商公会照案提前派船俾得从速配运由》,《盐务月刊》1927年第20期,第75页。
⑤ 《部令生生公司据英德县长电报食盐缺乏请饬商即日运盐到县发售仰赶速运盐前往英德开办以济民食文》,《盐务月刊》1928年第25期,第21页。
⑥ 《处批亨利公司据呈为抄呈上河盐商公会造谣破坏治乱观听邮电一纸令该公会销毁由》,《盐务月刊》1927年第21期,第38页。
⑦ 《处函肇庆商务分会所请撤销投承盐店自由贩运一案碍难照准文》,《盐务月刊》1927年第20期,第8页。
⑧ 《处函中国国民党英德县执行委员会所请将英德盐务包销案取消碍难照办请查照文》,《盐务月刊》1927年第19期,第12页。

公司逐出，否则拆毁或放火焚烧"。① 英德县民众还设立反对专卖食盐委员会，在境内劫夺盐商所运盐斤。② 番禺县商民频繁举报华德公司勒索苛扰、抬高盐价。③ 各地商民抵制和反对包商的事件不胜枚举，主要原因仍是担心盐价上涨，如阳春县在包商前的盐价为 7 元或 8 元，实施专卖制后升至 12 元。④

但商民反映的问题，盐务总处的处理却难以服众，只秉着增加税收的初衷，劝导当地盐商与承商竞投，"尽可自行认额竞投，以期民食、税收两有裨益"。⑤ 对于民众的抵抗，盐务总处一面令地方官"妥为劝导"，一面"咨请驻防军队切实保护"，"倘该处人民有越轨行动，应即严拿究办"。⑥ 这种处理方案并未平息当地商民的抗议，反而愈演愈烈，以致承商步履维艰，加剧了包商制废止的速度。

1927 年 11 月，承办高明、鹤山两属的亨利公司，承办罗定的德安公司等纷纷呈报未能依期开办。⑦ 1928 年 1 月，承办江门的裕平公司因运销障碍，请求减额。⑧ 梅菉招商投承，并没有商人愿意投承。⑨ 3 月，承办三水的大德公司呈报饷盐滞销；⑩ 1928 年 4 月以后，由于天气晴雨不定，沿海诸盐场大量歉收，以致省河盐斤不足，再加上盐商实行轮卖制，各属盐店盐价不断升高，销盐更加困难。1928 年 4—10 月，承办高要、鹤山的亨利公司，承办英德的生生公司纷纷要求退办。

---

① 《部批生生公司据报英德县人民遍贴标语阻止开办请令行县属布告严禁由》，《盐务月刊》1927 年第 20 期，第 90 页。
② 《部函政治会议广州分会准函关于英德县呈请取消食盐专卖一案》，《盐务月刊》1928 年第 24 期，第 22 页。
③ 《阳春全县第二次代表会请饬盐务总处分令各盐局遵章办理案》，《广东省政府周报》1928 年第 30—33 期，第 95 页。
④ 《前盐务总处呈国民政府财政部奉令查明粤盐被下河垄断轮卖尚非事实各情形复请鉴核令尊闻》，《粤醝月刊》1929 年第 1 期，第 2 页。
⑤ 《处函中国国民党英德县执行委员会所请将英德盐务包销案取消碍难照办请查照文》，《盐务月刊》1927 年第 19 期，第 12 页。
⑥ 《部批生生公司据报英德县人民遍贴标语阻止开办请令行县属布告严禁由》，《盐务月刊》1927 年第 20 期，第 90 页。
⑦ 《处批亨利公司据报未能依期开办请察核由》、《处批德安公司据报未能依期开办原因请察核由》，《盐务月刊》1927 年第 20 期，第 80 页。
⑧ 《部批裕平公司据呈为运销障碍事实具在恳恩照章酌减销额以恤商艰由》，《盐务月刊》1928 年第 22 期，第 23 页。
⑨ 《部批梅菉盐务局据报吴茂卤饷无人投承酌减底价另行招投请示遵由》，《盐务月刊》1928 年第 22 期，第 29 页。
⑩ 《处批大德公司据报洋盐充斥饷盐滞销援案派拨稽查随同官员联络查缉由》，《盐务月刊》1928 年第 24 期，第 60 页。

在各种不利因素的影响下，政府盐税收入大受影响，以至于1928年后国税每月收入不足百万元，① 盐务总处不得不于1928年夏宣布各承商到期后，包商制一并取消。② 1929年5月，广属地区的盐税包商制一律取消。③

在包商制取消并改为自由制后，广属各店自由配盐数额不及原定额三分之一。④ 广东盐务总处为使盐斤畅销，采取加强缉私、取消盐斤附捐杂费的方法，以减轻盐商负担，使饷盐畅销。1929年，李济深被蒋介石软禁于南京汤山，原广东盐务总处处长范其务辞职，包商制与自由制的争执也暂时告一段落。在广东，陈济棠势力崛起，其兄陈维周于1929年5月改组广东盐务总处，成立两广盐运使署，并被任命为两广盐运使，一直担任至1936年"两广事变"。在陈济棠的统治下，广东进入一个相对较为安定的时期，私盐问题得到较大改善，政府收入也明显增加。省配地区包商制与自由制的争论较为缓和，自由制基本确定，包商制也由此走上末路。

四　余论

新旧税制的更替是近代中国税收制度发展演变的重要特征，包商制和自由制的争论在民国时期广泛存在。在一些行业，包商制又称包税制，一般是指政府将税捐以某一固定数额包给私人或团体征收。但1920年代广东的盐税包商制又有所不同，它一定程度上继承了引岸制的一些特点，规定了某一地区的食盐专卖权由包商享有，但不限于某一特定包商，而是由认缴盐税较高者获取。可见，广东的盐税包商制并不只是包税，还包括食盐专卖，是专商引岸制的延续。1920年代的广东包商制由政府主持推动，而两淮盐区的专商运销制则由强大的盐商集团支持，当地政府欲取消专商却频频受挫。究竟为何有这种不同，基于上文，笔者分别从政府和盐商的角度予以分析。

1920年代的广东身处革命的浪潮，从讨伐陈炯明到北伐，广东税收一

---

① 《粤关盐等税之歉收》，《谈盐丛报》1929年第19期，第25页。
② 《署函广东省政府准函据南洋霹雳中华总商会呈请将食盐专卖一并取消一案碍难即行照办请查文》，《盐务月刊》1928年第31期，第14页。
③ 《处布告取销生生公司承办英、乳、翁三属盐店改为自由配运representing各商民呈请设立盐店配盐行销仰各属商民人等知悉文》，《盐务月刊》1929年第36期，第63页。
④ 《署函广东省政府准函据南洋霹雳中华总商会呈请将食盐专卖一并取消一案碍难即行照办请查文》，《盐务月刊》1928年第31期，第14页。

直是革命的主要财政来源,广东政府各方面均以军事和军费优先:1924年军费支出占财政支出的53.84%,1925年为57.16%,1925年10月至1926年9月底达到80%。① 在军事和财政的压力下,政府需要稳定的财税来源,盐税恰是其中最重要的部分:1923年盐税收入占正税收入的35%,1924年则达到50%。但在军费优先的财政体系中,其他制度建设受到限制,缉私制度和人才建设难以完善,致使私盐盛行,制约着盐税增长。这种情况下,"先税后盐"的包商制恰能有效规避私盐带来的风险,使政府在私盐重灾区得以获取稳定的税收,促使盐税收入不断增长,从1924年的500万元增加至1927年的1100万元,抵补了大幅增加的军事支出。但包商制带来的税收增加,并非代表私盐的改善和销盐数的增长,而是依赖"先税后盐"制度下包商缴纳的预饷。尽管它能满足革命状态下政府的即时需求,但从长期看,无非将销不及额的风险暂时转嫁于包商。随着包商的退出,也只能走向末路。对于包商而言,政府承诺的一些附加权利与优惠是他们敢于冒险的原因。但由于政府缉私的无力和当地商民的阻挠,包商并未获取实际收益。尤其当广东政府决定将包商制推向全省后,因侵蚀了上河盐商的主要销区,在运销过程中遭到上河盐商的层层阻碍,导致包商销不及额,无奈退出,以致1928年广东盐税歉收。广东政府终于在1929年取消包商制。

  1920年代的广东盐税征收制度的嬗变,尤其是包商制出现、推广和消亡的历史过程,反映了在军费优先的财政体系下,政府依赖税制的即时收益维持运作,难以兼顾其与商人、民众之间的利益关系,这种财税增加的模式使得政府在以西洋税制为范本进行改革时仓皇反复,因财政的一些即时需求将税制颠来倒去,愈加造成税制上的混乱。

(作者单位:复旦大学历史系)

---

① 吴景平:《宋子文评传》,第38页。

从神光寺事件看徐继畲与林则徐对西方的认识差异

尹素敏

内容提要 徐继畲与林则徐都是古老中国步入近代之初"开眼看世界"的典型代表,二人在诸多方面有相似之处,但1850年发生的神光寺事件却集中展现了二人观念上的深刻差异与行动上的针锋相对。这一差异固然由于二人对福州夷情的不同判断,但深层次原因则在于徐、林二人对西方与时代环境的认知差异即观念近代化程度的不同。神光寺事件典型折射出古老中国迈向近代之初,中西交汇背景下"开眼看世界"群体的多面人生。

关键词 徐继畲 林则徐 神光寺事件

徐继畲与林则徐大致生于同时代,二人有诸多相似之处:林则徐较徐继畲年长十岁,二人皆进士登科,在道光朝皆积极践行经世致用;鸦片战争时皆主战;皆身处前线坚决抗英;战时或战后都积极"开眼看世界";林则徐祖籍福州,而在福建任职的十三年也正是徐继畲一生从政生涯的巅峰时期。如果就这些来看,二人似乎理应志同道合。但1850年发生的神光寺事件却典型暴露出二人思想上的深刻差异与行动上的针锋相对。

神光寺事件起因于道光三十年(1850)五月英国驻福州代理领事金执尔替两名英国民人租住福州城内神光寺,侯官县令误与用印批准。事情本可从容解决,却在当时引起一场轩然大波,不仅闹出一场中英外交纠纷,更直接导致清廷高层人事变动。这与时任福建巡抚的徐继畲与居里养病的林则徐态度分歧是直接相关的。对于二人这一分歧,史家历来赞扬林则徐,斥徐继畲为"投降派"。近来有研究利用清宫档案中新发现的档案资料对徐继畲在神光寺事件中的态度进行了精当辨析,并重新审视近代中国"爱国"与"投降"、"战"与"和"的关系,为徐继畲摘掉了"投降派"的帽子,指出徐、林二人主要是基于对形势的不同判断而产生的策略分歧。① 笔者赞同上述分析，同时也看到，人的行为总受其一定的思想观念指导。作为一场涉外事件，当事人对待神光寺事件的态度与其对外认识水平是密不可分的。本文试图在重新梳理神光寺事件来龙去脉的基础上，侧重指出徐、林二人对西方及时代环境也即观念近代化程度的不同才是其思想与行动差异的根本原因。由此，神光寺事件可从另一个角度折射出古老中国迈向近代之初，中西交汇背景下"开眼看世界"群体的多面人生。

一 神光寺事件交涉始末

道光三十年五月，英国驻福州代理领事金执尔为两名英国民人租赁城内乌石山神光寺僧房两间，租期半年。神光寺属侯官县所辖，因当时襄办对外事务的官员鹿泽长赴邵武府一带查办盐务出省，而县令兴廉"忆及上年曾有夷官租赁城内寺屋收存行李之案，误谓事同一律，即于租约内用印交给"。② 在契纸上盖印，等于福建官方承认了该两名英国人租住合法。

那么，上述两名英人租住神光寺是否合乎条约规定呢？《南京条约》及稍后订立的善后条款都规定："准许英国人民带同所属家眷，寄居大清沿海之广州、福州、厦门、宁波、上海等五处港口，贸易通商无碍，且大英国君主派摄领事理事等官，往该五处城邑，专理商贾事宜。"③ 也就是说，英国人民可以在《南京条约》开放的五处港口寄居，英国领事可往该五处城邑。"城邑"一词始出《国语·楚语上》"且夫制城邑若体性焉"，系指城市而言。刘韵珂在留中密片也说："查核原议和约，载有领事住居城邑之语，所云城邑二字，原指城内而言。"可见，领事住城内对中英双方来说是没有歧义的。

---

① 郦永庆：《神光寺公案辨析》，《历史研究》1992 年第 6 期；郑大华：《从徐继畬看中国近代史上的爱国与卖国》，《晋阳学刊》2009 年第 2 期；史革新：《浅谈徐继畬与福州神光寺事件》，《晋阳学刊》2009 年第 2 期；贾小叶：《理势之辨、战和之争与中国近代史上的爱国、卖国——以徐继畬为中心的考察》，《晋阳学刊》2009 年第 2 期；章鸣九：《〈瀛寰志略〉与〈海国图志〉比较研究》，《近代史研究》1992 年第 1 期；〔日〕大谷敏夫著，胡修之摘译《〈海国图志〉与〈瀛寰志略〉——中国近代的始刊启蒙地理书》，《求索》1985 年第 5 期；袁伟时：《帝国落日：晚清大变局》，江西人民出版社，2003，第 103—114 页。

② 徐继畬：《奏密陈阻办英人租赁福州城内房屋及禁开台湾煤炭情形片》（道光三十年六月十九日），白清才、刘贯文编《徐继畬集》第 3 册，山西高校联合出版社，1995，第 689 页。

③ 王铁崖编《中外旧约章汇编》第 1 册，三联书店，1957，第 35 页。

虽有条约规定，但实际执行起来，中方还是顾虑重重，尤其对视为"根本之地"的福州，必欲采取种种手段实现华夷隔离。道光二十四年（1844），英国驻福州领事李太郭要求福建官方履行条约允许自己进城居住。闽浙总督刘韵珂认为"省垣重地，与城外之郡县不同"，且李太郭所要求之白马寺处于城内居民稠密之区，更"未便使该夷错处其间"。既要婉拒，又不能惹出外交事端，刘韵珂便采取了双管齐下的策略。他一方面玩起了文字游戏，以"和约内城邑二字，系兼指城内城外，该夷（指李太郭——引者注）前来通商，自应在城外居住"为由，派时任福建布政使的徐继畬出城向李太郭晓谕，试图以此让李太郭放弃入城居住；另一方面考虑到"惟官为禁阻，该夷必以有违条约为借口"，采取发动士绅阻止的办法，希图"再以众心不服，众怒难犯等情危词耸动，或可使之畏葸中止"。但不料"联名递呈者虽有二百余人，迨李太郭进城之日，绅耆士民竟无一人出城阻止。闽县差役家丁上前劝阻，几致决裂"。① 在多种方法不能奏效的情况下，刘韵珂不得已允许李太郭进入福州城内租住。

虽未能阻止领事进城，但刘韵珂、徐继畬还是想出了一项约束措施：重申《南京条约》及《五口通商附粘善后条款》之对英国民人居住地的有关规定，"嗣后惟领事夷官准租城内房屋，其余夷商俱遵条约，住城外港口，并令将赁屋租约送地方官用印，不准私租"。② 双方这一规定再次强调了准租城内的只能是"夷官"，"夷商"仍只能住城外。那么，神光寺所住英人并非商人，而是传教士和医生，他们该住哪里呢？徐继畬认为，"讲经夷人应住何处，约内虽未载明，惟既非夷官，即与夷商无异"。③ 也就是说，徐继畬认为上述英人租住神光寺是不符合规定的，兴廉用印是"与成约不符"的错误办理。

神光寺事件发生时，刘韵珂已"于四月初间出赴上下游阅兵"，未在省内，实际处理工作由巡抚徐继畬来做。徐氏得知英人租住神光寺，即对兴廉"严行申饬"，令其向金执尔言明错误，设法劝告搬离。兴廉一奉申斥，自知错误，当即致函金执尔，催促搬离。金执尔索要照会，兴廉即引据原

---

① 徐继畬：《奏密陈阻办英人租赁福州城内房屋及禁开台湾煤炭情形片》（道光三十年六月十九日），白清才、刘贯文编《徐继畬集》第 3 册，第 668—669 页。
② 徐继畬：《奏密陈阻办英人租赁福州城内房屋及禁开台湾煤炭情形片》（道光三十年六月十九日），白清才、刘贯文编《徐继畬集》第 3 册，第 669 页。
③ 徐继畬：《奏密陈阻办英人租赁福州城内房屋及禁开台湾煤炭情形片》（道光三十年六月十九日），白清才、刘贯文编《徐继畬集》第 3 册，第 669 页。

议条约，照会金执尔，令其在城外另行租赁，赶紧搬走。徐继畬也两次札令金执尔"转饬二夷，必须迅速搬移，方可无事"。① 但金执尔坚称英人是否搬迁须待香港总督文翰批复后方可办理。徐继畬认为既然有约可据，"当以夷人之准居住城内，确有原约可凭，现在金执尔既坚欲等候夷酋哎咹回文，似不妨暂行从缓，且俟哎咹复到，再行图维"。②

交涉期间，适逢林则徐交卸云贵总督任，于三月初三日返归福州养病，"及归里，倡议驱西商出城，责公（指徐继畬——引者注）畏葸"，③ 领衔串联一些士绅公呈徐继畬要求驱逐英人。数日后，又联名发出《福州士民致英国领事公启》，交侯官县转致金执尔，令英人作速搬出城外，"速行退租，以期相安无事"。④ 接到公启，金执尔前往侯官县署交还兴廉，坚持等候文翰批回再定。此时有书院肄业生童，认为神光寺本是生童会课之所，难容夷人租住，相约同去寺内与之讲理，并在城内遍贴告白；福建士民也贴出公白数十纸，语意与生童所贴告白大致相同。接着福州街头出现了某日割取夷人首级的字条，事态似乎进一步升级。

见到公白和字条，金执尔两次到徐继畬处投递申陈，求为保护；并以此事已禀报香港总督为由，乞候批回办理。此时的徐继畬在金执尔和林则徐为首的士绅之间踩起了钢丝。他一面对金执尔故示优容，告知"以讲经夷人现尚未得住处，岂忍逼令迁移，致使露处。但省中绅民既不甘愿，必难日久相安，只好在神光寺内暂行借住，不准租赁。一俟城外觅有妥善房屋，即行退还"；⑤ 一面向士绅"自五月下浣，蒙发台函，以夷人租城内神光寺讲经一节，从容设法，总可驱除，须略宽时日，予以转身之地。谆嘱则徐，密致众绅"，⑥ 希图"英人心愿情服，自行搬迁，方为正办，断不宜操之过急，致令别生枝节"，并"饬该管府县，密谕生童，各体此意，勿再

---

① 徐继畬：《奏覆英人租住神光寺屋原奏不实及筹办侦探谣言等情摺》（道光三十年八月二十二日），白清才、刘贯文编《徐继畬集》第 3 册，第 724 页。
② 徐继畬：《奏密陈阻办英人租赁福州城内房屋及禁开台湾煤炭情形片》（道光三十年六月十九日），白清才、刘贯文编《徐继畬集》第 3 册，第 690 页。
③ 杨笃：《松龛先生传——太仆寺卿前福建巡抚徐公家传》，白清才、刘贯文编《徐继畬集》第 1 册，第 981 页。
④ 《福州士民致英国领事官公启》（道光三十年七月二十八日），白清才、刘贯文编《徐继畬集》第 3 册，第 944 页。
⑤ 徐继畬：《奏密陈阻办英人租赁福州城内房屋及禁开台湾煤炭情形片》（道光三十年六月十九日），白清才、刘贯文编《徐继畬集》第 3 册，第 690 页。
⑥ 《福州绅士公致巡抚徐继畬信函》，白清才、刘贯文编《徐继畬集》第 3 册，第 947 页。

肇衅"。这种两面手法一时使"该夷疑团已释,该绅士等亦无异词",诸生童也"默喻止息"。①

六月,刘韵珂结束阅伍,从泉州返省,支持徐继畬据约、缓逐的做法。林则徐等士绅看到神光寺英人不但未搬出,而且"延今半月,夷人愈进愈多",②便向刘韵珂提出调兵演炮募勇的建议。刘韵珂不以为然,认为调兵演炮、招募乡勇只会引起战争,后患无穷。并亲自出马"面晤众绅士",以英人租住神光寺,系属违背成约,必不可长,自应令其移居南台港口,但须缓图,以防急则生变;现值英人"上海投文、天津走诉"之际,不可使之引为借口,总宜从容设法,令彼自退。刘韵珂这一态度让"诸绅大哗"。③

七月,福州府、闽县、侯官县三学生员向刘韵珂递《速逐神光寺传教英人致闽督公禀》,请"速驱神光寺之夷人,以期省城安静"。刘韵珂将众情不平缘由札饬鹿泽长照会新换代办领事星察里,催令搬移,但星察里仍意在拖延。不久,英国驻福州领事阙那接到文翰批复,照会福建官方"原定条约外国民人亦准住城邑,讲经人未便搬移"。④这是英国官方对神光寺事件的正式态度。刘韵珂、徐继畬推测是"因粤东不准进城,心不甘服,现赴上海投文控诉。遂将原定条约中夷商准住港口之文翻赖为准住城邑"。考虑到由福建官方咨会两广总督徐广缙照会文翰"未免转增饶舌",于是刘韵珂径行照会文翰,以"原定条约分明,中外咸知,不应翻异。且阖城士民积愤不平,即暂时暗中弹压,终难保不有变故"为由,向英方提出原租寺屋"以六个月为满,应届租满之时,即自行搬出,泯于无迹"的解决办法,⑤照会交星察里寄投文翰。

在争取外交途径解决问题的同时,刘韵珂、徐继畬加大了对租屋英人的软压力。他们一方面以"士民公议"为词,为英人制造种种困难,挤压其生存空间。如密饬鹿泽长授意闽、侯两县及委员郭学典等,不准为英人修缮已经敝坏不堪的房屋,"如有敢与夷人修理寺屋者,即捆送重惩,并将

---

① 徐继畬:《奏密陈阻办英人租赁福州城内房屋及禁开台湾煤炭情形片》(道光三十年六月十九日),白清才、刘贯文编《徐继畬集》第3册,第690页。
② 《福州绅士公致巡抚徐继畬信函》,白清才、刘贯文编《徐继畬集》第3册,第947页。
③ 金安清:《林文忠公传》,《续碑传集》卷二十四。
④ 徐继畬:《奏覆英人租住神光寺屋原奏不实及筹办侦探谣言等情摺》(道光三十年八月二十二日),白清才、刘贯文编《徐继畬集》第3册,第724页。
⑤ 徐继畬:《奏覆英人租住神光寺屋原奏不实及筹办侦探谣言等情摺》(道光三十年八月二十二日),白清才、刘贯文编《徐继畬集》第3册,第724页。

其住房拆毁,向泥作木匠人等遍为晓谕";利用七月英国医生曾医死两人的消息,"即密遣亲信,广为传播,数日内绝无就医之人",更以士民公议为词,"不准赴该寺听经就医";①"除南台港口房屋准照条约租与夷人居住外,其城内及东西北各关外所有寺庙士民公议一概不准租与夷人居住,均令住持僧具结存案";同时将投递公禀的生童传至署中,"复以前情密为指授,嘱其分投禁阻"。另一方面据公禀檄饬鹿泽长"照会夷目星察里,并以众怒难犯各情面向该夷目明白开导"。②

时至九月间,福州连日阴雨,神光寺房屋渗漏不堪,遍寻瓦匠,无人敢往。星察里多次恳求兴廉代觅修屋匠,兴廉答以百姓不愿,断难相强,且神光寺无人收租,白住房屋,亦失体面,不如搬离。在福建官方的暗中刁难和软压力下,星察里无可奈何,"始称租屋本是小事,既系士民不愿,官府为难,若不搬移,恐伤和好。惟城外一时难得住处,应先搬至伊国翻译官所租赁之道山观暂住,即将神光寺交还,以免口舌"。③于是两英人先移住西门外西禅寺,后因离船遥远,"于十一月二十八、十二月二十等日先后搬至夷目旧租之道山观暂住,将神光寺房屋交还,租约涂销"。④这样,借住于神光寺的英人被"挤"出神光寺。

就神光寺事件交涉全过程来看,刘韵珂、徐继畬的态度是必须驱逐,手法是一面安抚士绅和生童,一面利用民意施加压力逼使英人自愿搬迁。该手法确实收到了一定效果。但在林则徐的活动下,该事件在朝廷闽籍官员中引发了一场轩然大波,最终导致高层人事变动。道光三十年七月十八日,翰林院侍读学士孙铭恩上《奏陈地方官办理神光寺事件轻率请谕督抚妥为安置折》弹劾"地方官意存迁就";二十八日,林则徐的本家、工科掌印给事中林扬祖上《奏陈英人租住神光寺闽省官绅意见不合请饬妥办折》,指责"官绅意见不合";八月初一日,掌湖广道监察御史何冠英上《奏参徐继畬办理神光寺畏葸无方折》,指责"夷人恃强拘衅,大吏抚驭无方"。用

---

① 徐继畬:《奏报福厦两口安静情形及办理英人租屋之事片》(道光三十年七月初一日),白清才、刘贯文编《徐继畬集》第 3 册,第 700 页。
② 徐继畬:《奏覆英人租住神光寺屋原奏不实及筹办侦探谣言等情摺》(道光三十年八月二十二日),白清才、刘贯文编《徐继畬集》第 3 册,第 724—725 页。
③ 徐继畬:《奏覆办理英人租住福州神光寺及企图採购台湾煤炭等情片》(道光三十年十一月二十日),白清才、刘贯文编《徐继畬集》第 3 册,第 818 页。
④ 徐继畬:《奏覆办理神光寺交涉错误自请议处及省城现住洋人情形片》(咸丰元年正月十二日),白清才、刘贯文编《徐继畬集》第 3 册,第 862 页。

徐继畬自己的话来说就是"弹章迭上，万矢环攻"。这引起了刚刚践位的咸丰帝的极大关注，自道光三十年七月十八日至咸丰元年（1851）二月二十二日短短八个月的时间里连续发布十五道上谕，要求彻查神光寺事件。因此，该事件并未因英人自动交还房屋而随之结束。虽钦差大臣裕泰证实徐继畬的办理"实无措置失宜及迁延消弭之处"，但咸丰帝最终还是以"于地方应办事件未能实力整顿"为由，① 将刘韵珂和徐继畬先后解职，且其长时期背上了"投降派"的帽子。那么，徐、林之间究竟有什么不可调和的观点分歧呢？

二 徐、林二人对神光寺事件的不同认识

神光寺事件交涉期间林、徐二人有多次书信往来。就这些书信看，二人分歧焦点大致有三。

第一，英人在福州的情形及有无军事动向。

林则徐无论在家书还是在致僚友信函中都对福州安全表示了深深忧虑。首先，他认为自英国领事进城以来夷人越进越多了。先是五月"英夷于积翠寺外又强租神光寺，传教讲经"，② 接着八月"犬羊在神光寺者不肯去而又添占西禅寺"，③ 且"连日夷人又往各寺观，常穿踩看，随处议租。又闻闽县前一带民房亦有人欲来占住，口称系为英吉利等国办事，要将房屋做衙门"。④ 不光夷人连连得手，就连其爪牙都日形肆无忌惮，"其所带他省汉奸又强租闽县前民房（孟宅对门）。载妓其中，时留夷人住宿"。⑤ "南台民屋被伊强典强租者，更不知凡几。"⑥ 早在离滇返乡前，林则徐已预感自己

---

① 《军机处上谕档》，白清才、刘贯文编《徐继畬集》第3册，第982页。
② 林则徐：《致刘齐衔》（道光三十年七月初二日），林则徐全集编辑委员会编《林则徐全集》第8册，海峡文艺出版社，2002，第447页。
③ 林则徐：《致刘齐衔》（道光三十年八月初十日），林则徐全集编辑委员会编《林则徐全集》第8册，第448页。
④ 《福州绅士公致巡抚徐继畬信函》（道光三十年七月二十八日），白清才、刘贯文编《徐继畬集》第3册，第947页。
⑤ 林则徐：《致刘齐衔》（道光三十年七月初二日），林则徐全集编辑委员会编《林则徐全集》第8册，第447页。
⑥ 林则徐：《致刘齐衔》（道光三十年八月初十日），林则徐全集编辑委员会编《林则徐全集》第8册，第448页。

不能见容于当地,"福州既有他族偪处,弟若与之同壤,尤恐招惹事端"。①此际面对"夷人愈进愈多"的无奈现实,不由发出"家乡江河日下"的悲愤之叹。②

在《回复福州绅士信函》中,徐继畬对福州夷情做了耐心解释。针对"夷人越进越多"的疑虑,徐氏指出,租住神光寺的两英人"早经搬入","后来续到者,乃系英夷翻译官星察理,随后又来一个副领事官咪吐坚拿,带有一妻一媪","又星察理从广东来,请有办笔墨一人,系江西人,携有妻室","此外,实无夷人又租城内房屋之事"。③咸丰元年正月十二日徐继畬再次对居住福州的夷人做了一个全面统计,英人在城内乌石山居住者,"夷目二人、夷妇一人,附住教士二人";在城外南台居住者,有英国商人"共计男妇八人",花旗教士九人,瑞国教士一人,"共计十人"。④继任闽浙总督裕泰对此予以证实:福州城内"只有星察理等三人在山上居住";在城外南台居住者,有英商三人,花旗国夷人七人带同夷妇六人、夷女孩三人,"其余省城内外并未另有夷人,乌石山下亦无夷人居住"。⑤

对于英人对福州有无军事动向,林则徐根据英人"每日辎重入城,络绎不绝,有八人共抬一长箱者,有十六人共抬一大箱者,市中人人目击,明指为炮位军械"的情况报告,得出英人既运兵械入城,则"势必往香港请数只兵船前来福州海口,以张强梁之凶焰而吓积怯之恒情"的结论。更可虑的是,"夷船之由北洋护送商船者(旁注:"木客等皆以数千圆央其护送")皆进内港,连艘泊大桥边……试问每船或二、三十炮,或十余炮,设或临时有变,措手不及,为之奈何?"⑥夷人入城本已深为所恶,对其军事图谋的怀疑无疑加剧了林则徐"事关省会安危"的深重忧虑,⑦其渲染直接

---

① 杨国桢:《林则徐书简》(增订本),福建人民出版社,1985,第272页。
② 林则徐:《致苏廷玉》(道光三十年三月),林则徐全集编辑委员会编《林则徐全集》第8册,第442页。
③ 徐继畬:《回复福州绅士信函》(道光三十年七月二十八日),白清才、刘贯文编《徐继畬集》第3册,第948—949页。
④ 徐继畬:《奏覆办理神光寺交涉错误自请议处及省城现住洋人情形片》(咸丰元年正月十二日),白清才、刘贯文编《徐继畬集》第3册,第862页。
⑤ 裕泰:《奏覆查明英人前租道山观房屋已转卖关锁等情片》(咸丰元年四月十六日),白清才、刘贯文编《徐继畬集》第3册,第969页。
⑥ 《林则徐致长女婿刘齐衔家书》(道光三十年八月初十日),转引自王铁藩《林则徐两封未曾发表的书信——教子与驱夷》,《福建学刊》1992年第3期。
⑦ 《福州绅士公致巡抚徐继畬信函》(道光三十年七月二十八日),白清才、刘贯文编《徐继畬集》第3册,第947页。

导致朝内一些闽籍高级官员"省会濒危"的情绪弥漫。①

对于进城夷人的"大小箱笼"是否内装军械，徐继畬予以否认，"所有陆续搬入者，皆系此两人（指神光寺所住两英人——引者注）行李"，对于坊间传闻的"极重之大箱"，南台委员亦曾查问，而"该夷开箱令看，皆系玻璃器物及日用铜锡器皿"。②徐继畬进一步解释，"前此夷官阿利国行李更多，不足为异"，且积翠寺所住英人，现只三男两女，讲经人只二人，"携械炮意欲何为？此不足致疑也"。③

对于林则徐提到的夷人火轮船护送商船并停泊内港可能危及省会问题，咸丰帝颇为关注。徐继畬在回奏中首先澄清，此项夷船"并无火轮"，而是西洋俗称的夹板船，"每船配夷人五六名、广东水手十余人，安设夷炮数门，护送商船，往来各省港口，业已数年"。④继徐继畬之后，咸丰帝又先后谕令刘韵珂、两广总督徐广缙及新任闽浙总督裕泰分别查实，结论均与徐氏一致。就连对徐继畬办理夷务颇有微词的林则徐好友、两广总督兼通商大臣徐广缙不仅肯定"实非火轮船护送"，且针对林则徐所言夷船停泊内港问题特意指出，"二十九年（指道光二十九年——引者注）以前，常有火轮船一二只驶入五虎口及省港往来不定，至三十年则并无来省者也"。⑤这说明，林则徐对福州夷情的判断有一定失误之处。对此失误，徐继畬分析与谣言有关，"闽民性情浮嚣，喜造谣言"。⑥从前李太郭遵约入城居住之时民间即有带炮入城之谣，后经官方查明晓示，谣言方息，且"近年久无造谣之事"。为什么神光寺事件以来重新谣言四起呢？"访察其故，因绅士等以夷人既强租房屋，必以兵船数只前来福州恐喝，议欲捐资雇募水勇数百名，在海口防堵，约以有事，方给口粮。该水勇等不能速得钱文，故任意

---

① 何冠英：《奏参徐继畬办理神光寺畏葸无方摺》（道光三十年八月初一日），白清才、刘贯文编《徐继畬集》第 3 册，第 951 页。
② 徐继畬：《回复福州绅士信函》（道光三十年七月二十八日），白清才、刘贯文编《徐继畬集》第 3 册，第 948—949 页。
③ 徐继畬：《回复福州绅士信函》（道光三十年七月二十八日），白清才、刘贯文编《徐继畬集》第 3 册，第 948—949 页。
④ 徐继畬：《奏覆遵查谕旨垂询英人不肯搬出神光寺租屋等事缘由片》（道光三十年十一月二十二日），白清才、刘贯文编《徐继畬集》第 3 册，第 820 页。
⑤ 徐广缙：《奏覆查明外国人在闽实情及督抚徇纵将就等情摺》（咸丰元年二月初八日），白清才、刘贯文编《徐继畬集》第 3 册，第 963 页。
⑥ 徐继畬：《奏覆英人租住神光寺屋原奏不实及筹办侦探谣言等情摺》（道光三十年八月二十二日），白清才、刘贯文编《徐继畬集》第 3 册，第 725 页。

造谣，以耸绅士之听。"①

第二，对神光寺所住英人是"硬行驱逐"还是据约缓逐。

林则徐认为福州民心可用，主张效法广州，对英人硬行驱逐。林则徐对福建官方面对夷人纷纷进福州却"漠不动心"，反而"助夷压民"的态度非常不满，斥之为"不知是何世界！"② 而对粤人拒英入城的行为则颇为赞赏，认为其成功在于"彼间民人义愤同心，竟以公启止之，始不至卧榻之侧任人鼾睡"，据此推论"粤民可用"。③ 反观夷人在福州同样遭遇"乡间公同阻拦"而对福州民气抱有信心，④ 相信"岂本城内数十万家之人，不能为广东人之所为乎！不激之则依旧相安，激之则众怒难犯"，进而断言"今之所恃，惟此一端"，⑤ 主张激发民气，效法广州，硬行驱逐。

徐继畬提出了不宜硬行驱逐的理由，一是对福州民气并不乐观。徐继畬首先列举了六年前福建官方企图利用民气"阻止进城及禁绝交易两事"最终失败的往事，接着对神光寺事件中绅士、居民和生童三类人的态度进行了类别分析：就城内居民而言，"咸谓乐业数年，又欲闹事，使彼遭殃之言"，因而互相含怨，"不与其事"；就书院生童而言，"亦不过闻声应和"；就绅士而言，其"倡议者，亦不过两三人"，且"所见亦各不同，彼此渐行龃龉"。⑥ 时隔三个多月后，民气益加低落，"现在夷人租屋之事，百姓绝不闻问，绅士亦互相龃龉。即倡议之数绅，近日亦少传说。募勇之举，闻亦无成"。⑦ 由此，徐继畬发出"福州民气孱弱，重利轻义，心志不齐，与粤民迥殊"的感慨。二是如何认识广州经验。徐继畬认为广州拒夷成功在于"停市"，而非民气。他分析说，广州乃"西洋各国公市，为外夷数百年来

---

① 徐继畬：《奏覆英人租住神光寺屋原奏不实及筹办侦探谣言等情摺》（道光三十年八月二十二日），白清才、刘贯文编《徐继畬集》第3册，第725页。
② 林则徐：《致刘齐衔》（道光三十年八月初十日），林则徐全集编辑委员会编《林则徐全集》第8册，第448页。
③ 林则徐：《致徐青照》（道光三十年八月初十日），林则徐全集编辑委员会编《林则徐全集》第8册，第219页。
④ 林则徐：《致刘齐衔》（道光三十年八月初十日），林则徐全集编辑委员会编《林则徐全集》第8册，第448页。
⑤ 《福州绅士公致巡抚徐继畬信函》（道光三十年七月二十八日），白清才、刘贯文编《徐继畬集》第3册，第947页。
⑥ 徐继畬：《奏覆英人租住神光寺屋原奏不实及筹办侦探谣言等情摺》（道光三十年八月二十二日），白清才、刘贯文编《徐继畬集》第3册，第725页。
⑦ 徐继畬：《奏覆遵旨妥办英人租住福州神光寺一案缘由片》（道光三十年八月二十二日），白清才、刘贯文编《徐继畬集》第3册，第725页。

生财之地",英人总不敢尽力摧残之原因在于彼"不肯自坏其利薮,且牵制于各国之洋商也"。因此,广州遏夷成功与其说是绅民齐心,毋宁说"实得力于洋行之停市"。相较之下,福州并不具备这一优势,而是"市舶寥寥,彼(指英国——引者注)皆不甚爱惜"。"既不能以停市制其死命,而乃欲鼓涣散之民气,憝狡狯之夷情"在徐继畬看来是不可能的,①则欲"效法粤省,似亦疏于计矣"。②基于如上认识,徐继畬主张据约缓逐。

第三,是演炮练兵募勇还是暗中筹划。

林则徐认为英人既欲强租,则将六月间星察理声称飞报香港公使的照会看成"请兵","势必往香港请数只兵船前来福州海口"。在此形势下,他认为"若不早赐良筹,预为准备,一旦猝然事至,又必相率惊逃,恐太不成事体",因此,需要积极演炮练兵募勇以防不测,且表示"如需绅民守助相资,以成犄角之势,亦必恭候切谕,自当迅速遵行"。③在"函商疆吏"的同时,林则徐亲自布划福州防务,与苏廷玉等在籍士绅书信往来筹划具体方策,"尊见极谓口门可恃,弟意正同,近日密察彼处民情与其力量,洵能不负此险。又水部、东门一带劲气相联,迩日亦甚著效"。④七月初二日又"亲往履勘"福州海口,⑤"数乘扁舟至虎门、闽安诸海口阅视形势"。⑥这些认真办理为数年后左宗棠巡视福建海口时所叹服:"公(即林则徐——引者注)所建炮台,形势扼要。"⑦

徐继畬同样认为"居安必先思危,有备乃能无患",但倾向于"筹防堵之宜而不露防堵之迹",⑧暗中进行军事戒备。不仅"火药炮位已密饬各营

---

① 徐继畬:《奏覆遵旨妥办英人租住福州神光寺一案缘由片》(道光三十年八月二十二日),白清才、刘贯文编《徐继畬集》第3册,第725页。
② 徐继畬:《奏覆遵旨妥办英人租住福州神光寺一案缘由片》(道光三十年八月二十二日),白清才、刘贯文编《徐继畬集》第3册,第726页。
③ 《福州绅士公致巡抚徐继畬信函》(道光三十年七月二十八日),白清才、刘贯文编《徐继畬集》第3册,第947页。
④ 林则徐:《致苏廷玉》(道光三十年三月),林则徐全集编辑委员会编《林则徐全集》第8册,第451页。
⑤ 林则徐:《致刘齐衔》(道光三十年八月初十日),林则徐全集编辑委员会编《林则徐全集》第8册,第447页。
⑥ 《福建通志》卷38《列传》,第24页;《闽侯县志》卷六九《列传五》下,《林则徐传》。
⑦ 左宗棠:《林文忠公政书序》,转引自来新夏《林则徐年谱新编》,南开大学出版社,1997,第689页。
⑧ 徐继畬:《奏报福厦两口安静情形及办理英人租屋之事片》(道光三十年七月初一日),白清才、刘贯文编《徐继畬集》第3册,第721页。

将检点查阅",而且"督饬委员及各口文武确探行踪,密察动静,不稍懈忽"。之所以主张暗中备战,究其原因,一是徐继畬不信任乡勇。清军之制,八旗、绿营之外,另有乡勇,战则编之入伍,乱平则散之归农。而受遣之乡勇往往未能得政府妥善安置,难免衍生一些遗留问题。徐继畬批评之基点正在于此,一在指责乡勇战斗力难期,"忆从前军兴时各省招募水陆乡勇不下十余万人,帑金之耗于口粮者不下数百万两。然卒不闻何处得一乡勇之力";二在指责其"易聚难散,沿海地方数年来盗贼之充斥半系乡勇流毒"。① 二是警觉英国动向以防落入其圈套。徐继畬自道光二十三年迄今一直主持福、厦对外事务,熟悉其因由,对英国动向洞若观火。他指出,福州一口开埠八年,并未如英人当年所期而一直"亏折甚多",早被视为鸡肋,文翰在香港即"有以福建港口换易台湾之谋"。② 但因福州是英人当年"强求而得",虽"不肯株守",但又不便"无端抛弃",为此一直在伺机寻找借口。广州受挫后,英人天津投文上海走诉正是这种"投文乘衅"的表现。此时,若公开"调兵演炮募勇,一经各夷侦知",正是予对方"以可挑之衅",英人"势必借为口实,以兵船入港滋扰",适足以"以小事而堕其奸计"。③ 因此主张"敌来则惟有与之拼命,不来则审己量力,不宜与之生端"。④ 对这种有苦说不出,徐继畬抱怨自办理夷务以来,"其艰难曲折,有止堪自喻而不能为绅士共喻者,有不堪自喻而并为绅士所不能共喻者",⑤ 据之指责绅士"以目前之小事,不顾日后之隐忧,究属失计"。⑥ 徐继畬的担忧并非完全没有道理。时隔六年,英国正是借用了一起亚罗号事件点燃了第二次鸦片战争的战火。

综上可知,徐、林二人的主张有同有异。"同"是指二人皆坚意驱逐,

---

① 徐继畬:《奏覆遵旨妥办英人租住福州神光寺一案缘由片》(道光三十年八月二十二日),白清才、刘贯文编《徐继畬集》第3册,第725页。
② 徐继畬:《奏覆遵旨妥办英人租住福州神光寺一案缘由片》(道光三十年八月二十二日),白清才、刘贯文编《徐继畬集》第3册,第725页。
③ 徐继畬:《奏覆遵旨妥办英人租住福州神光寺一案缘由片》(道光三十年八月二十二日),白清才、刘贯文编《徐继畬集》第3册,第724—725页。
④ 《徐继畬回复福州绅士信函》(道光三十年七月二十八日),白清才、刘贯文编《徐继畬集》第3册,第949页。
⑤ 徐继畬:《奏覆遵旨妥办英人租住福州神光寺一案缘由片》(道光三十年八月二十二日),白清才、刘贯文编《徐继畬集》第3册,第730页。
⑥ 徐继畬:《奏覆遵旨妥办英人租住福州神光寺一案缘由片》(道光三十年八月二十二日),白清才、刘贯文编《徐继畬集》第3册,第726页。

"异"则在于采取的方式。正如徐继畬所指出的,"臣等与绅士虽有缓急之分,然皆坚意驱逐,并无歧异不同之处","所不同者,只有调兵演炮募勇二事而不同之故"。①徐继畬没有指出的是"调兵演炮募勇二事不同"的背后是什么。林则徐主张调兵演炮募勇是做好了对英作战的心理准备;徐继畬不主张公开调兵演炮募勇则是担忧可能会引来中英冲突。这一"急"一"缓"的背后则是是否惧怕刺激英人,酿成冲突,这才是二人分歧之根本所在。这一分歧又是与其对以英国为代表的西方国家的本质及中国所处的时代趋势的认识不同直接相关的。

三 徐、林二人不同态度原因析

徐、林二人对待神光寺事件的态度差异与其对包括英国在内的西方及中国所处的时代环境的认知不同是直接相关的。这种不同认知主要体现在三方面。

第一,林则徐仍视西方为"夷",其长技在"船坚炮利";徐继畬不再视西方为"夷",认为其长技非仅在"船坚炮利"。

鸦片战争中的林则徐对包括英国在内的西方有了新观察。他真正接触夷务是在1839年3月以钦差大臣身份抵粤"查办海口事件"至1841年5月离粤这段时间。要查禁鸦片并做好对英战备,首先要"悉夷情"。因此,林则徐下车伊始便积极罗致人才,"立译馆翻夷书","凡以海洋事进者无不纳之,所得夷书,就地翻译",一年之内做到"海外图说毕集"。此期的"开眼看世界"让林则徐对英国及其他西方国家的政治、历史、地理、法制、鸦片生产、时事有了一定了解和认识,尤其震于其船炮之威,林则徐发出今日英人已"迥非西北口外,得以纵辔长驱"者可比,②"昔之犬羊,今则虎狼"的惊叹。③

但林则徐对西方的观察基本停留于"船坚炮利"层面。受战时特定气氛所限,加之时间较短,林则徐对西方的了解主要限于军事技术方面。此

---

① 徐继畬:《奏覆遵旨妥办英人租住福州神光寺一案缘由片》(道光三十年八月二十二日),白清才、刘贯文编《徐继畬集》第3册,第725页。
② 林则徐:《请严谕将英船新到烟土查明全缴片》(道光十九年七月二十四日),林则徐全集编辑委员会编《林则徐全集》第5册,第187页。
③ 杨国桢:《林则徐书简》,福建人民出版社,1981,第85、177页。

后被褫职、流放新疆、重新获用直至卸政归里这九年中，林则徐基本离开了夷务的前沿地带，没能进一步"开眼看世界"。其对外观念基本停留于鸦片战争时期的认识水平，突出表现是仍视英人为"犬羊"，比如他在奏章中指义律"犬羊之性无常"，称杀英人"将如鸡狗"，"蛮烟一扫众魔降"；1842年谪戍新疆时，致友人诗文中仍称英人为"犬羊"："余生岂惜投豺虎，群策当思制犬羊"；1850年，在致长女婿刘齐衔的家书中谈起福州城内英人租屋时仍称之"犬羊"。对这张口闭口的"犬羊""虎狼"称呼意味着什么，意大利传教士利玛窦是明白的，"中国人认为所有国家中，只有中国才值得称羡，就国家的伟大、政治制度和学术的名气而论，他们不仅把所有别的民族都看作是蛮人，而且看成是没有理性的动物"。① 如果说鸦片战争前后的林则徐对英国的认识还比较表面的话，那么，八年后神光寺事件中仍在家书场合称之为"犬羊"，便不能不说是林则徐对英人认识水平的真实流露，即英人仍是令人鄙弃的"夷"，充其量只是掌握有船坚炮利之"长技"的"夷"。仍视英人为"夷"，说明林则徐对西方本来面目尚未形成真正认识，即使被尊为近代"开眼看世界"的"第一人"，他所看到的其实也只是一个将"夷"之四至推向全球的"华夷世界"而已。

神光寺事件发生时，徐继畬已完成并公开出版了自己的《瀛寰志略》。这部"五阅寒暑"而成的世界舆地著作与同期其他"开眼看世界"的舆地著作相比，可贵之处在于其成书是与西方人直接交流所得。这些西方人的职业与学术素养不同，其中有"西土淹博之士"的雅裨理，有植物学家、英国驻厦门领事李太郭，有英国驻福州领事阿礼国及夫人和美国医生甘明等。文化无国界，思想领域的某些重大变化往往是在与异质文明的直面交流和相互探询中发生鲜明对比，予接收者以强有力之刺激而得。徐继畬的思想演变也基本体现了这一规律。

首先，徐继畬已明确意识到西方并非中华藩属，而是自有其发生缘起的一种优势文明，从而在制度与文明层次探究"夷之长技"。《瀛寰志略》详细介绍了西方各国的自然、社会情况，尤其对英美民主制度进行了热情评论，向国人展示出一副迥异于中国的西方文明图。如英人"心计精密，做事坚忍，气豪胆壮，为欧罗巴之冠"。② 因而在论及租屋事件时，徐继畬

---

① 利玛窦：《利玛窦中国札记》，中华书局，1983，第181页。
② 徐继畬：《瀛环志略》卷七，白清才、刘贯文编《徐继畬集》第1册，第230页。

发出"惟该夷作事最为坚忍,已发之端,从不肯轻易歇手"的感慨。① 西方政治制度和经济制度有别于中国,如"英国之制,相二人,一专司国内之政,一专司外国之务。……都城有公会所,内分两所,一曰爵房,一曰乡绅房。爵房者,有爵位贵人及西教师处之。乡绅房者,由庶民推择有才识学术者处之",并指出"此制欧罗巴诸国皆从同,不独英吉利也"。② 尤其是美国的民主制度"创古今未有之局",其创始人华盛顿更是"可不谓人杰矣哉!"③ 徐继畬同样认同西方"以贸易为生",④ 其独到之处在于指出了西方在经济方面的立国制度与其全球的扩张行动之间存在内在一致性:泰西人"航海贸迁,不辞险远。四海之内,遍设埔头,固因其善于操舟,亦因其国计全在于此,不得不尽心力而为之也"。⑤ 徐继畬描述了西方的文教制度,如英都伦敦"有大书院曰屋度,文儒所萃";⑥ 巴黎设有大书院、医院和繁术院,"为泰西弦颂之区也";美国也"好讲学业,处处设书院"。⑦ 在指出其制度新异的同时,徐继畬着重记述了西方先进的科学技术和发达的工商业:西方人"善于运思,长于制器。金木之工,精巧不可思议,运用水火,尤为奇妙"。⑧ 其工商业发达,"每年各项货价,约值一万万两。街市之中,任帷汗雨,昼夜往来如织"。⑨ 先进的科技和发达的工商业培育了西方富足的物质文明,如马萨诸塞州和波士顿"城市万室云连,百货癫溢";伦敦"殿阙巍峨,规模宏巨,离宫别苑,绵亘相属","街衢纵横穿贯,百货山积"。⑩

其次,徐继畬不再视西方为"夷"。徐继畬对西方社会和文明有了如上认识,因而对传统夷夏观有所修正,将包括英国在内的西方从"夷"类中排除出来。《瀛寰志略》的前身、1844年完成的《瀛寰考略》尚称呼英人为"英夷""英酋",四年后公开出版的《瀛寰志略》已基本代之为"泰西

---

① 徐继畬:《奏陈揣度近日英人于沿海行动管见摺》(道光三十年八月二十二日),白清才、刘贯文编《徐继畬集》第3册,第731页。
② 徐继畬:《瀛环志略》卷七,白清才、刘贯文编《徐继畬集》第1册,第230页。
③ 徐继畬:《瀛环志略》卷七,白清才、刘贯文编《徐继畬集》第1册,第745页。
④ 徐继畬:《奏陈揣度近日英人于沿海行动管见折》(道光三十年八月二十二日),白清才、刘贯文编《徐继畬集》第3册,第731页。
⑤ 徐继畬:《瀛环志略》卷七,白清才、刘贯文编《徐继畬集》第1册,第228—230页。
⑥ 徐继畬:《瀛环志略》卷七,白清才、刘贯文编《徐继畬集》第1册,第629页。
⑦ 徐继畬:《瀛环志略》卷九,白清才、刘贯文编《徐继畬集》第1册,第285页。
⑧ 徐继畬:《瀛环志略》卷七,白清才、刘贯文编《徐继畬集》第1册,第104页。
⑨ 徐继畬:《瀛环志略》卷七,白清才、刘贯文编《徐继畬集》第1册,第228—230页。
⑩ 徐继畬:《瀛环志略》卷七,白清才、刘贯文编《徐继畬集》第1册,第225页。

人""英官"。这未必是一种单纯的称呼改变,而是在某种程度上反映了徐继畬对英国和西方的认识变化与思想递嬗。需知十年之后,中英之间以条约形式明确规定不得呼西方为"夷","夷"字才在官方主流称呼中逐渐淡去。

第二,林则徐认为英人"非不可制",其制夷方策有二:一在固结民心,二在师夷船炮之长技。徐继畬认为中国在短时间内绝难战胜英国,提出"师法泰西文明,以图自强"的长远主张。

林则徐认为"英人非不可制",理由主要有三点。首先,对自己在鸦片战争期间的战绩充满自豪,抱有对英作战的必胜信心。对道光二十年正月二十九日烧毁英人办艇,林则徐不无得意地说:"向闻英夷讥我中国船是纸的,炮是磁的,此番轰沉夷船一只,死伤数十,又烧毁空艨一船,纸耶?磁耶?当必有辨。"① 此战"不独寒汉奸之心,亦已落顽夷之胆"。② 时隔八年,林则徐回首往事仍颇为自豪,"在粤时,五围夷鬼,三夺夷船,其两次夷船退出港外,不敢对阵"。③ 其次,林则徐的军事观点仍停留在英人只善外洋作战的认识水平上,"其船坚炮利,亦只能取胜于外洋,而不能施技于内港"。"若至岸上,更无能为,是其强非不可制也。"④ 此外,"彼从六万里外远涉经商,主客之形,众寡之势,固不待智者而决",再加上"粤省重重门户,天险可凭",⑤ 因此得出结论,"英夷由海道犯中国实难,但善守海口,则无如我何!"⑥ 再次,林则徐从贸易方面分析了英人可制的理由。英商"所带内地货物,非独本国自用,尤利于分售各国,得价倍蓰。即使不卖鸦片,专作正经贸易,而其所谓三倍之利者自在"。⑦ "故贸易者,彼国之

---

① 林则徐:《致望云庐》(道光十九年八月十九日),林则徐全集编辑委员会编《林则徐全集》第 8 册,第 178 页。
② 林则徐:《致怡良》(道光二十年正月二十九日),林则徐全集编辑委员会编《林则徐全集》第 8 册,第 190 页。
③ 林则徐:《致林昌彝》(道光三十年八月),林则徐全集编辑委员会编《林则徐全集》第 8 册,第 450 页。
④ 林则徐:《请严谕将英船新到烟土查明全缴片》(道光十九年七月二十四日),林则徐全集编辑委员会编《林则徐全集》第 5 册,第 186 页。
⑤ 林则徐:《致莲友》(道光二十七年七月下旬),林则徐全集编辑委员会编《林则徐全集》第 7 册,第 165 页。
⑥ 欧阳昱:《见闻琐录》卷四《耆英》,转引自来新夏《林则徐年谱》,上海人民出版社,1981,第 505 页。
⑦ 《林则徐奏稿》,中华书局,1985,第 640 页。

所以为命，而中国马头又彼国贸易之所以为命，有断断不敢自绝之势。"①因此，"驭夷不外操纵二端，而操纵只在贸易一事"，②只要抓住贸易这个牛鼻子，则英人"非竟不可范围者"。③

根据如上认识，林则徐提出如下制夷方策。一是固结民心。禁烟期间林则徐即提出，"非但水路官兵，军威壮盛，即号召民间丁壮，已足制其命而有余"。④在奉答道光帝谕旨时又进一步申论："臣等察看民情，所有沿海村庄，不但正士端人衔恨刺骨，即渔舟村店，亦俱恨其强梁，必能保身家，团练抵御。"⑤协办浙江海防期间又上折奏议："夷匪既据岸上，要令人人（指居民——引者注）得而诛之……不瞬息间，可使靡有孑遗。"⑥九天后再陈兵民合作驱夷之方："或将兵勇扮作乡民，或将乡民练为壮勇。……约期动手，杀之将如鸡狗，行见异种无遗。"⑦从这些言论来看，林则徐相信民众的力量足以制夷。后来徐广缙升任两广总督写信请教驱夷之策时，林则徐仍回复为"民心可用"。这与他在神光寺事件中主张依靠民心的做法是一脉相承的。二是师夷船炮之长技。林则徐对西方船炮十分服膺，相信师之可制夷。他在各种场合一再强调学制西方枪炮的极端重要性："剿夷而无船、炮，是自取败也。"⑧"精之则不患无以制敌"，"此实措置之方，实关大局……至船炮乃不可不造之件"。"此系海疆长久之计，似宜及早筹办"。⑨在流放新疆时所作《致姚春木王冬寿书》中仍坚持"第一要大炮得用，今此一物，置之不讲，真令韩岳束手"。林则徐不仅大声疾呼并建言道光帝，而且躬亲实践，在镇江便与时任浙江巡抚的刘韵珂一起仿制西洋大炮。对

---

① 林则徐：《请严谕将英船新到烟土查明全缴片》（道光十九年七月二十四日），林则徐全集编辑委员会编《林则徐全集》第4册，第186页。
② 林则徐：《责令澳门夷人驱逐英人片》（道光二十年二月初四日），林则徐全集编辑委员会编《林则徐全集》第4册，第290页。
③ 林则徐：《致莲友》（道光二十七年七月下旬），林则徐全集编辑委员会编《林则徐全集》第7册，第165页。
④ 林则徐：《谕各国夷人呈缴烟土稿》（道光十九年二月初四日），林则徐全集编辑委员会编《林则徐全集》第5册，第117页。
⑤ 林则徐：《密陈重赏定海军民诛灭英兵片》，（道光二十年七月初十日），林则徐全集编辑委员会编《林则徐全集》第3册，第439页。
⑥ 林则徐：《密陈重赏定海军民诛灭英兵片》，（道光二十年七月初十日），林则徐全集编辑委员会编《林则徐全集》第3册，第440页。
⑦ 林则徐：《密探定海情形片》（道光二十年七月十九日），林则徐全集编辑委员会编《林则徐全集》第3册，第444—445页。
⑧ 黄泽德：《林则徐信稿》，福建人民出版社，1985，第5页。
⑨ 杨国桢编《林则徐书简》（增订本），第173页。

西方船炮的推崇反映了林则徐对西方认识的进步性，但将其长技仅仅锁定在船坚炮利上，则反映了其认识局限。

徐继畬自1843年起即以藩司身份办理夷务，再加上撰写《瀛寰志略》的需要，所以至神光寺事件发生这八年时间里一直与西人有充分交流，这使徐继畬对中英之间的攻守势异的态势有清醒认知。道光三十年奏陈英国沿海行动时再从军事角度申论英国"难于制伏"的原因。一是就我方军事实力来说，英国距中国水程六七万里，"彼能来，我不能往"，因而即使"将其海上之船焚毁数只，亦未必扬风远遁，永不复来"。二是此时的徐继畬已对英国仅长于海战不长于陆战之说有所怀疑，"水陆短长之说未必可靠"。三是徐继畬列举了鸦片战争中以"三远港道之狭，金鸡、招宝口门之隘，炮火不可谓不多，兵力不可谓不厚"，然而一日半日之间尚且失势的作战经验，批评了仅以炮台为可恃便可"轻启边衅"的观点，据此得出"必谓长江有炮台可恃，夷船不能阑入，臣等窃不以为然"的结论。① 正是对敌我双方的实力有如上的理性判断，所以在神光寺事件中徐继畬反对林则徐公开调兵演炮募勇的主张。

徐继畬英国不可战胜的观点多少显得有些悲观，但他对英国实力的清醒认知及中英开战于中国不利的观点大体是明智的。其后，在镇压太平天国运动与第二次鸦片战争的炮火中成长起来的洋务活动家如曾国藩、李鸿章等，几乎无一不在事实面前承认了敌强我弱的残酷现实，转取"外须和戎，内要自强"的隐忍发奋之道，② 并为此甚至主张忍辱负重、卧薪尝胆。这与徐继畬在神光寺事件中奉行的信守和局、避免"轻启衅端"的驭夷之道是异曲同工的。

那么，"避免衅端"之后是什么呢？是以国家利益换一时苟安，还是利用一时之"安"隐忍发奋、改革图强以抵御外国侵略，这是区分是不是"投降派"的标志。在历史风云变幻之关头，能在多大程度上以敏锐的政治嗅觉嗅出历史发展的方向，也往往成为区分爱国政治家们政见水平的一把标尺。鸦片战争后的中国正处于资本主义入侵、国家独立受到严重威胁、传统的中古社会被迫转向近代化的历史转折时刻。当此之时，对林、徐两

---

① 徐继畬：《奏陈揣度近日英人于沿海行动之管见疏》（道光三十年八月二十日），白清才、刘贯文编《徐继畬集》第3册，第730—731页。
② 参见李时岳、胡滨《从闭关到开放》，人民出版社，1988，第394—399页；苑书义：《李鸿章传》，人民出版社，1991，第163—165页。

位"开眼看世界"的先进人物来说,他们不仅需要指出中国为何战败,更要指出失败后的前进方向。而要能指出这一方向,首先要能对西方、对当前的历史趋势有正确把握。

第三,对中国所面临时代环境的认识不同。林则徐仍视之为传统的华夷世界;徐继畬则指出"此古今一大变局"。

林则徐对夷人本性理解为:"盖反复靡常者夷之情,而欺弱畏强者夷之性",其人"外似桀骜,内实惟怯。"① 在新疆与友人纵论时事时犹认为:"英夷何足深虑,其志不过以鸦片及奇巧之物劫取中国钱帛已耳!"② 道光三十年六月致徐继畬书信中又说:"窃观夷人故智,总以恫吓为能。"③ 因此,在林则徐心中始终洋溢着一种"天朝四夷全宾"的天朝优越感,并慷慨作诗"大宣皇威震四裔,彼伏其罪吾乃柔"。④ 虽因受掣肘而有"此间夷务是不了之局"的慨叹,但仍自信"弟极力支撑制压,彼犬羊尚不得以逞其奸",⑤ 保持着一种"上足以崇国体,下足以慑夷情"的制夷自信,⑥ 甚至对昔日海上霸主葡萄牙都有勇气"力加保护,断不使其被人欺凌"。⑦

在英国此时锐意推行的"炮舰政策"威逼之下,仍能保持一种"彼万不敢以侵凌他国之术窥伺中华"的盲目自信,⑧ 不能不说是林则徐对中国所面临的时代趋势的一种误判。鸦片战后的中国已被西方列强推上了时代的风口浪尖,只有改革落后的封建制度,全面近代化,才能迅速积聚起抵抗西方侵略的强大物质和精神力量,致国家于富强。正如蒋廷黻所言:"鸦片战争的军事失败还不是我们民族的致命伤,失败了还不明了失败的原因,不力图改革,才是我们民族的致命伤。"林则徐看到了民众的力量,也率先

---

① 林则徐:《致莲友》(道光十九年三月十八日),林则徐全集编辑委员会编《林则徐全集》第7册,第165页。
② 欧阳昱《见闻琐录》卷四《耆英》,转引自来新夏《林则徐年谱》,第505页。
③ 《谨钞福绅士公致巡抚徐继畬信函》(道光三十年八月二十七日),白清才、刘贯文编《徐继畬集》第3册,第947页。
④ 见 Jack Beeching 的 The Chinese Opium War 一书的第三章,译文据〔英〕杰克·比钦《林钦差》,《鸦片战争及林则徐研究外文资料选译》,福建省历史学会福州分会,1982,第51页。
⑤ 林则徐:《致友人》(道光二十七年九月),林则徐全集编辑委员会编《林则徐全集》第8册,第212页。
⑥ 林则徐:《义律率船偷袭师船已予反击及葡人代为转圜情形折》(道光十九年八月十一日),林则徐全集编辑委员会编《林则徐全集》第3册,第194页。
⑦ 《林则徐集·公牍六》,第56页,转引自来新夏《林则徐年谱》,第327页。
⑧ 林则徐:《请严谕将英船新到烟土查明全缴片》(道光十九年七月二十四日),林则徐全集编辑委员会编《林则徐全集》第3册,第187页。

提出学习西方炮舰、巩固海防抵御侵略的思想主张与实际行动，但他并不倡言改革，而不改革现有制度以培育科技赖以产生的社会基础，单靠简单移植技术能否达到政策初衷，已为其后洋务运动的历史所证实。

无可怀疑，林则徐为驱逐神光寺英人，不惜调兵募勇，甚至做好了"守助相资"的准备，其动机无疑是真诚的爱国主义情感。但由于林则徐对西方本质和时代环境缺乏真正了解，对中英攻守势异的现实缺乏清醒认知，更不可能明了反帝反侵略运动与近代化哪怕是屈辱的近代化之间的辩证关系，因此他对神光寺英人硬行驱逐的做法不可避免地表现为欠乏策略性考量，用徐继畲的话说就是："忠正，惟不悉外情耳。"

与之相比，徐继畲则比较敏锐地把握了时代趋势。"夷人贪利"是当时国人包括保守人士都能认知的事实，① 徐、林二人也不例外。关键是这贸易背后深广的社会历史内容，林则徐就不如徐继畲看得那么清楚了。徐继畲不仅对英国"强以船坚炮利，智以机器轮舟，富以远商重税，更以印度所产之鸦片烟市于中国，尤握利权，此所以富天下"的原因"一一考核之，可谓深得个中奥秘"，② 更反复论证了西方"富天下"与其制度之间的内在关系。他指出，欧罗巴诸国"皆善权子母，以商贾为本计……四海之内，遍设埠头，固由其善于操舟，亦因国计全在于此，不得不尽心力而为之也"。③ 这种以"商贾为本"的经济制度驱使西方对外扩张，又因其扩张、掠夺而致其富足强大。如英吉利三岛，不过西海一卷石，"其骤至富强，纵横于万里外者，由于西得亚墨利加，东得印度诸部也"。④ 老牌殖民国家荷兰也同样是因遍设埠头，通东西七万里之海市，故"国虽小而富饶甲于西土"。⑤ 这是徐继畲探究西方强大之由来的结论，并据此推测，"一绝其贸易，即如婴儿之断乳，有不可以终日之势"。⑥ 因而徐继畲认为广州反入城斗争胜利非在"民气"而在"停市"，因而不赞同简单利用"民气"驱逐神光寺英人。

---

① 如《驭夷之术全在持平谕》（道光二十三年闰七月三十日）指出"西洋各国以通商为性命"；《办理夷务情形谕》（道光二十九年九月初八日）认为"该国最重贸易"；《谕耆英等如英夷真心求和可予香港》（道光二十二年六月初九日）也说"该逆肇衅，究不外牟利之心"。
② 《问魏氏海国图志与徐氏瀛环志略考证孰优》，何良栋辑《皇朝经世文四编》卷十。
③ 徐继畲：《瀛环志略》卷四，白清才、刘贯文编《徐继畲集》第1册，第104页。
④ 徐继畲：《瀛环志略》卷七，白清才、刘贯文编《徐继畲集》第1册，第231页。
⑤ 徐继畲：《瀛环志略》卷六，白清才、刘贯文编《徐继畲集》第1册，第186页。
⑥ 徐继畲：《奏陈揣度近日英人于沿海行动之管见疏》（道光三十年八月二十日），白清才、刘贯文编《徐继畲集》第3册，第730页。

既然西方"以商贾为本计"的立国制度必然导致其对外扩张，那么鸦片战争后的时代趋势如何，中国又路在何方呢？徐继畬同样做出了独特观察。《瀛寰志略》详细记述了资本主义流溢欧洲、扩张世界的详细过程，西方诸国"好寻新地，帆樯周于四海"。① 前明中叶，英国"西得亚墨利加，东得印度诸部"；吕宋群岛"为西班牙所据，而苏门答腊以东大小数十岛，处处有荷兰埔头"。此后，诸国"内向，而聚于粤东。……至今日而往来七万里，遂如一苇之杭"。② 面对资本主义在全球的这种全面扩张，徐继畬发出"昔日求疏通不可得，今日求隔绝而不能"的感慨，从而朦胧意识到世界正在走向一体化的历史趋势："天下之气，忽而旁推交通，混为一体，岂运会使然耶！"

既然西方扩张下的世界已走向一体化，则它在东南亚建立埔头的意义便不同于以往的征战杀伐，而是中国"古今一大变局"之始。③ 这是当时国人对中国所面临的时代环境较为前卫的认知，后在洋务运动时期发展为主流时局观。明中叶以来，西方向印度和中国东南屏障的藩属国逐步渗透，"五印度诸部，夷灭者十之八九"，④ "昔之南洋为倄离之窟宅，今之南洋乃欧罗之逆旅"。⑤屏障既失，则市场前景广阔、资源丰富的中国便不可避免地成为列强的下一个目标，徐继畬因之推测，"中土之多事，亦遂萌芽于此"，"天下从此多事矣"。⑥ 十余年后，列强侵逼，造成中国边疆的普遍危机不幸成为这一预言的佐证。

正是忧虑于"天下从此多事"之前景，徐继畬在处理中西关系包括神光寺事件中始终坚持"谨守和局，防开边衅"的原则。但徐继畬追求的和局并不是求一时之苟安，而是力图振作。那么，该取何途振作呢？《瀛寰志略》以微言大义的笔法隐晦提出师法西方、变法更图的自强之路，在超山书院致闽省友人信中更明确提出"对外与外洋各国均善邦交，对内取法泰西文明，并采用其长技，以图自强也"的长远主张。⑦ 对于徐继畬对泰西文明的认识，清末翰林成连增在为徐继畬同里后学渠经甫所撰墓表中指出：

---

① 徐继畬：《瀛环志略》卷四，白清才、刘贯文编《徐继畬集》第 1 册，第 258 页。
② 徐继畬：《瀛寰志略》，田一平点校《近代文献丛刊》，上海书店出版社，2001，第 113 页。
③ 徐继畬：《瀛环志略·凡例》，白清才、刘贯文编《徐继畬集》第 1 册，第 2 页。
④ 徐继畬：《瀛环志略》卷三，白清才、刘贯文编《徐继畬集》第 1 册，第 61 页。
⑤ 徐继畬：《瀛寰志略》，田一平点校《近代文献丛刊》，第 52 页。
⑥ 徐继畬：《瀛寰志略》，田一平点校《近代文献丛刊》，第 52 页。
⑦ 方闻：《清徐松龛先生继畬年谱》，台北，台湾商务印书馆，1981，第 328 页。

"《瀛环志略》，规划大地，实开今日五洲交通之局，非寻常讲学家所可同日而语也。""自废科举，立学堂，士咸号为开通，往往鄙夷先哲。孰知泰西文明，数十年前乡先正已肄业及之哉？"①

综上可以看出，林则徐以传统夷夏观看待西方，对英国盲目自信是他在神光寺事件中不惧刺激英人、敢于硬行驱逐的心理基础；而对中英之间攻守势异的清醒认知、对中国所处的时代环境的理性把握则成为徐继畬在神光寺事件中主张隐忍、据约缓逐的前提。

结　论

鸦片战争后中国近代化已是不可回避的历史趋势。马克思说，西方的侵略扩张执行着"双重的使命，一是破坏性的革命，即消灭旧的亚洲式社会，二是在亚洲为西方式的社会奠定物质基础"。作为一种外源式的近代化模式，其以西方侵略为开端，在亚洲多数国家几乎是一致的，但过程中始终伴随血与火却不是必然的。日本在美国黑船叩关之后，迅速辨清时代趋势，快步近代化就是一例。中国的近代化在英国炮火中启动，其整个过程始终伴随西方的血与火却是与中国人观念难以近代化直接相关的，其中心便是统治阶级不能很快形成对西方乃至时代趋势的正确认识。要近代化，首先要有观念近代化的人，对西方和时代趋势的认识在一定程度上成了近代之初国人观念近代化程度的基本标准。神光寺事件作为徐、林二人在各自对外观念指导下的一次洋务实践，其分歧本质上是爱国者的不同政见，无意中却成了区分两个"开眼看世界"者观念近代化程度的标杆。

（作者单位：河南大学历史文化学院）

---

① 《敕授文林郎经甫徐公墓表》，见《五台渠氏宗谱》民国年间抄本。

·书 评·

胡适早期生命史的解构与重构[*]

——评江勇振著《舍我其谁：胡适（第一部 璞玉成璧，1891—1917）》

张少鹏

台湾学者蔡登山在其所著《何处寻你：胡适的恋人及友人》的题记中说："胡适曾经是引领风骚的一代人物，却在晚年被涂上不同的色彩，而变得容貌模糊了。"同是台湾学者的黄克武对此感同身受，故向海峡两岸学界呼吁"还原一个真实的胡适"，也就是"希望研究者能够拨开云雾，回到历史现场，呈现一个有血有肉、有理智有情欲、有长处有缺点的胡适"。并在为蔡书作序时强调，要"还原一个真实的胡适"，胡适研究者至少要突破四种迷雾：第一，"胡适本身所布下的迷雾"；第二，"政治的迷雾"；第三，"公私和性别的迷雾"；第四，"文化的迷雾"。[①] 应该说，黄克武所说点出了胡适研究的困境和出路。21世纪以来，随着《胡适全集》及胡适周边资料的相继出版，胡适研究的新作及修订版不断推出，量的积累蔚为壮观。但由于"四种迷雾"的影响，胡适的形象却始终模糊。尤其是胡适早期生命史一段，其书写多依据胡适自我建构色彩较浓的《四十自述》、《胡适口述自传》及《胡适留学日记》等史料，"迷雾"更重。有鉴于此，旅美学者江勇振迎难而上，汇聚新史料，运用新理念与新方法，撰成《舍我其谁：胡适（第一部 璞玉成璧，1891—1917）》[②] 一书。该书既有对胡适在《四

---

[*] 本研究获中南财经政法大学基本科研业务费青年教师资助项目资助，项目名称："胡适《中国哲学史大纲》的形成及学界对其批判研究"，项目号：31541011805。
[①] 黄克武：《还原一个真实的胡适（序二）》，蔡登山：《何处寻你：胡适的恋人及友人》，吉林出版集团有限责任公司，2011。
[②] 江勇振：《舍我其谁：胡适（第一部 璞玉成璧，1891—1917）》，新星出版社，2011。按：后文引用该书内容，在正文中用页码标出，不另外作注。

十自述》、《胡适口述自传》及《胡适留学日记》中所建构的早期生命史之解构，也有对胡适研究者所建构的胡适早期生命史之解构，更有对胡适早期生命史的重构，不仅"还原一个真实的胡适"，而且富于方法论启示，值得表出，以飨胡适研究的后学新进。

一

长期以来，对于胡适早期生命史的建构，研究者主要依据胡适所撰的《四十自述》、《胡适口述自传》及《胡适留学日记》三种史料。从解构的立场来看，依靠这三种史料，研究者很难如实建构出胡适的早期生命史。个中原因正如黄克武所说，主要如下。其一，这三种史料中有"胡适本身所布下的迷雾"。在黄克武看来，"胡适是一个非常精心刻画自己形象的人，他在后世的形象在很大程度是由他自己一手导演、捏造、刻画出来的"。其中，《四十自述》和《胡适口述自传》"奠定了他启蒙者的形象"，《留学日记》也有"精心刻画"自己形象的痕迹。① 其二，"政治迷雾"、"公私和性别的迷雾"及"文化迷雾"会遮蔽研究者的眼睛，使他们无法轻易建构出胡适的早期生命史。既然如此，那么胡适的早期生命史是不是就不能如实重构呢？答案当然是否定的。只不过，重构胡适早期生命史是对研究者的勇气与智慧之极大挑战。第一步，拨开黄克武所说胡适研究的"四种迷雾"，实现对胡适早期生命史的解构。也就是江勇振所说的，推翻、打倒"所有的误解、传说、人云亦云、胡云亦云"（"前言"，第13页）；第二步，实现对胡适早期生命史的重构。黄克武告诉我们，针对日记，胡适"往往怀有一种想跟后代读者斗智的心态，例如有些关键、精彩的部分，他并不完全将之抹杀或掩盖，而是利用缩写、简称或隐语来表达"。② 也就是说，胡适在日记中实际上留下了"蛛丝马迹"，让研究者"按图索骥"，为自己立传。故我们只要循着胡适在日记中所留下的"蛛丝马迹"，再妥善利用《四十自述》和《胡适口述自传》，一定能够做到江勇振所说"重新分析、重新诠释并重新编织出一幅不为胡适预设的图案所羁，而且比它更全面、

---

① 黄克武：《还原一个真实的胡适（序二）》，蔡登山：《何处寻你：胡适的恋人及友人》，第6页。
② 黄克武：《还原一个真实的胡适（序二）》，蔡登山：《何处寻你：胡适的恋人及友人》，第6页。

比它更花团簇锦的胡适的一生"（"前言"，第13页）。江勇振正是抱着无比的勇气与智慧，实现了对胡适早期生命史的解构与重构，从而把胡适早期生命史的研究大大地往前推进了一步。

诚如上文所示，对胡适早期生命史的解构，包括两个方面的内容：其一，拨开"胡适本身所布下的迷雾"，也就是要对胡适在其所著《四十自述》、《胡适口述自传》及《留学日记》所建构的早期生命史进行解构；其二，拨开胡适研究中的"政治迷雾"、"公私和性别的迷雾"及"文化迷雾"，以及被胡适"牵着鼻子走"的困顿，对研究者所建构的胡适早期生命史进行解构。

坦率地讲，胡适所著《四十自述》、《胡适口述自传》及《留学日记》三种资料为胡适早期生命史的建构提供了不可或缺的史料支撑。但诚如江勇振针对《四十自述》所言："任何人作回顾，都不可能避免以今释古、选择记忆、隐此扬彼的倾向，更何况是胡适这样一个已经替未来要帮他立传的人先打好了一个传记模本的高手呢！对当时功成名就、时时放眼历史会如何为他定位的胡适来说，他自然有它觉得应该凸显的，以及不妨让它随着大江东去的往事。"所以，我们如果不能识破胡适在《四十自述》中的取舍、渲染与淡出，将不可避免地被胡适的《四十自述》"牵着鼻子走"（"前言"，第3页）。不仅《四十自述》如此，《胡适口述自传》及《留学日记》也存在这种情况。为了避免被胡适"牵着鼻子走"，江勇振对胡适在其所著《四十自述》、《胡适口述自传》及《留学日记》中的"取舍、渲染与淡出"予以大幅度的揭示，为重构胡适早期生命史打下坚实的基础。

就揭示胡适在其所著《四十自述》及《胡适口述自传》中的"取舍、渲染与淡出"而言，江勇振有自己的理性认识。他说："所有的自述和自传都有它写作的时代背景，都有作者写作时的考虑，除非作者存心作伪，它当然是反映了作者的心路历程。然而，这个心路历程毕竟是作者建构出来的。所有的怀旧忆往，不管是有心还是无意，都经过了渲染、淡出的筛选过程，都是对自己过往人生的重新诠释。"（第30页）具体就《四十自述》而论，胡适写作该书之际，正是自己功成名就之时。由其所领导的文学革命取得巨大成功，科学淑世的事业甚嚣尘上，国际仲裁主义思想已然形成。有鉴于此，胡适在写《四十自述》时难以据实直书，而是要有所改写，为自己所领导的事业宣传造势。再加上胡适素来"爱惜羽毛"，他在《四十自述》中有曲笔、隐笔在所难免。

"看小说"在民国文化名人的早期生命史中是一件平常的事情。但就是谈到这一再平常不过的事情时，胡适在《四十自述》中也明显地采取了选择性叙事的策略："为了不影响白话文运动的气势，为了不削弱他把白话文学缔造成为中国文学正宗的努力，他只是在画布上渲染了用传统小说来学习白话文的好处，而淡出了旧小说良莠不齐的事实。"这句话如何来理解呢？要较好理解这句话，我们必须把它放到胡适"看小说"的叙述谱系里去，才能明白其意味。据江勇振研究，胡适看小说至少有三个版本。一个版本是《四十自述》的增订版，主要反映胡适在上海读书时的真实感受，即看小说对眼睛的危害和"成长阶段的胡适对自己耽于小说的罪恶感，以及他害怕看惯了旧小说的白话，会使他进不了古文的堂奥的疑惧"，凸显了看小说的坏处。再一个版本是胡适1916年3月6日的日记。这时，胡适的思想正经历新旧与中西的激烈冲突，故这个版本既肯定看小说的好处，也指出旧小说里有淫书的害处。最后一个版本是《四十自述》。在这个版本里，胡适全面肯定了小时候读传统白话小说的好处："得了不少白话文散文的训练"、"把文字弄通顺了"及"更了解古文的文理"。通过三个版本的比较，我们知道胡适对"看小说"一事不同时期有不同的评价。但这不是问题的重点。问题的重点是在《四十自述》中他只有好评，而"淡出"了差评。虽然，胡适并没有说谎，但其叙事的选择性倾向明显。那么，胡适为什么采取选择性叙事策略呢？其主要原因在于：当《四十自述》写作的1920年代末1930年代初，新文学运动已经成功，白话文及传统白话文学的地位已经奠定，全面肯定读白话小说就是要"所有读过《四十自述》的读者，都会拿来当作胡适小时候因为看小说而得益的定论"，从而达到继续为新文学运动宣传造势的目的（第34—35页）。

胡适留美归国以后，在不遗余力地推进五四新文化运动的同时，自己俨然成为新人物的中坚和新思想的代表。为了凸显这一新角色，胡适在《四十自述》中隐去了他在上海曾经保守、"做新民"及奉行"狭隘的民族主义"的心路历程。据江勇振研究，胡适在上海求学时期虽"做了新人物"，但传统文化对他的影响仍然根深蒂固：在"女德"上胡适主张"良妻贤母"的塑造、主张妇女节烈的天经地义及其对与江冬秀婚姻的媒妁之言的守持（第94—95页）。同时，胡适在上海求学时期受梁启超思想的影响较深。不仅《竞业旬报》上《敬告中国的女子》所主张"保种""母教"等观点参考梁启超所撰《变法通议》等论著，而且其"做新民"的立场也受梁启超《新民说》的影响。但梁启超在1930年代初期，已然属于"旧人物"之列，胡适希望与其有所区分。胡适在1933年12月22日的日记里，把中国近代思想史分为两期："一、维多利亚思想时代，从梁任公到《新青年》，多是侧重个人的解放；二、集团主义时代，一九二三年以后，无论为民族主义运动，或共产革命运动，皆属于这个反个人主义的倾向。"① 在这里，江勇振指出，胡适把梁启超与《新青年》同划为维多利亚时代，没有问题。只不过梁启超是被维多利亚时代的中期思想所镇住，而以胡适为代表的《新青年》是被维多利亚时代的晚期思想所镇住（第105页）。但这是胡适"自己不愿到处广播的事实"。因此，他"雅不欲与上一代的梁启超并列为维多利亚人"，故有所区分（第128页）。至于胡适是否如江勇振所说不愿意属于"集团主义"的一员，因逾出本文范围，此不赘述。最后，胡适在上海求学时期奉行典型的"狭隘的民族主义"。但是这一立场是留美归国以后已然信奉国际仲裁主义的胡适不愿意宣示于人的。对此，他在《四十自述》中采取了隐笔。江勇振把《四十自述》与胡适在上海求学时期的日记，以及他在《竞业旬报》上所发表的文章进行比对（"前言"，第3页），揭示了胡适这段时期信奉"狭隘的民族主义"之心路历程。江勇振不仅指出胡适信奉"狭隘的民族主义"事出有因：一是国内外时势的刺激，二是《新民丛报》、《时报》及《革命军》等宣传种族革命思潮书报的影响，三是中国公学革命志士言行的潜移默化（第53—75页）；而且从阅读史的视野揭示了胡适信奉"狭隘的民族主义"的思想资源是亚诺福斯特（Amold-Foster, 1855 - 1909）所著《国民读本》和马奎克（W. F. Markwick）与史密斯（W. A. Smith）合著的《真国民：如何成为其中的一员》。正因为有此思想资源的参照，胡适认为传统中国是一个灿烂的文明，但现实的中国却让人沮丧（第113—127页）。但不管是礼赞传统，还是悲观现实，俱在在反映出胡适那爱国的基调。

留美归国以后，为了建立科学在中国的至上地位，胡适不仅参与了"科玄论战"，宣扬科学价值观，而且积极从中国传统里"发现"科学的精神。虽然在"科玄论战"中"科学派"似乎取得了胜利，但"玄学鬼"在中国仍是阴魂不散，而且有愈演愈烈之势。为了使科学精神在中国生根，胡适在《四十自述》中专门设"从拜神到无神"一节，揭示科学精神的传

---

① 曹伯言整理《胡适日记全编》第6册，安徽教育出版社，2001，第257页。

统根源。胡适先是渲染其父亲深受宋明理学自然主义宇宙观的影响、程朱"格物穷理"的态度以及胡家"僧道无缘"的遗风等背景，然后交代胡家女眷所掀起的迷信狂澜，最后追述其"无神论"萌芽的思想渊源：司马光所说"形既朽灭，神亦飘散"教他不信地狱，范缜所说"形者神之质，神者形之用"使他走上无鬼神的路。应该说，胡适的论述比较严整地揭示其"无神论"萌芽的前因后果及科学精神的传统根源。但客观地讲，胡适这段论述带有较强的事后建构成分。江勇振认为，它"所反映的，与其说是十一二岁的他，不如说是四十岁的他所回顾、建构的十一二岁时的自我"（第42页）。为证明此点，江勇振一方面强调胡适在《四十自述》里坦言他不能了解范缜的"非因果论"、主张一种"偶然论"来破坏佛教的果报轮回说；另一方面，用与《四十自述》差不多同时的《当代名人哲理：胡适篇》和《我的信念及其演化》上的话来凸显胡适对范缜"偶然论"的正常反应："十一岁的我，选择了偶然，拒绝了命定。对童稚的我而言，那并不是成熟推论的结果，而是一种来自于我性情深处的好恶感。我毕竟是我父亲的种，我就是喜欢司马光和范缜，原因就是那么简单。"这样，一反一正，充分说明胡适的"无神论"萌芽于情感而不是成熟推理。江勇振指出，胡适把范缜和司马光对他的影响放在消弭他对地狱和轮回的恐惧上，说得比较中肯。其实，在笔者看来，就是胡适的这一说法也不能尽信。胡适在《四十自述》中安排了"三门亭事件"一节，以实践证明自己"无神论"的萌芽。但吊诡的是，消弭胡适对地狱和轮回的恐惧或许并不是范缜和司马光所说的话，而正是在1903年元宵节在母亲怀里附鬼神在身的胡闹让胡适一下子顿悟所谓"鬼神"与"轮回"的不存在。不过，江勇振说胡适的"无神论""还有意想不到的变奏"，比较中肯。尽管胡适后来在《竞业旬报》上发表白话小说《真如岛》、文言论文《无鬼丛话》、社论《论毁除神佛》宣扬"无神论"，但这并不表示"无神论"已深入他的内心。要不然，他在留美初期还差一点皈依基督教呢！（第77—82页）由上述可见，胡适的"无神论"叙述带有浓厚的建构成分，其目的在于印证科学精神在中国传统里存在某种根源。

《胡适口述自传》是胡适晚年在唐德刚的帮助下完成的作品。虽然胡适在晚年对世事已经淡然许多，但对于非常在意身后评价的胡适来讲，他依然注意其思想的前后一致，依然有很多难言之隐。比如胡适关于他从康奈尔大学农学院转到文理学院的缘由、从康奈尔大学哲学研究所转学哥伦比亚大学哲学系的玄机以及文学革命的思想资源等方面的表述就不是据实直书，而是存在曲笔或隐笔。

胡适关于他从康奈尔大学农学院转到文理学院的缘由之表述存在曲笔。在《胡适口述自传》一书中，胡适举了三个决定转系的根本理由：一是他从小对中国哲学与历史的兴趣；二是辛亥革命；三是在康奈尔大学读了英、法、德三国的文学，使他对中国文学的兴趣复苏。① 根据江勇振的研究，胡适所说转系的三个理由都不靠谱。关于第一个转系的理由，胡适说他"年轻的时候，就读了大多数基本的古代中国哲学，以及近代中国思想方面的书"，乃是事实。但他说他在农学院的时候就选修了克雷登教授哲学史的课，时间和课程名称都不对。江勇振在把《胡适口述自传》与《追想胡明复》、赵元任日记及北京大学图书馆胡适英文藏书中有赵元任签名的克雷登著《逻辑导论》进行比对之后指出，胡适是和赵元任、胡明复一起上克雷登教授的课，但属于旁听性质。关于第二个转系的理由，胡适说辛亥革命发生以后，美国人对中国的事物好奇，中国学生中的演说大师、大四的蔡光勋应接不暇，于是物色他做自己的帮手兼接班人。江勇振认为，胡适此说颇为牵强。因为胡适开始频繁地做公开演讲是在大四的蔡光勋毕业以后的事情，时间应该是1912年夏天以后。而胡适转系的时间在1912年2月。也就是说，早在胡适因为辛亥革命而四处被人请去做演讲前，他就已经转系了。关于第三个转系的理由，胡适说他在康奈尔大学读了英、法、德三国的文学，使他对中国文学的兴趣复苏了。江勇振指出，胡适记忆有误。因为胡适直到大三下学期，也就是1913年春天才选修法文。也就是说，胡适在转系的时候还没有选修法文，所以读法文文学不可能使他对中国文学兴趣复苏以致转系（第187—191页）。

胡适关于他从康奈尔大学哲学研究所转学哥伦比亚大学哲学系的玄机之表述存在隐笔。在《胡适口述自传》一书中，胡适对于他从康奈尔大学哲学研究所转学哥伦比亚大学的玄机不仅避而不谈，而且通过相关章节的安排，不露痕迹地规避掉了。《胡适口述自传》的安排是：在第三章讲了转系的三大理由之后，接着第四章讲"青年期的政治训练"，再接着第五章讲"哥伦比亚大学和杜威"，第六章讲"青年期逐渐领悟的治学方法"，第七章讲"文学革命的结胎时期"。毋庸置疑，这种安排不合常理。正常的安排应

---

① 《胡适口述自传》，欧阳哲生编《胡适文集》第1册，北京大学出版社，1998，第211—213页。

该是：在第三章讲了转系的三大理由之后，接着应该讲第五章的"哥伦比亚大学和杜威"，在讲清楚了自己在康奈尔大学和哥伦比亚大学七年接受教育的情况之后，再依次讲"青年期的政治训练""青年期逐渐领悟的治学方法""文学革命的结胎时期"。这样处理不仅论述连贯，而且自成段落。但十分讲究文章之谋篇布局的胡适不此之图，硬是要把第四章插到第三章与第五章之间，其目的就是要避谈他从康奈尔大学哲学研究所转学哥伦比亚大学哲学系的玄机。假如他在第三章之后安排讲第五章的内容"哥伦比亚大学和杜威"，不谈他从康奈尔大学哲学系转学哥伦比亚大学哲学系的玄机是说不过去的。但他在第三章与第五章之间插入第四章，就不露痕迹地把他从康奈尔大学哲学研究所转学哥伦比亚大学哲学系的玄机规避掉了。这不能不说是胡适的高明，但也透露出胡适的无奈。也就是说，胡适在人生的暮年仍不想吐露其从康奈尔大学哲学研究所转学哥伦比亚大学哲学系的玄机之一丝一语。

的确，胡适从康奈尔大学哲学研究所转学哥伦比亚大学哲学系存在重重玄机。按照江勇振的说法："胡适在康乃尔念了两年的哲学研究所。换句话说，他只要再多念一年，写完论文、通过考试，就可以取得康乃尔大学的博士学位。"（第267页）那么，胡适为什么要不此之图，坚持转学呢？其中原因胡适自己有所交代。1927年初，胡适要到哥伦比亚大学补办博士学位授予手续。不得已之际，他在给好友韦莲司的信中披露他当年转学哥伦比亚大学哲学系的玄机是他1915年没有申请到"塞姬研究奖学金"。但据江勇振的研究，胡适在1915年没有申请到"塞姬研究奖学金"只是他转学的促因，胡适转学更深层的原因是他对哲学特别是唯心论哲学的排斥，以及他对历史特别是考证史学的兴趣。江勇振之所以敢下这样"石破天惊"的断语，首先是因为他不仅注意到胡适在1914年春向康奈尔大学哲学研究所申请"塞姬研究奖学金"并不是出于对哲学继续研究的兴趣，而是为了养家；还注意到胡适"一向讨厌抽象的理论"，故他排斥唯心论哲学（第271、277页）。其次是因为他认为，"胡适思想的精神与其说是实验主义，不如更正确地说是实证主义"，而"反映胡适实证主义精神的，莫过于他的考证史学"。应该说，这是一个十分毒辣的观察。为了证明这一观察，江勇振先是梳理留学美国前后胡适涉猎考证学并写作《诗经言字解》的情形，考察胡适的史学老师布尔教授的实证主义治学倾向及其"历史的辅助科学"授课与谈话对胡适实证主义治学理念的影响，得出"胡适的实证主义史学的滥觞也是在康乃尔大学"的结论；其后，江勇振注意到胡适通过哥伦比亚大学乌德布瑞基教授"哲学史"课对西方考证学有所了解，以及在此基础上写作《尔汝篇》《吾我篇》，实现汇通中西考证学的努力（第289—306页）。最后是因为他认为，胡适的博士学位论文《先秦名学史》并非如胡适所说是受实验主义的指导，而是胡适"汇通中西考证学的结晶"。为了证成此说，江勇振列专节探讨《先秦名学史》与实验主义的关系，得出如下三条结论：其一，《先秦名学史》的灵感来自康奈尔大学的哲学老师狄理教授；其二，从由《先秦名学史》扩充而成《中国哲学史大纲（上卷）》的"导言"的内容来看，胡适对哲学的起源、哲学史的目的以及方法论的部分论述都是根据文德尔班的《哲学史》，而不是杜威的相关论著；其三，从《先秦名学史》的"导言"的内容来看，胡适所提出先秦逻辑是与西方哲学契合的沃壤、对西方传统哲学的推重、诠释"格物穷理"时分"事"与"物"及把"实用主义"之"实用"考虑在结果上等观点或立场，都是杜威不能同意，或要予以批判的（第307—338页）。综括上述三条，胡适《先秦名学史》不是受实验主义的指导，而是"汇通中西考证学的结晶"之结论应该是昭然若揭了。

  通过上述翻检可见江勇振所说胡适排斥唯心论哲学、对考证史学有兴趣并非空穴来风，而是班班可考。实际上，胡适晚年对此也有自嘲。他说："有时我自称谓历史家；有时又称为思想史家。但我从未自称我是哲学家，或其他各行的什么专家。"[①] 这自嘲反映出胡适当初在康奈尔大学选择研究哲学的无奈：一个以哲学为职业，以历史为辅业的学者，不仅始终以历史学术名家，而且终老之时都不敢自称为哲学家；也反映出胡适转学哥伦比亚大学哲学系的无悔。江勇振说"康乃尔大学拒绝给胡适第二年的奖学金，对胡适来说，反而是一个解放"（第277页）。虽然，江勇振的这个判断非常见骨，但把胡适转学说得非常被动。在笔者看来，胡适转学应该说是一个非常主动的行为。也就是说，不论康奈尔大学给不给他奖学金，他都有可能要转学。因为从逻辑上讲，胡适在康奈尔大学再熬一年，就可以拿到博士学位。但事实是他转学了。这说明胡适的目的并不是仅仅拿个学位了事，而是有着学术的抱负。而在康奈尔大学继续求学，学术的抱负难以实现，因此必须转学；从历史的语境来看，胡适留美确实时刻思考着实现中

[①]《胡适口述自传》，欧阳哲生编《胡适文集》第1册，第214页。

国文艺复兴的可能路径,因此他在康奈尔大学学三个"学程"的课程以实现知识的储备,并且从他与梅光迪的来往通信等资料进行综合观察,从1914年开始,胡适的学术思想有一个从唯理论向经验论蜕变的倾向。当文化的抱负、知识的储备、学术的转型一旦在杜威的知识系统里形成汇聚并隐约找到日后"再造文明"突破口,我们可以想见当时胡适希望转学哥伦比亚从学杜威的心情是何等的急切!如果这种说法成立,那么江勇振认为胡适"之所以选了杜威,实在是有点像乔太守点鸳鸯谱,点到了哥伦比亚大学"就不能成立了(第298页)。

胡适对他发动文学革命的思想资源之表述采取了高超的隐笔,并且达到了预期的效果,使读者或研究者相信他发动文学革命是被"逼上梁山",其灵感来源是西方的近代文学潮流(尤其是意象派)。不过,即使《逼上梁山》①诓过了读者,细心的研究者只要一查胡适的《留学日记》及《尝试集》等资料,就会注意到胡适对他发动文学革命的思想资源之表述所采取的隐微书写策略。傅云博和江勇振就是这样的细心研究者。据傅云博的研究,胡适诗学革命的灵感来源不是"近代"的,而是"传统"的。他说:"胡适的诗体所用的典范很明显的是传统的英诗。在康奈尔大学以及后来在哥伦比亚大学,胡适所念的诗主要就是当时美国大学生读的标准教材:伊丽莎白时期、浪漫主义、维多利亚时期,特别是布朗宁(Browning)和邓耐生(Tennyson)的诗。即使胡适当时读了当代的英诗,他所读的也是发表在通俗杂志里的一些问题相当传统的诗,而不是发表在那些现在已经成为经典的现代主义的刊物里的诗。他所涉猎的都留下了印记:不管是从用字遣词、意象、主题还是音律来看,胡适所写的诗都非常接近那些传统英诗的范例。"② 江勇振在傅云博研究的基础上认为,"逼上梁山"不仅仅是把胡适发动文学革命说得被动,而且"把他的文学革命,截断其流,硬是把它产生的缘由给斩断了"。更重要的是,"白话文学革命的历史跟胡适个人的文学教育过程是不可分割的。没有胡适在康乃尔大学所受的英国文学教育,也就不会有白话文学革命。胡适所提倡的诗国革命绝对不是逼上梁山,而

---

① 《胡适口述自传》基本是《逼上梁山》内容的复述,这里虽是讨论《胡适口述自传》,但用《逼上梁山》更形象,故后文基本以《逼上梁山》为例。
② Daniel Fried, "Beijing's Crypto-Victorian: Traditionalist Influence on Hu Shi's Poetic Practice," *Comparative Critical Studies*, 3.3 (2006), p. 372, 转引自江勇振《舍我其谁:胡适(第一部 璞玉成璧,1891－1917)》,第566页。

是经由他自己实地实验——包括英诗的写作——以后所取得的经验、心得与信念的发挥"。所以,胡适"不但不是被'逼上梁山',而且,即使他是上了'梁山',那也绝对不是违反初衷,而其实是梦想成真"(第567页)。应该说,江勇振的观察较好地揭示了胡适对他发动文学革命的思想资源之表述的隐笔。毋庸讳言,文学革命使胡适"暴得大名"。因此,文学革命也就成为胡适行世的重要"文化资本"。为了使这一重要文化资本不致流失,胡适不管是在1934年写的《逼上梁山——文学革命的开始》上,还是晚年写的《胡适口述自传》中,讲到文学革命,其叙述策略大致以《留学日记》所留下的线索为基准,保持"前后一致"。只不过《留学日记》记得零散一些,而《逼上梁山》属于事后书写,叙述比较系统。既然《逼上梁山》的内容要与《留学日记》保持一致,那么《留学日记》所提供的线索对于分析《逼上梁山》关于文学革命的写作策略就至为重要。《留学日记》虽记得零散,但关于文学革命的内容记得较为详实。关键在于,《留学日记》是日记体裁,它既要遵循基本的时间脉络,又要记载真实的心路。《逼上梁山》属于散文性质,虽有适当的发挥空间,但它的线索要以《留学日记》为基准,内容又要与《留学日记》一致,故发挥的空间也要受到《留学日记》的一定限制。有鉴于此,为了增强文章内容的渲染性,胡适就用"逼上梁山"为文章的标题,凸显他自己发动文学革命的被动性;同时,因《留学日记》比较翔实地记载了文学革命发动的过程,其中反映胡适思想"趋新"的用语或场景所在多有,故胡适写《逼上梁山》时按照《留学日记》提供的脉络铺展,既能凸显自己"趋新"的一面,又能自然规避掉胡适不想涉及的文学革命史前史时代,因为《留学日记》记载文学革命一事主要开始于1915年。何乐而不为呢?

《留学日记》是建构胡适早期生命史不可或缺的史料之一。胡适曾经自诩其《留学日记》"写的是一个中国青年学生五、七年的私人生活、内心生活、思想演变的赤裸裸的历史"。[①] 但据江勇振的研究,胡适在其《留学日记》中有直接的隐笔和间接的曲笔。所谓直接的隐笔,指的是胡适在其《留学日记》中几乎没有记载他接受杜威实验主义的轨迹以及写作博士学位论文的心路历程。对此,胡适在1936年为《留学日记》写序时交代了其中原因:其一,读杜威的著作,做有详细的英文提要,都不曾收在札记里;

---

① 曹伯言整理《胡适日记全编》第1册,安徽教育出版社,2001,第57页。

其二，札记的体例最适宜于记载具体事件，但不是记载整个哲学体系的地方，所以札记里不记载《先秦名学史》论文及杜威的思想。[1] 揆诸史实，胡适所说第一条理由或能成立，第二条理由则有很强的自我辩护之嫌疑。诚然，"札记的体例最适宜于记载具体事件，但不是记载整个哲学体系的地方"，但问题是：其一，胡适自己主张"札记做自己思想的草稿"；其二，既然札记不能记载理论性较强的内容，为什么1915年夏天以后又能记载他和朋友之间关于文学革命的讨论呢？难道"文学革命的讨论"理论性不强吗？这一正一反两条理由十足地凸显出胡适难以自圆其说。倒是胡适在序言所说"札记都被这个具体问题（指文学革命的讨论——作者注）占去了，所以就没有余力记载那个我自己受用而不发生争论的实验主义了"没有撒谎，[2] 但也不靠谱。实验主义真的"受用"吗？如果真的受用，那么刚刚转学哥伦比亚大学的胡适为什么不在实验主义的指导下马不停蹄地准备博士学位论文，而是"打鱼摸虾"，热衷于文学革命的讨论呢？其中的蹊跷不外两种可能：其一，胡适对于博士学位论文写作已然成竹在胸；其二，对于怎样用实验主义指导自己博士学位论文的写作，胡适还了无头绪。就前者而言，胡适在转学哥伦比亚大学之前博士学位论文的选题定为"先秦诸子"。他汇聚中西考证学来完成博士学位论文应无问题；就后者而论，胡适在转学哥伦比亚大学之时对杜威的实验主义了解肤浅，遑论用其指导博士学位论文的写作。在"了无头绪"之际，胡适只有"打鱼摸虾"，等待"顿悟"。总之，不管是哪种情况，胡适都不可能是"受用"实验主义。既然如此，那么，胡适为什么在序言里着重强调他在《留学日记》不记《先秦名学史》论文及杜威思想的原因呢？除了"引导"读者认同他所自我塑造之"杜威实验主义的中国传人"的形象之外，恐怕再也找不出胡适在此采取这种隐笔书写的理由了。

所谓间接的曲笔，指的是胡适在《留学日记》的序文里所说"我在1915年的暑假中，发愤尽读杜威先生的著作。……从此以后，实验主义成了我的生活和思想的一个向导，成了我自己的哲学基础"。[3] 为什么说胡适这段话是曲笔呢？因为胡适在1915年的暑假确实读了杜威的著作，如杜威与塔伏茨（James Tufts）合著的《伦理学》；但不是"尽读"，而是所读有

---

[1] 曹伯言整理《胡适日记全编》第1册，第58页。
[2] 曹伯言整理《胡适日记全编》第1册，第58页。
[3] 曹伯言整理《胡适日记全编》第1册，第58页。

限（第344—345页）。更重要的是，胡适读杜威著作与转学哥伦比亚大学的关系是胡适知道自己要转学哥伦比亚大学从学杜威之后才读杜威的著作，而不是"尽读杜威先生的著作"之后才决定转学哥伦比亚大学。既然是知道自己要转学哥伦比亚大学从学杜威之后才读杜威的著作，那么胡适"读杜威先生的著作"就具有很强的"临时抱佛脚"的性质。其结果是，对实验主义不仅难以系统了解，更难以"受用"。这样看来，胡适所说"从此以后，实验主义成了我的生活和思想的一个向导，成了我自己的哲学基础"就值得推敲了。既然如此，胡适还要在《留学日记》的序言里对这段学思历程曲笔书写，其目的无不是要"引导"读者认同他所自我塑造之"杜威实验主义的中国传人"的形象。

二

前文已述，对胡适早期生命史的解构，除了要拨开"胡适本身所布下的迷雾"，即要对胡适在其所著《四十自述》、《胡适口述自传》及《留学日记》所建构的早期生命史进行解构之外，还要拨开胡适研究中的"政治迷雾"、"公私和性别的迷雾"及"文化迷雾"，以及被胡适"牵着鼻子走"的困顿，对研究者所建构的胡适早期生命史进行解构。

毋庸置疑，胡适是20世纪最难写的人物之一。他折冲于国共两党之间，奔走于中西文化之地，既参与公务，又处理私事；既有男性唱和，又不乏红粉知己。再加上他面对不同的人，在不同的场合说不同的话，以及"本身所布下的迷雾"，致使"还原一个真实的胡适"乃是对研究者之勇气和智慧的极大挑战。虽然如此，胡适研究领域还是涌现出了如格里德、周质平、邵建、余英时、林毓生等一大批卓有成就的大家学者，不断地提升胡适研究的水平。同时，这也意味着要取得对胡适研究的突破，必须要与这些大家学者展开对话。借鉴与超越，无不再次考验着后来者研究的勇气与智慧。正是在这双重的考验之下，江勇振鉴于这些大家学者在具体的胡适研究过程中出于资料限制、断章取义、主观臆断、没有看见而认为没有、理解不透而误读、过于同情、缺乏批判、缺乏整体了解、难以产生同情等主客观原因，其所建构的胡适早期生命史或有不真不实之处的情况，汇聚新史料，采用新理念与新方法，对这些大家学者所建构的胡适早期生命史进行解构，为"还原一个真实的胡适"提供进一步研究的学术基础。

由于资料的限制，研究者建构胡适早期生命史时不得不依靠《四十自述》，最终被胡适"牵着鼻子走"而不自知。比如，格里德认为，除了从悲观的心态脱胎换骨成为一个不可救药的乐观主义者以外，胡适留美时期的思想与他在上海时期已经形成的思想方向并没有什么根本的差异。① 但在江勇振看来，胡适在留美前后的思想除了具有连续性之外，还有很大的断裂性。而格里德只看到胡适思想的连续性而看不到其思想的断裂性，很重要的一个原因就是受胡适《四十自述》写作策略的影响。胡适在《四十自述》里"以今释古"，很有为他留美后才发展出的思想在留美前追溯种子的意味，故他所建构的留美前后之思想自然具有连续性。格里德写《胡适与中国的文艺复兴》是在1960年代后期，那时他看不到胡适留美以前的文章。他要写留美前的胡适早期生命史，只有参考《四十自述》，结果被胡适"牵着鼻子走"，只看到留美前后胡适思想的连续性（第76—77页）。

　　由于断章取义，主观臆断，研究者建构胡适早期生命史时缺乏脉络感，且存在逻辑推证倾向。比如，周质平认为，胡适对中国一些风俗制度的辩护，特别是他在用英文写文章的时候，其所反映的是他想"为宗国讳"的"中国情怀"。但在江勇振看来，周质平的看法缺乏脉络感，且存在逻辑推证倾向，具体表现在以下两点。其一，周质平引文断章取义，对胡适观念的观察缺乏脉络感。如他引胡适1908年8月在《竞业旬报》连载的《婚姻篇》上篇之后，强调胡适出国留学以前对传统中国婚制的抨击；并且，在忽略胡适《婚姻篇》下篇的情况下结论说："其中如'早婚'等胡适认为'罪大恶极'的中国风俗，到了他的英文文章中，竟成了良风美俗了。倒是西洋人的自由恋爱、自主结婚成了颇不堪的社会风俗了。从这一转变中，我们可以确切地体会到，什么是胡适所说的'不忍不爱'和'为宗国讳'了。"② 但事实是，结合《婚姻篇》下篇的结论，胡适在这整篇文章里"所痛骂的，不只是相信媒妁之言的父母，而且还包括了那些讴歌'自由结婚'的'志士青年'"。换句话说，还没到美国去留学的胡适，老早就对婚姻制度抱持了一个折中的看法，并不是到了美国以后，因为"中国情怀"的作祟，才开始为传统中国的婚制做辩护（第95—101页）。也就是说，在留美

---

① 〔美〕格里德：《胡适与中国的文艺复兴——中国革命的自由主义（1917—1937）》，鲁奇译，江苏人民出版社，1996，第46页。
② 《超越不了"国界"的"是非"——胡适对中国婚俗的态度：由批判到辩护》，周质平：《胡适与中国现代思潮》，南京大学出版社，2002，第327页。

前后很长的一段时间里，胡适都秉持着一个传统与现代相调和的婚姻观。其二，周质平主观臆断，存在逻辑推证倾向。诚如前述，既然在留美前后很长的一段时间里，胡适都秉持着一个传统与现代相调和的婚姻观，那么周质平又为何得出一个胡适因"中国情怀"而"为宗国讳"的观察呢？其主要原因或在于周质平在研究胡适的过程中曾提出一个颇有价值的见解："胡适在英文著作中对中国文化少了一些批评，多了一些同情和回护"，而这同情和回护折射出他为祖国文化辩护的心理。① 正因为主观上有这一见解，所以周质平在从事胡适研究时总希望这一见解得到印证。这样，他在研究工作中不可避免地会存在一定的倾向性：一方面在阅读材料时会存在选择性，另一方面会罔顾既存史料，使用逻辑推证，最终把结论导向已然存在的见解。结果，从形式上看好像是"论从史出"，实质上却存在误读史实的危险。

由于存在没有看见而认为没有、理解不透而误读的情况，研究者建构的胡适早期生命史与史实多有不合。邵建的胡适研究在这方面提供了两个例证。其一，邵建认为，胡适"对古典自由主义生疏"，他说："在他的日记中，我尚未发现胡适读过洛克"；又说："胡适在美国读过洛克吗？看不出来。"最可怪的是，除了"没有看见而认为没有"之外，邵建认为胡适没有读洛克，还有其学理上的根据。在他看来，"没有古典主义基础的自由主义，在来路上不明，就可能导致去向上的偏差"。所以，胡适所说"今日西方政治学说之趋向，乃由放任主义而趋干涉主义，由个人主义而趋社会主义"，不仅"站不住"，根本是"走到自由主义的反面"。有了成见之后，即使在1916年4月13日《留学日记》的札记《评梁任公〈中国法理学发达史论〉》"法之起因"条下，胡适把法家管子的说法比拟成"此近于洛克之说"，邵建还是认为胡适牵强附会，说："管子会和洛克的思想一致吗？那么中国自由主义的时间表应该是先秦了。"② 对邵建的立场，江勇振表示费解。他强调，"念西方哲学的胡适，在选课的时候一定会读到洛克"。最直接的证据是中国社会科学院近代史研究所收藏的"胡适档案"里有一篇题目为《洛克〈政府二论〉的研究》的读书报告。虽然我们不能确定这篇读书报告是为"哲学30：经验论与唯理论"所写的，还是胡适到哥伦比亚大学以后上杜威的"社会政治哲学"那门课所写的。重要的是，胡适是好

---

① 《胡适英文著作中的中国文化》，周质平：《胡适与中国现代思潮》，第251—252页。
② 邵建：《瞧，这人——日记、书信、年谱中的胡适》，广西师范大学出版社，2007，第88—89、131—134、169页。

好地读了洛克的《政府二论》的，我们不能存在"没有看见而认为没有"的立场。关键在于，邵建学理上的根据也存在问题。在江勇振看来，如果胡适做出了与古典自由主义不合的推论，也不能说胡适"对古典自由主义生疏"，而是胡适站在了解的基础上来批判古典自由主义。同时，针对胡适拿管子和洛克比，江勇振指出，胡适"所比拟的跟自由主义一点都不相干，而是有关人类社会的起源论"。有鉴于此，江勇振强调："所有研究胡适的人都必须先抱持着一个态度跟一个假定。那个态度就是虚心：我们所面对、所分析的，是一个天才，他的天分跟努力是我们望尘莫及的；那个假定就是：如果胡适敢谈任何问题，我们必须假定他知道他在说什么。我们必须假定该看的书，他都已经看过了。"（第262—263页）

其二，1912年是美国大选之年，为测民意，胡适在其所住的"世界学生会"里举行了一个"模拟投票"。结果，民主党的威尔逊得34票，进步党的老罗斯福得13票，共和党的塔伏特4票，社会党的德卜2票。之后，胡适在日记中有一段简短的评论涉及中国留美学生的趋向，他说："吾国人所择 Wilson 与 Roosevelt 势力略相等，皆急进派也，而无人举 Taft 者。又举社会党者共两人，皆吾国人也；此则极端之急进派，又可想人心之去趋向也。"① 邵建在读了这则日记之后，把这个中国留学生"模拟投票"的结果诠释成近代中国激进主义的滥觞，并愤然地说："塔夫脱怎么了？保守难道不是一种价值，尤其在举国激进、一味偏斜时，它难道不是一种至少可以用来平衡的价值？"另外，邵建还认为，"胡适所支持的威尔逊的民主党更是强调用政府的力量来干涉一些个人事务用以推行积极自由"。② 对此，江勇振认为邵建犯了"空间、时代错置的错误"。所谓"空间错置的错误"，就是邵建评价的对象中国留美学生，绝大多数是保守的。但邵建在评价中国留美学生时，根据却是其时中国本土的激进化"精神症候"。最终，邵建对"保守"的推崇对于其时中国本土的激进化"精神症候"来讲，颇具平衡的意义；但对于其时本就保守的中国留美学生而言，却是无的放矢。所以，江勇振总结道："事实上，保守、自由、激进也者，有其历史的背景与意义，抽离了其社会、历史的脉络，这些名词完全没有意义。"所谓"时代错置的错误"，就是邵建把20世纪下半叶美国两大政党的政纲，假定是"自古有之，于今为烈"。事实是，在1912年，威尔逊所代表的民主党反对

---

① 曹伯言整理《胡适日记全编》第1册，第171—172页。
② 邵建：《瞧，这人——日记、书信、年谱中的胡适》，第67、134页。

给予政府太多的权力，从共和党分裂出来的老罗斯福所代表的进步党主张增强政府的权力；而到了20世纪下半叶，共和党与民主党的立场整个对调过来，变成共和党要削弱政府的权力，民主党则要以政府的力量来执行社会政策。也就是说，邵建没有看到民主党政纲在20世纪前后的变化，而是用20世纪下半叶民主党的政纲代替了1912年民主党的政纲，结果带来很多不必要的错解。所以，江勇振警示道："所谓保守、自由也者，必须针对具体的政策而言，同时必须放在其社会、历史的脉络之下。不能抽象地把它们当成是普世皆准的概念。"（第388—389页）

由于对胡适的学思生命历程过于同情，研究者在建构胡适早期生命史时缺乏批判的立场，导致对史实理解有误。余英时先生在胡适研究中的一些判断是这方面的好例。比如，胡适在1914年1月25日的日记里记了一段话："今日吾国之急需，不在新奇之学说，高深之哲理，而在所以求学论事观物经国之术。以吾所见言之，有三术焉，皆起死之神丹也：一曰归纳的理论，二曰历史的眼光，三曰进化的观念。"① 余英时先生读了胡适的这则日记以后，认为胡适虽"还没有研究杜威的思想，但在精神上已十分接近杜威的实验主义了"。② 江勇振不同意余先生的判断，认为"这个时候的胡适还在康乃尔唯心论的笼罩之下，他在这则日记所说的'三术'，没有一样是'接近杜威的实验主义'的"。关于"归纳的理论"，江勇振指出，胡适在1911年5月写《〈诗〉三百篇言字解》时就用了"归纳的读书法"；其后，他上了克雷登教授逻辑课，明白"归纳"对于治学的重要性。关于"进化的观念"，江勇振指出，宽泛地讲，"进化论在当时已经是广为人接受的观念"；具体地说，克雷登教授就很重视"演化论"。故胡适"进化的观念"不需要等到杜威来传授。关于"历史的眼光"，江勇振指出，克雷登教授的研究取向不仅强调人类精神在历史上的进程，而且强调哲学史"是一个发展的过程，是那在历史上不同阶段的哲学思想中彰显出来的普世皆准的原则发展的过程。要了解这个哲学思想发展的进程，就必须要透过自己的思考，去诠释、重建、评判这些思想系统"。我们如果把这段话与胡适的《中国哲学史大纲（上卷）》上的相关表述进行比对，就会认为胡适"历史的眼光"是源自克雷登而不是杜威（第278—280页）。

又比如，关于胡适的博士学位问题，余英时先生认为，只是形式上的

---

① 曹伯言整理《胡适日记全编》第1册，第222页。
② 余英时：《重寻胡适历程：胡适生平与思想再认识》，广西师范大学出版社，2004，第195页。

问题,"除了因'论文缓缴'延迟了十年以外,别无其它可疑之处"。① 并且,余先生还列举胡适1922年对哥大中国文学教授的缺有兴趣、1922年接到哥大的聘书及1923年有赴美开会的机会等事实来佐证他的观点。但在江勇振看来,余先生提供的这些事实并不能较好地佐证他的观点。最好的反证是,在1926年初胡适就知道他要去英国开会,会后会绕道赴美。但他在当时并没有任何举措,而是等到他人都已经要从英国启程赴美的前夕,即12月26日,才从英国打电报要亚东图书馆寄一百册《先秦名学史》给哥大。由此看,胡适延缓出版或缴呈他的论文跟他可能有美国之行关系不大。但如果缴呈论文能够解决十年迟的博士学位问题,那关系就大了。据江勇振推测,"是不是胡适在伦敦的时候收到了通知,说哥大方面已经谈妥,就等他的一百册出版的论文,以完成他取得博士学位的手续?"(第339—342页)江勇振的推测虽然大胆,但也不是完全不合情理。关键是,他超越既有如余英时先生般从形式上讨论胡适博士学位问题的研究思路,"回到唐德刚的原点",主要从论文的内容来讨论胡适的博士学位问题。这里所谓"唐德刚的原点",就是唐德刚认为,胡适博士学位论文口试是"大修通过"。两年以后,杜威到中国,亲眼见到胡适在学术界的声势,于是回国以后就把"大修"改成了"小修",甚至连"大修通过"应有的"补考"也给免了,但这一蹉跎就是十年。虽然唐德刚的推测毫无证据,全属臆测,但问题是,一方面,究竟是完全没有证据,还是有证据而没有保留?另一方面,即使真是没有证据,难道就没有可能重建史实吗?带着这些问题,江勇振跳出了既有研究者着眼于从形式上进行探讨的进路,而是直接深入到胡适博士学位论文的内容本身进行研判。经过详细的研究,江勇振发现:其一,胡适写《先秦名学史》的灵感来自康奈尔唯心派老师的哲学史观点;其二,《先秦名学史》是胡适汇通中西考证学的结晶;其三,胡适在《先秦名学史》中所提出先秦逻辑是中国接枝繁衍近代西洋科学方法的土壤以及对亚里士多德三段论式的好感,都是杜威要么不能同意,要么予以批判的立场;其四,胡适的"《先秦名学史》对杜威实验主义的误解与滥用比比皆是,甚至到了用实用主义的论敌讥诋实用主义的观点来谈实用主义的地步"。最终,江勇振感叹道:"如果《先秦名学史》根本就是不符合杜威实验主义的精神,这本论文怎么能通过杜威那一关呢!"由此,江勇振在感叹之余,也印证了唐德

---

① 余英时:《重寻胡适历程:胡适生平与思想再认识》,第12页。

刚的推测:"胡适博士学位论文口试是'大修通过'。"(第342—343页)

再比如,胡适在1914年1月25日的《留学日记》里说,他近来关心的问题:"(一)泰西之考据学,(二)致用哲学,(三)天赋人权说之沿革。"① 余英时设问道:胡适"此处的'致用哲学'不知是不是实验主义的译名?"② 对此,江勇振毫无犹疑,声称:"我们几乎可以确定,胡适此处所说的'致用哲学'应当不会是实验主义,因为他这个时候还身在反实验主义大本营的康奈尔大学。"江勇振态度之所以如此坚定,是因为他找到了三个坚强的证据。其一,胡适在1914年8月26日的日记里缕列了"哲学系统",其中没有"实用主义"。其二,胡适在1915年1月4日补记的日记中说:"吾昔闻人言实利主义之弊将趋于见小利而忘远虑,安目前而忘未来,能保守而不利进取。初不信之,今闻卜君言其厂中主者某君之言曰'更好的乃是好的之仇也',乃不禁爽然若失。此真实利主义之极端矣。"③ 经江勇振的体会,这则日记中"实利主义"可能是Utilitarianism即"功利主义"的译名,而非Pragmatist即"实验主义"的译名。其三,胡适在1915年5月9日的日记中有一段话:"思想所以处境,随境地而易,不能预悬一通常泛论,而求在在适用也。吾之不再演说是一泛论。上月水牛城之招与此次蔼城之招,皆特别境地,不能一概而论也。"故"此事可证今世'实效主义'之持论未尝无可取者"。④ 在这则日记里,胡适提到了"实效主义"(Pragmatism)。但在江勇振看来,胡适当时对"实用主义"的了解,还没有到他会用"实验主义"来做译名的程度(第301—303页)。

由上述例证可见,余英时先生基于自身的经历与学养,对胡适的学思生命历程颇具同情之感。这种同情的态度对胡适研究而言,有时候可以带来独具慧眼的发现,有时候也可能因为缺乏批判立场而误解史实。作为后学,我们应该突出前者,而警惕后者。

由于对胡适思想的"苦心孤诣"缺乏整体的了解,以及"以今度古"倾向的后设,研究者在建构胡适早期生命史时不能保持"同情"的立场,难免误解史实。比如,林毓生先生对胡适所倡导的"大胆的假设,小心的求证"十字箴言的误解即为一显例。林先生认为,胡适所倡导的"大胆

---

① 曹伯言整理《胡适日记全编》第1册,第223页。
② 余英时:《重寻胡适历程:胡适生平与思想再认识》,第195页。
③ 曹伯言整理《胡适日记全编》第2册,安徽教育出版社,2001,第6—7页。
④ 曹伯言整理《胡适日记全编》第2册,第130页。

的假设,小心的求证"十字箴言是犯了形式主义的谬误、肤浅、含混与庸俗,甚至说:"任何问题经过胡适的肤浅的心灵接触以后,都会变得很肤浅。"① 江勇振认为林毓生对胡适的这一评价有失公允。在他看来,胡适的"大胆的假设,小心的求证"十字箴言是其来有自:克雷登在借鉴科学研究先进方法时曾提出"做假设容易,找证明难",故胡适"这句话是从他老师克雷登那儿悟出来的,然后用他自己最精炼、最脍炙人口的口诀一语道破"。事不止此,江勇振甚至拿20世纪著名科学哲学家韩培尔乃至诺贝尔物理学奖得主费恩曼的话来力挺胡适,认为胡适"大胆的假设,小心的求证"十字箴言即使在后现代主义横扫所有学术领域的今天,仍然能成一家之言,属于"假设—演绎论"或"待证假设暂用论"(第283—285页)。客观地讲,从林毓生先生发言的时代来看,胡适所倡导的"大胆的假设,小心的求证"十字箴言可能存在肤浅之处。但从中国学术研究现代化的诉求来讲,胡适从其老师克雷敦教授那里接受及留美归国以后鼓吹十字箴言或有其不得不如是的"苦心孤诣"。一方面,"大胆的假设,小心的求证"的方法论哲学并非西方独有,而是隐然存在于清代学者的治学方法中,有待挖掘,打通学术研究方法从传统向现代转型的通道。另一方面,"大胆的假设,小心的求证"可以推进中国学术研究现代化的进程。虽然后来胡适用"勤、谨、和、缓"四字诀代替了"大胆的假设,小心的求证"十字箴言,但"大胆的假设,小心的求证"十字箴言的方法论价值是不容否认的。

又比如,林毓生先生对胡适所强调"接受新文化的方式,最好是'有机的吸收,而不是断然的取代'"之不理解也是一个好例。胡适关于"接受新文化的方式,最好是'有机的吸收,而不是断然的取代'"的主张是最早在《先秦名学史》的"导言:逻辑与哲学"中提出来的。胡适说他写《先秦名学史》的目的,是要从先秦诸子的方法学里,去找那可以与近代西方哲学契合的沃壤,以便让近代西方哲学的思辨、研究方法和工具得以在中国生根。对此,林毓生先生认为,胡适是想在中国传统与西方文化之间寻求平衡,以实现"心理的补偿"。表现出来就是一种内在矛盾:"在思想上是一个全盘西化论者,可是在情感上是一个文化民族主义者。"但江勇振完全不同意林先生的说法。在他看来,其一,林先生对胡适"内在矛盾"的

---

① 林毓生:《中国人文的重建:评胡适所谓"大胆的假设,小心的求证"——形式主义的谬误的进一步说明》,《中国传统的创造性转化》,三联书店,1988,第15页。

指称落入了列文森（Joseph Levenson）把近代中国许多重要知识分子说成是"在思想上与传统疏离，但在感情上还眷恋着"之窠臼，有生搬硬套之嫌；其二，既然胡适的心理承受能力已经达到了只要外来政权可以"有效率、开明"，"国都可以不国"的程度，那么他还有什么需要去找"一种心理平衡的因素"来做补偿呢？所以，胡适所强调的"有机吸收"并不是林先生所说的"心理的补偿"，而是对杜威观点的呼应。杜威强调，美国哲学既然传承自欧洲哲学，那么它一方面与欧洲哲学有脐带关系，另一方面也会为了因应美国社会文化的变迁而独立发展。有鉴于此，胡适也希望中国哲学不仅借鉴西方哲学，也能实现自我的复兴（第317—319页）。

由上述例证可见，林毓生先生由于对胡适思想的来龙去脉及前因后果缺乏整体的了解，又存在明显的"以今度古"倾向，故对胡适思想的"苦心孤诣"缺乏"了解之同情"，难免误解史实。

三

要对胡适早期生命史研究实现突破，除了要拨开黄克武所说的"胡适本身所布下的迷雾"、"政治的迷雾"、"公私和性别的迷雾"及"文化的迷雾"，对胡适及胡适研究者所建构的胡适早期生命史进行解构之外，最重要的是要汇聚新史料，采用新理论与新方法，对胡适早期生命史进行重构。对此，江勇振别具会心，指出："没有其他资料作佐证、给脉络、供背景，日记是不可能自己说故事的。我们必须用胡适的《留学日记》作基础，去参对当时的报纸，特别是康奈尔大学的学生报，以及胡适当时所作的演说与发表的文章。不但如此，我们还必须把胡适放在当时美国和中国的政治社会以及中国留学生的组织和活动的脉络下来观察与分析。只有如此，我们才可能栩栩如生地描绘出留学时期的胡适。"（"前言"，第4页）江勇振的这条意见虽是针对用《留学日记》建构胡适留美时期的生命史而言，但这条意见扩及胡适早期生命史都具有建设性：新史料方面，要运用除了《四十自述》、《胡适口述自传》及《留学日记》之外胡适在上海求学时期的日记、《竞业旬报》、康奈尔大学的学生报以及胡适留美时所做的演说与发表的文章等；新理念与新方法方面，主要是注重比较，强调把胡适的言行放到日常语境中去理解。汇聚新史料，采用新理念与新方法，江勇振才能系统梳理胡适在上海求学时期及留美时期的课程史，细致描述胡适留美期间的生活史，深入刻画留美前后胡适思想的演变图景，最终实现对胡适早期生命史的重构。

长期以来，学术界关于胡适学生时代的受学情况多不措意。胡适在家乡上庄的受学情况因为有他自己在《四十自述》中的描述而比较清楚。此外，胡适在上海求学时期及留美时期的受学情况多语焉不详。相应的，胡适早期思想的渊源谱系与知识结构很不清晰，甚至错乱。毫无疑问，这将大大影响胡适早期生命史的建构水平。为了提升胡适早期生命史的研究层次，江勇振下"笨"功夫，系统梳理了胡适在上海求学及留美时期的课程史，这有助于厘清胡适早期思想的渊源谱系与知识结构。

关于胡适在上海求学时期的课程史，江勇振主要利用了《胡适遗稿及秘藏书信》中的一份重要资料《四十自述残稿六件》。实际上，在《四十自述残稿六件》中，胡适对他在上海求学期间所上三所学堂的课程与阅读情况有很明确的交代。既有研究者受到视野的限制，往往过宝山而不知，导致胡适在上海求学时期的生命史建构因为史料缺乏难以取得显著突破。近些年来，学术界受新文化史的影响，在思想史的研究过程中，比较注重探究历史人物的所受课程与阅读情况，以期坐实历史人物的思想渊源与知识基础。在此学术潮流的启发下，为了突破胡适在上海求学时期生命史建构的瓶颈，江勇振根据《四十自述残稿六件》对胡适在梅溪学堂、澄衷学堂及中国公学的课程与阅读情况进行了一定程度的分析。关于梅溪学堂的情况，江勇振考察了其课程《蒙学读本》、《华英初阶》及《笔算数学》，基本赞成胡适的自我评价："学得了一点做古文的门径，把文字做通顺了；英文还没有入门，算学只学得一点极浅的知识。"同时，着重考察了胡适阅读梁启超主编的《新民丛报》及邹容著《革命军》的具体情况，同意胡适的判断：读了《新民丛报》及《革命军》，"受着了种族革命思潮的感动"。[①] 关于澄衷学堂的情况，江勇振主要介绍了胡适苦学代数的情形，对于胡适深受影响的"梁启超的散文论著"，或由于该书其他地方有详细的论及，在此没有介绍；但对于胡适自呈给了其"一些思想的材料"的"严复译本"与"宋明理学的书"，在此也没有介绍，这是非常遗憾的。[②] 关于中国公学的情况，由于胡适说"他在中国公学的收获，主要不在学科，而是在课外

[①] 胡适：《四十自述残稿六件》，耿云志编《胡适遗稿及秘藏书信》第5册，黄山书社，1994，第518—519页。

[②] 胡适：《四十自述残稿六件》，耿云志编《胡适遗稿及秘藏书信》第5册，第519页。

方面",所以江勇振只是简单介绍了一下胡适与中国公学风潮的关联,不仅没有介绍胡适在中国公学的功课情况,也没有介绍胡适所说的四种课外情况(第53—75页)。实际上,按照广义的阅读史理论,胡适在《四十自述残稿六件》所说他在中国公学的四种收获:学会了普通话、认识了许多革命朋友、学会了做中国诗词及学会了做白话文,①在在都是建构胡适在上海求学时期生命史的好素材。由上述可见,就胡适在上海求学时期生命史建构而言,江勇振根据《四十自述残稿六件》对胡适在上海所上三所学堂的课程与阅读情况之分析,虽存在一些不足之处,但也有其价值:其一,江勇振通过对胡适在上海三所学堂所受课程与阅读情况的分析,坐实胡适早期思想的渊源谱系与知识结构,不仅是对胡适早期生命史研究的一个较好探索,而且是对中国近现代人物思想研究的有益尝试;其二,江勇振对胡适上海求学时期生命史的重构,由于专题的需要,部分内容被安排进了第三章"作新民,以爱国"及第二章"新学堂,新世界"的其他部分,因此,在介绍胡适在上海三所学堂的课程与阅读情况时有些地方稍显简略或被忽略。即便如此,他介绍胡适在上海所上学堂的课程与阅读等情况,一方面,不仅呈现了胡适上海求学时期的课程史,而且描画出胡适上海求学时期的知识进步史:在梅溪学堂,胡适通过在故乡上庄的国学根基初露头角,同时在英文和数学方面启蒙;在澄衷学堂,胡适在英文和数学方面通过苦学打下了扎实的基础。应该说,这是一个良性的知识进步图,以致胡适在1910年举行的第二届庚款留美考试中能够榜上有名。另一方面,勾勒出胡适与中国近代革命的关联:《新民丛报》及《革命军》等书报提供了胡适种族革命思潮的来源;拒绝梅溪学堂的毕业考、对决澄衷学堂总教白振民及参与中国公学风潮等充分展现了胡适的革命情怀;中国公学与革命党人的往还增进了胡适对革命的认识,扩展了胡适的社会人脉。所有这些,无不推动着胡适上海求学时期生命史的建构。

关于胡适留美时期的课程史,江勇振几乎是综合所有关于胡适的资料重构而成,包括现藏于中国社会科学院近代史研究所的胡适外文档案、Official Publications of Cornell University、《胡适遗稿及秘藏书信》及《胡适全集》等。为了行文方便,本文先把江勇振所建构胡适留美时期的课程史用表展现出来(详见表1),然后对表的内容进行简要分析。

---

① 胡适:《四十自述残稿六件》,耿云志编《胡适遗稿及秘藏书信》第5册,第520—522页。

表1 胡适留美期间课程史

学校	学期	农学课程	文学课程	哲学课程	政治学课程	历史学课程
康乃尔大学	1910年秋季学期	植物学一（82分）	英文一（80分）			
		生物学一（75分）	德文一（90分）			
	1911年春季学期	植物学一（80分）	英文一（89分）			
		生物学一（82分）	德文一（80分）			
		植物学二（64分）				
		气象学一（70分）				
	1911年暑期班	化学A（73分）				
	1911年秋季学期	地质学一（75分）				
		化学B（85分）				
		植物生理学七（77分）				
		果树学一（76分）				
	1912年春季学期		英文二：十九世纪散文（86分）	哲学三：逻辑（85分）	政治学51：经济学入门（75分）	
			英文38b：十八世纪英诗（83分）	哲学六：道德观念及其实践（78分）		
	1912年暑期班		演讲术A（87分）		财政学F（77分）	历史C：大英帝国的发展（70分）
						历史D：拿破仑时代（80分）

197

续表

学校	学期	农学课程	文学课程	哲学课程	政治学课程	历史学课程
康乃尔大学	1912年秋季学期			心理学一（92分） 哲学四：美术；哲学与历史的概论（76分） 哲学五：哲学史（90分）	政治学62：美国的政党制度（88分） 政治学53a：政治制度（82分）	历史11：中古史（旁听） 建筑30：美术史（65分）
	1913年春季学期		法文一（80分）	哲学七：伦理（76分） 哲学五：哲学史（85分）	政治学53b：比较政治学（85分）	
	1913年暑期班		英文41：到1642年的英国戏剧（96分） 英文52：维多利亚文学（88分） 教育学B：教育史（85分）			
	1913年秋季学期		演说与写作C：即席演说（94分） 英文K：莎士比亚悲剧（94分） 英文52：维多利亚文学（通过）	哲学19：近代哲学问题的发展（克雷登）	政治学87：经济理论史（85）	

续表

学校	学期	农学课程	文学课程	哲学课程	政治学课程	历史学课程
康乃尔大学	1913年秋季学期			哲学20：伦理学史：从古代、中世纪到文艺复兴（哈孟）哲学26：伦理学进阶（狄理）哲学37：伦理学讨论课（狄理）		
康乃尔大学	1914年春季学期			哲学16：德国哲学选读（哈孟）哲学21：近代伦理学史（艾尔比）	政治学87：经济理论史（通过）	历史71：历史的辅助科学（布尔）
哥伦比亚大学	2014年秋季学期		逻辑理论诸派（杜威）	哲学30：经验论与唯理论（艾尔比）哲学31：康德的批判哲学（艾尔比）政治理论史课程（丹宁）	政治学88：价值与分配（艾尔文·约翰迹）	历史75：史学方法（布尔）
哥伦比亚大学	2015年春季学期		社会政治哲学（杜威）哲学史（乌德布满基）艾德勒的课（偏重伦理文化）		政治学88：价值与分配（艾尔文·约翰迹）	

资料来源：江勇振《舍我其谁：胡适（第一部）璞玉成璧，1891－1917》。

综观表1，可以得出以下四点观察。第一，胡适留美期间怀抱"学术救国"的梦想，从事了五个专业学程的学习，只不过"英国文学"、"哲学"及"政治经济"修满了一个学程要求的学分，而"农学"因中途转专业而中辍，"历史学"因兴趣而选修，相比而言，不那么系统。第二，胡适在"英国文学"及"政治经济"两个专业上都下过较大的功夫，以致他回国后在北大最初可以胜任英国文学系的教学及建设工作，"谈政治"也能达到"高等常识"的层次，虽效果不彰，但也不落俗套。第三，胡适在"哲学"专业下的功夫最深，总共选修了十八门课，其中，康奈尔大学选修十四门，哥伦比亚大学选修四门。"哲学"专业下再细分，在"伦理学"方向下的功夫最深，选修七门课；其次是"哲学"历史，选修五门，其中，"哲学史"三门，"伦理学史"两门。颇具吊诡意味的是，胡适一向讨厌的抽象性较强的"伦理学"却是他留美时期下功夫最深的。第四，胡适虽然只选修了五门"历史学"的课程，但加上他在"哲学"专业所选五门历史性质的课程及其在"政治经济"专业和"文学"专业所选历史性质的课程，实际上，胡适所接受"历史学"训练的层次并不低。这或许也是他回国后学术上基本以史学"扬名立万"的根本所在。由此看，胡适说"哲学"是他的专业，"文学"是他的娱乐，"政治"是他"不感兴趣"的兴趣，确非虚言。只不过他把"历史学"的修业有意忽略了。

胡适的思想观念在留美期间发生重大转变，其中除了他在康奈尔大学和哥伦比亚大学所受课程及阅读的影响之外，他在留美期间的生活观感也是很重要的原因。遗憾的是，长期以来，由于资料的限制及学术观念的影响，研究者对胡适留美期间生活史的关注并不多。即使有所关注，也略显表面。有鉴于此，江勇振利用"旅美"的便利，充分爬梳美国方面的资料，重建胡适留美期间的生活史。以胡适在康奈尔大学的生活史重建为例，他的方法是："我们如果想要重建胡适在康奈尔大学，特别是他第一学期的学生生活，就只好根据康奈尔大学的出版品，特别是《康奈尔太阳日报》……以及《康奈尔校友通讯》，再佐以家信以及《留学日记》里一些零星的记载。"（第192页）虽然这里针对的是胡适在康奈尔大学第一学期的生活史重建问题，但其方法也可以适用于整个留美期间生活史的重建。正是在这一方法的指导下，江勇振描绘了胡适留美期间的物质生活、社会生活及女性交谊等。尽管详略不一，但较好地交代了胡适留美时期思想转变的具体语境。

首先，江勇振勾画胡适留美期间的物质生活，有助于揭示他的个人秉性与人格气质之形成。作为第二届留美庚款生，胡适留美期间的经济情况应该是比较宽裕的。根据江勇振的研究，从1911学年度开始，胡适一年的费用，学费、生活费外加零用钱，合计400美元，而官费一年是720美元，两项相减，可结余320美元。所以，他说，胡适"如果能省吃俭用，应该还是绰绰有余的"。即使胡适有每月5美元、一年共60美元养家的负担，也不会实质性地影响到他的生活。可惜胡适"天生就不是一个省吃俭用的人"，又出名的慷慨，"不在乎金钱的积攒"，如为了满足自己读书的兴趣，他会花50美金买一套"五尺丛书"；为了所谓"男子气"而吸烟，并且发展到吸烟草的地步，等等。结果经济的拖累不仅使他在美国负了债，而且选择读不感兴趣的康奈尔大学哲学研究所以获得300美元的"塞姬奖学金"养家。同时，胡适又是一个生活自理能力不很强的人。当他初到绮色佳（今译伊萨卡）时所租住大学街319号的主妇病故后，为饮食起居方便，胡适便于1911年4月2日起到"世界学生会"会所用餐，然后于9月6日搬到世界学生会所居住，并且一住就是三年，一直住到1914年9月19日搬到橡树街120号为止。求得了方便，就要破费金钱。不过，胡适在世界学生会居住三年，不仅广交世界各地的朋友，而且积极参与世界学生会的会务活动。以此，他得以超越"狭隘的民族主义"，而走向"国际仲裁主义"（第204—218页）。

其次，江勇振描绘胡适留美期间的政治生活，有助于揭示他的政治参与意识之形成。上海求学时期，胡适就产生了朦胧的政治参与意识。尤其是在中国公学与革命党人的实质性接触，更使他对政治产生了"不感兴趣"的兴趣。留学美国以后，胡适除了前述在康奈尔大学完成一个学程的"政治经济"的课程之外，还积极投身各种政治活动，以期求得"救国金丹"。他说："余每居一地，辄视其地之政治社会事业如吾乡吾邑之政治社会事业。以故每逢其地有政治活动，社会改良之事业，辄喜与闻之。不独与闻之，又将投身其中，研究其利害是非，自附于吾所以为近是之一派，与之同其得失喜惧。"① 江勇振指出，胡适此说在因其参与美国1912年的总统大选得以淋漓尽致地体现。其时，胡适还是康奈尔大学大三的学生。在"政治学62：美国的政党制度"的课上，为了培养学生的政治参与意识及政治

---

① 曹伯言整理《胡适日记全编》第2册，第507页。

分析能力，奥兹教授安排：在三个月的总统竞选期中，每一名同学支持一位总统候选人，读所有跟选举、竞选有关的新闻，然后每一个礼拜交一个摘要，期末交一个报告。同时，每一位同学必须参加绮色佳地区的每一场政治活动。按照安排，胡适选择进步党的老罗斯福为他支持的总统候选人，出入各种政治场合，听演讲、做分析，忙得不亦乐乎（第253—255页）。毫无疑问，通过这一政治实践，胡适的政治能力得到了较好的锻炼。当然，对胡适刺激最大的或许是他在哥伦比亚大学图书馆门前亲眼看见杜威主持争取妇女参政权活动。因为他在日记留下了"嗟夫，二十世纪之学生不当如是耶！"①的感慨。在这一声感慨中，那政治参与的情结或已经埋下了。

不过，胡适留美期间参与最深最久的政治活动应该是他在舆论上对辛亥革命的同情及对袁世凯自始至终的反对。此点关乎胡适留美时期及其后学思生命历程的走向，相当关键。遗憾的是，既有研究对之少有关注。江勇振充分利用美国留存的史料，详细描绘了胡适的这段生命历程。江勇振注意到，"全美中国留学生联合会"领导下的中国留美学生大部分在政治上比较保守。他们清末拥护清朝，民初支持袁世凯。这是在上海求学时期就染上革命情愫的胡适不能听之任之的。他必须要扭转这一在他看来"不正常"的舆论导向。由是，他领衔起草联名信，向"全美中国留学生联合会"的领袖们抗议，反对他们拥护袁世凯、排斥孙中山。与此同时，胡适发表系列文章为自己的观点进行辩护。如当西方世界咸于祝贺自由与共和降临中国时，他在1912年1月号的《康奈尔世纪》上发表《中国要共和》，力证共和政体是中国所必需；当袁世凯的帝制运动紧锣密鼓地进行时，他在1915年9月1日的《外观报》上发表《中国与民主》，表示：袁世凯的权力已经跟皇帝一样，帝制与否，根本不关中国政治的现况；当美国学者古德诺出面支持袁世凯的帝制运动时，他在1915年11月号《中国留美学生月报》上发表《中国反动势力的哲学家》，批判古德诺教导中国的"政府的改组要重权力而轻自由、要重服从而轻民权、要重效率而轻民主"乃是历史的误用，十足的偏见；当袁世凯帝制成立之际，他在1916年1月14日的《哥伦比亚每日旁观报》上发表《中国帝制复辟的分析》，指出：袁世凯帝制自为的行径不仅向世人暴露其丑恶的嘴脸，而且将祸害中国；当袁世凯帝制失败以后，他仍不忘在1917年的《种族发展季刊》上发表《捏造民

---

① 曹伯言整理《胡适日记全编》第2册，第301页。

意：最近中国帝制运动的文献史》，从电文来分析"筹安会"设计、安排拥戴袁世凯为皇帝的过程，进一步揭示整个帝制运动是由幕后的黑手在操纵主导，等等（第349—380页）。总之，通过上述的联名信及系列文章，胡适一方面表达了对袁世凯自始至终的反对，另一方面也扭转了美国舆论界"不正常"的导向；最重要的是，在积极参与美国舆论界论争的同时，胡适不仅锻炼了自己的政治参与意识，而且阐明了自己同情革命及主张民主共和的立场。

最后，江勇振交代胡适留美期间的女性交谊，有助于揭示他的妇女观与婚姻观之形成。关于胡适的妇女观与婚姻观，江勇振在其所著《星星·月亮·太阳——胡适的情感世界》①一书中有系统探讨，在这里他只是从两个方面简略地交代了胡适留美期间的女性交谊。其一，他揭示了胡适日记中所说"十年之中，未尝与贤妇人交际"不是实情。江勇振指出，胡适在上海曾经有过"叫局吃酒"的经历，故说十年未与女子交际不是实情；退一步讲，就算胡适说得是"贤妇人"，他在说这话之前也已经结识了连续两年到康奈尔大学去选暑期班课的瘦琴（Nellie Sergent），并开始相当殷勤地通信。既然如此，胡适何必要撒这个谎呢？难道其中另有隐情！至少"贤妇人"一词象征着胡适留美后期对19世纪曾经流行美国的"纯美的女性"之向往。其后，胡适的妇女观开始从认同"良妻贤母"向主张"自由独立之女子"转变。其二，他揭示了韦莲司的出现导致胡适与江冬秀的婚约在1915年夏秋之间出现危机。江勇振指出，在1915年夏秋，胡适为韦莲司作三首艳诗《满庭芳》、《临江仙》及《相思》；反之，胡适给江冬秀写了一首读之触目惊心的英诗《今别离》，表示造成"你"和"我"形同陌路的，不只是偌大的半个地球，而是心灵的隔膜。两相比较，感情的天平明显地偏向了韦莲司（第543—556页）。其间，由于胡适和韦莲司双方母亲的强力反对及其他种种原因在，最终胡适还是接受了与江冬秀的婚姻。不过，这一接受的背后隐藏着的是胡适的抗拒与无奈。

留美期间，胡适的思想实现了重大转变，但每一转变并非一蹴而就，而是经历了漫长的演变历程。既有研究者关注及此，但多不系统深入。江勇振"缘事循理"，既注重思想转变的外在影响，又不忽视思想发展的内在理路，梳理出胡适留美期间思想从"悲观主义"到"乐观主义"、从"狭隘

---

① 江勇振：《星星·月亮·太阳——胡适的情感世界》，新星出版社，2006。

的民族主义"到"国际仲裁主义"及从"尊宗教"到"非宗教"系列转变的来龙去脉与前因后果,建构起留美期间胡适学思生命历程的动态图景与变化轨迹。

首先,江勇振不仅勾勒出留美时期胡适思想从"悲观主义"到"乐观主义"转变的轨迹,而且分析了其思想转变的原因。胡适在其《留学日记》里对自己留美时期的思想变化交代得最清楚的莫过于他从悲观到乐观的过程。但他的思想变化大致发生在何时,最突出的标志何在?他并没有交代,既有研究也没有深查。江勇振却独具慧眼,从胡适对"殉国"态度的转变寻找到他从悲观到乐观的转折轨迹。1911年7月,杨笃生在英国投海自杀。胡适听到消息后,不仅感叹不已,而且以屈原为榜样纪念之。但两年以后,胡适的好友任鸿隽的弟弟季彭忧心国事、投井而死时,任鸿隽的朋友安慰他说:"吾辈生此可怜之时,处此可怜之国,安知死之不乐于生耶!"胡适看到这句话以后说这是"亡国之哀音",并且认为杨笃生、任季彭两人"其志可哀,其愚可悯"。解决之道在于:"但有一息之尚存,则终有一毫希望在。若一瞑不视,则真无望矣。"① 在这里,江勇振既寻出胡适思想从悲观向乐观转变大致发生在1913年夏季,也指明思想转变之理在于"希望所在,生命存焉"。不仅如此,他还探讨了胡适拥抱乐观的宣言《布朗宁乐观主义颂》,指出胡适希望借分析布朗宁乐观主义的哲学基础来宣布自己从悲观转向乐观的思想根源。具体地讲,就是悲观主义者认为人生无趣,因为人类永远不可能臻于真善美。人生要走向乐观必须要对悲观主义者的这种论调予以批判,然后用"爱"的精神来医治悲观主义者的创伤,因为"爱是希望哲学的基础"(第237—245页)。

由上所述,我们知道"爱的精神""希望的所在"是胡适思想从悲观转向乐观的思想根源。但"爱的精神""希望的所在"属于形而上的范畴,其凝练需要一个过程,尤其需要有契机。江勇振注意及此,强调:"胡适的爱国心怀和他老成悲观的心绪是纠结在一起的。如果胡适终于超越了他在上海时期所养成的狭隘的爱国心,他同时就摆脱了悲观的阴霾。"(第237页)江勇振这段话一方面交代了胡适从悲观走向乐观的又一原因,那就是留美时期胡适对其上海时期"狭隘的爱国心"的超越;另一方面也提示了胡适"爱的精神""希望的所在"从出之源,即胡适超越他在上海时期所养成的

---

① 曹伯言整理《胡适日记全编》第1册,第204页。

"狭隘的爱国心"。此后,他上可以关注"人类",下可以关注"个人",不仅"爱"的范围可以拓宽,而且"爱"的对象可以转移。一旦"爱"的对象实现转移,那么胡适就可以摆脱"国"不可爱而不得不"爱"的尴尬,从博大的"人类"之爱中寻找"希望"之光。

其次,江勇振梳理出留美时期胡适思想从"狭隘的民族主义"到"国际仲裁主义"演变的来龙去脉与前因后果。胡适的《留学日记》显示,他的政治思想在留美期间经历了四次转变:"先是一变,从他在上海求学时期所形成的狭隘的民族主义者,变成一个以爱国为基础的世界公民;再一变而成为一个超越国界的世界公民;从世界公民,他再变成一个绝对的不争主义者;最后,再变成一个国际仲裁主义者。"(第381页)既有研究者对胡适留美时期政治思想的这一转变有所论及,但多偏重纵向梳理,其间的曲折揭示得也不很充分。① 江勇振独出心裁,非常注重思想转变的外在影响与知识来源,梳理出胡适留美期间思想从"狭隘的民族主义"到"国际仲裁主义"演变的来龙去脉与前因后果。

其一,关于胡适从"狭隘的民族主义者"到"以爱国为基础的世界公民"的转变,江勇振的一段话相当具有启示性。他说:"胡适从一个狭隘的民族主义者,蜕变成一个以爱国为基础的世界公民的过程并不是很平顺的,他内心挣扎了相当一段时间。这感情上的包袱,不是单纯理智上的认知与觉悟就可以把它弃之敝屣的。"江勇振的这段话有两层意思:一是胡适从一个"狭隘的民族主义者"蜕变成一个"以爱国为基础的世界公民"经历了一个曲折的历程;二是思想的蜕变除了有它的内在理路,还有它的外在刺激。事实确实如此。江勇振注意到,当胡适刚刚在学理上找到了爱国与世界大同并行不悖的交汇点,也就是他主张"世界主义者,爱国主义而柔之以人道主义也"时,② 他的这一信念就遭到美国出兵干预墨西哥革命一事的挑战。由此,胡适徘徊于"国界"与"是非"之间,时而认为"不管对错,总是我的国家"有理,时而觉得"父母之邦,虽有不义,不忍终弃"也不错,始终难以纾解。其后,通过反省中国近代史事,"吾国与外国开衅以来,大小若干战矣,吾每读史至鸦片之役,英法之役之类,恒谓中国直也;至庚子之役,则吾终不谓拳匪直也",③ 才认识到国要爱,但也要坚持是非

---

① 罗志田:《再造文明之梦——胡适传》,四川人民出版社,1995,第112—147页。
② 曹伯言整理《胡适日记全编》第1册,第200页。
③ 曹伯言整理《胡适日记全编》第1册,第387页。

正义的标准，也就是说要做一个"以爱国为基础的世界公民"。为说明此点，江勇振还专门安排了一个有趣的注脚，那就是在美国1912年总统大选的时候胡适因为仍然处在民族主义的笼罩之下而支持了老罗斯福，没有支持他后来所景仰的威尔逊（第381—392页）。

其二，关于胡适从"以爱国为基础的世界公民"转变为"超越国家的世界主义者"，江勇振没有专门论列，而是一笔带过。但他还是点出"一战"对于胡适思想转变的刺激作用。正当胡适试图为爱国与世界主义并行不悖寻找解决之道之时，第一次世界大战爆发了。通过对"一战"的仔细观察与了解，胡适认为"一战"的思想根源是"狭义的民族主义"。救济之道在于"世界的国家主义"，也就是说，"爱国是大好事，惟当知国家之上更有一大目的在，更有一更大之团体在"。[①] 在这里，江勇振指出，胡适思想言说由"世界主义，爱国主义而柔之以人道主义者也"转变为"世界的国家主义"，不仅"国家"与"世界"的顺位倒过来，而且落脚点也不一样：前者落脚在国家，后者落脚在世界（第396页）。应该说，这是一个十分见道的观察。由这一观察可见胡适思想的视点逐渐由"国家"向"世界"转移的趋势，也可见中国传统之"治国平天下"的"外王"理路在。

其三，关于胡适从"世界公民"转变为"绝对的不抵抗主义者"，江勇振分两个阶段进行论述。在前一阶段，也就是胡适还是一个"半吊子的不抵抗主义者"的阶段，江勇振注意到，胡适不抵抗主义的发轫，一方面是受欧洲战场"卢森堡以不抵抗而全，比利时以抵抗而残破"及"鲁汶因抗拒而受屠，布鲁塞尔因求降而独存"的启发；另一方面是受老子"柔弱胜刚强"、耶稣"以左颊就之"的教诲及"世界大同主义者所该效忠的就不是国家，而是世界"之学理的影响。但实例的启发与名言、学理的影响并不能使胡适马上具有"在强敌压境之下，不以卵击石"的智慧。所以，当日本对德宣战，在山东接受德国利权时，胡适还是主张"中国必须武装起来"（第393—401页）。"绝对的不抵抗主义"难以贯彻到底。

在后一阶段，江勇振提示出胡适"不抵抗主义的底定"之思想资源、具体表现及其因缘。江勇振强调，胡适"不抵抗主义的底定"之思想资源是1914年12月12日发表于《公众》周刊署名S. D. 的文章《充足的国防》。通过阅读这篇文章，胡适认识到"充足的国防不在于军备，而在于公

---

① 曹伯言整理《胡适日记全编》第1册，第508页。

道地对待所有国家的人民"。具体到中国前途，胡适提出：对内，"兴吾教育、开吾地藏、进吾文明、治吾内政"；对外，则"力持人道主义，以个人名义兼以国家名义，力斥西方强权主义之非人道、非耶教之道；一面极力提出和平之说，与美国合力鼓吹国际道德"。① 胡适说到做到。1915 年 1 月日本对中国提出"二十一条"的要求时，胡适力主"执事者各司其事"的原则，一方面在康奈尔大学同学会特别会上发表书面意见，要大家镇静下来，以做长远的谋虑；另一方面在《中国留美学生月报》上发表公开信《莫让爱国冲昏头：告留美同学书》，告诫同学们："只手挽狂澜，算不得勇敢；以卵击石，也不算英雄。"后来，胡适感觉到自己也不够冷静，故接受韦莲司的建议，写了第二封公开信《何为爱国理性？——再致留美同学》，强调"日本的'二十一'要求所激起的民气，是坦荡、健康的，但必须运用智慧，把这股民气导向有用、具有建设性的方向"。1915 年 6 月，第一届"国际关系讨论会"在绮色佳召开。在这次大会上，胡适有两项表现十足证明了他的"绝对的不抵抗主义"立场。一是他盛气对待哈德逊·马克辛爵士的演说《不设防的美国》。马克辛爵士演说的主旨是美国必须增加军备，以免为敌所乘。毋庸置疑，这是已然信奉"绝对的不抵抗主义"的胡适所不能接受的立场。再加上马克辛故意嬉皮笑脸、言不由衷，胡适难以容忍，站起来发言："这整个晚上，我们的演讲者在演讲里一个立论也没有。……既然演讲者没有任何值得去反驳的论点，既然他保证他明天上午的演讲会给我们一些事实，而不只是笑话和俏皮话，我提议现在就散会。"很显然，对演讲者来说，胡适此举是相当不敬，导致马克辛投书《纽约时报》表示抗议。但胡适的盛气也说明他对马克辛演说的内容和策略都是相当不满。所以，胡适后来虽为此事向马克辛道歉，但他"绝对的不抵抗主义"立场并没有让步。二是胡适在会议最后一晚进行题为《强权就是公理吗？国际关系与伦理》的演讲。胡适在这篇演讲中主要说明：（一）舆论是最好的制裁工具；（二）道德哲学家善尽他们的角色，帮忙建立这个"最终、最有效的制裁方法"的可行之道是"功利主义"及"去发展出一个超越国家之上的世界大同主义"。而这两点在在反映出胡适对"绝对的不抵抗主义"之坚持（第 401—426 页）。

其四，关于胡适从"绝对的不抵抗主义者"转变为"国际仲裁主义者"，

---

① 曹伯言整理《胡适日记全编》第 1 册，第 565 页。

江勇振主要从转变的起始点、思想资源及后续影响进行论述。江勇振指出，胡适从"绝对的不抵抗主义者"转变为"国际仲裁主义者"的起始点是第一届"国际关系讨论会"。本来，在这次大会上，胡适表现为一个十足的"绝对的不抵抗主义者"。江勇振为什么能够敏锐地观察到它是胡适转向"国际仲裁主义者"的起始点呢？原来，大会期间，胡适"和平运动"的同志讷司密斯转向"强制维持和平联盟"，胡适景仰的安吉尔主张用国际联盟的方式来维持和平，大会本身也制定了军事或经济制裁的决议案。所有这些，强调的都是"制裁"。这是与主张"绝对的不抵抗主义"的胡适立场不一致的。进退失据之际，胡适的思想开始转向"国际仲裁主义"。思想一旦开始转向，胡适就在给好友韦莲司、根内特信中有所表露，如主张用武力来解决国际关系，"以王道之力来制暴"等。不过，胡适真正成为一个"国家仲裁主义者"的标志是他 1916 年 6 月得奖的第二篇征文《国际关系有取代武力之道否？》。江勇振注意到，胡适承认这篇文章的许多观点来自韦莲司，但主要来自安吉尔和杜威。其中，来自安吉尔的重要观点是："一个人用力量把他的意志强加到别人身上，其结果就是反抗；于是，这两个能量就互相抵消，结果就是无用或浪费。"然而，安吉尔的这段话只是提供了胡适"国际仲裁主义"思想的核心观念，真正提供胡适立论所需要分析的概念和语言的是杜威 1916 年所发表的两篇文章《力量、暴力与法律》和《力量与制裁》。在这两篇文章里，杜威主要在于说明"力量是中性的。凡事都须要运用力量，问题在于其利用"。可以说，杜威这两篇文章使胡适一下明白了"国际仲裁主义"的精义，认识到国际制裁机制的好处：一是防止了不必要的重复与浪费；二是会把武力的运用减到最低；三是把全世界国家的武力结合起来以维持公法与和平，促进国际团结与亲善。如果把这种制裁的精神运用于国内事务的治理，带来的也一定是秩序与效率。由此，胡适的政治哲学得以奠基（第 427—464 页）。

其五，江勇振剖析了留美时期胡适从"尊宗教"到"非宗教"转变的深层背景。留美前，胡适自称为"无神论"者，对宗教迷信敬而远之。留美后，由于修身进德的焦虑及宗教情怀的滋长，胡适接近基督教，相应的对孔教也不反感。到了留美的后期，胡适不仅抵制基督教，而且反对孔教。对于胡适从"尊宗教"到"非宗教"的思想转变，江勇振分别从基督教与孔教两方面予以深刻剖析，理出思想转变的大致轨迹，揭示出思想转变的深层背景。

受胡适本人的诱导，既有研究谈到胡适与基督教的关系，多注意胡适对基督教的"拒斥"，很少注意胡适对基督教的"亲和"。针对这种情况，江勇振细心阅读中英文史料，不仅挖掘出胡适对基督教的"亲和"面相，而且揭示出胡适跟基督教"先亲和、后拒斥"的心路历程。江勇振指出，胡适之所以亲近基督教，是因为他充满修身进德的焦虑；并且，通过参与"北美中国基督徒留学生协会"于1911年6月在宾州宇可诺松林城举办的夏令营，胡适不管是从智性上，还是从情感上都受到基督教的感化。基于这种宗教体验，胡适不仅继续参加了"北美中国基督徒留学生协会"1912年6月在麻省北田举办的夏令营，而且在往后很长的一段时间里，固定参加查经班，读《圣经》，听礼拜。由此，胡适的"宗教情怀"得以滋长，"宗教感应"得以产生。资料显示，胡适最突出的"宗教感应"是，读《马太福音》到第九章第36至38节的经文时，他感动得泪流满面："他（耶稣）看见许多的人，就怜悯他们；因为他们困苦流离，如同羊没有牧人一般。于是对门徒说：要收的庄稼多，做工的人少。所以，你们当求庄稼的主打发工人出去收他的庄稼。"关键是，胡适还把这一"宗教感应"广为宣传，以飨友人。张伯苓指出，胡适的前述行为反映的是一种典型的"宗教情怀"。不过，基督教有修身进德的一面，它也有狂热、反智的一面。江勇振认为，胡适因有修身进德的焦虑而接受前者，但也因有"学术救国"的素志而与后者保持距离。比如，胡适对基督教的"洗礼"及"圣餐"等仪式就不以为然。问题在于，胡适接近基督教是因为基督教具有伦理道德的功能。当他一旦开始怀疑基督教的伦理道德功能时，他对基督教的尊崇将会烟消云散。1913年2月2日，他在绮色佳"第一浸礼教堂"演讲《理想的传教士》，就批评传教士"傲慢""教条"，具有西方中心主义偏见。1915年3月，胡适在绮色佳长老教会演讲《基督教在中国的机会》，仍然批评基督教为西方国家的"强权"站台。由此可见，胡适先是批判"作为宗教的基督教"，然后宣告"作为伦理道德系统的基督教"的破产（第476—502页）。

一般看来，胡适是反对孔教运动的。殊不知，胡适留美时还有一段把孔教作为宗教进行探索的经历。虽然，他最终走向了反孔教，但这段经历对胡适的生命历程意义深远。江勇振不仅注意到胡适的这段经历，而且利用梅光迪致胡适的系列书信及胡适的英文演讲与文章建构出胡适从"尊孔教"到"非孔教"的思想转变历程。江勇振观察到，胡适1912年12月1日在芭痕院演讲《孔教》时把"Confucianism"翻成"孔教"，而不是儒家。

但这不是胡适的创见，而是来自梅光迪的影响。因为1912年6月25日，梅光迪致胡适的信中主张"昌明真孔教"，同时把"真孔教"与秦汉以后诸儒学说分开。由是，"孔教"指的就是儒家，可带有宗教的意味。然而，胡适并不是一个喜欢人云亦云的人。当"定孔教为国教"问题在国内及中国留美学生之间讨论得沸沸扬扬时，胡适开始思考"孔教"问题。其结果就是发表在《中国留美学生月报》1914年5月号上的《中国的孔教运动：其历史与批判》一文。在这篇文章中，胡适强调孔教运动是一个进步的、具有正面意义的运动，但它需要改革，"根本之道就是用科学的、历史的、批判的方法去作研究整理的工作。不止如此，孔教如果要成为一个真正的宗教，它就必须要经过它自己的'宗教革命'"。问题是，一方面，对"孔教"做研究整理的工作，会减损它的宗教性；另一方面，把"孔教"作为宗教，本身就不为胡适措意。他在1917年初为道森的《孔子的伦理：孔子及其弟子论"君子"》所写的书评明白地表露了这一意思。他说："孔子的理想仅止于如何使人生更善、更美。而其入手之道是透过个人的弘毅，以及身体力行社会上的道德规范，也就是'礼'。"由此，对胡适来说，"孔教最终只成为一个迷梦"（第512—532页）。

四

21世纪以来，随着《胡适全集》及胡适周边的史料之赓续出版，胡适研究的成果不断标高。量的积累蔚为壮观，质的提升有目共睹。在这种情况下，踏足胡适研究园地，将是对研究者的勇气与智慧之极大挑战。因为不管是对研究对象胡适达到"了解之同情"，还是超越从事胡适研究的大家学者，如余英时、林毓生、耿云志、罗志田、章清、欧阳哲生、格里德、周质平及邵建等，都不是一件十分容易的事情。旅美学者江勇振先生迎难而上，汇聚新史料，采用新理念与新方法，不仅对胡适自己所形构的早期生命史予以解构，而且对研究者所建构的胡适早期生命史予以解构，更重要的是还对胡适早期生命史予以重构，从而把胡适早期生命史的研究大大地推进了一步，同时对胡适研究，乃至对中国近现代思想文化人物的研究富于方法论启示意义。前文已经详细论述了江勇振对胡适早期生命史的解构与重构之情形，下文在前文论述的基础上，从新史料、新理念及新突破等三个方面对江勇振实现对胡适早期生命史的解构与建构之意义予以凸显，以飨胡适研究,乃至中国近现代思想文化人物研究的后学新进。

第一,江勇振为实现对胡适早期生命史的解构与重构,使用了大量的新史料。这里所谓的"新史料"有两层含义:一是指史料的"新",二是指史料并不新,但在新视野的观照下,旧史料也产生新意义。就前者而言,为实现对胡适早期生命史的解构与重构,江勇振使用了许多新史料。如他使用北京大学出版社2003年出版的原藏于北京大学图书馆的胡适《澄衷中学日记》,不仅寻出胡适"狭隘的民族主义"的思想资源在亚诺福斯特的《国民读本》和马奎克与史密斯合著的《真国民:如何成为其中的一员》,而且揭示出胡适在上海存在修身进德的焦虑;如他利用旅美的便利条件,大量使用康奈尔大学的出版品,特别是《康奈尔太阳日报》,以及《康奈尔校友通讯》,以重建胡适在康奈尔大学,尤其是他第一学期的学生生活;大量使用登载在美国刊物上之胡适当时所做的演说与发表的文章,描绘胡适留美时期的生命史;同时,江勇振还利用藏在中国社会科学院近代史研究所的《胡适外文档案》,揭示胡适留美时期的学思生命历程。

就后者而论,为实现对胡适早期生命史的解构与重构,江勇振采用新眼光解读史料,使旧史料产生新意义。如《四十自述残稿六件》载耿云志先生主编的《胡适遗稿与秘藏书信》,1994年即由黄山书社出版,应属旧史料。但江勇振引入比较的视野,通过《四十自述残稿六件》与《四十自述》等习见史料的比较,一方面重构了胡适的家族史,指出胡适父母之结亲并非"太子会"上的不期而遇,最可能是传统的媒妁之言;胡适家族不仅婆媳、妯娌之间"暗斗",而且兄弟之间"明争";胡家衰败并非在论者常以为胡传那几千两银子倒账的1902年,而是在胡适二哥颓废的1908年,等等(第17—26页)。另一方面已如前文所述,重构了胡适在上海求学时期的课程史与阅读史。如《梅光迪致胡适》系列书信也载耿云志先生主编的《胡适遗稿与秘藏书信》,也属旧史料。这批史料不仅可以用来研究梅光迪,而且可以弥补胡适留美初期自身直接史料不足的缺憾。① 江勇振见及于此,针对胡适致梅光迪信大多遗失的情况,主要从梅光迪致胡适系列信函的内容"反向"释读出胡适留美初期的宗教情怀及其从"尊宗教"转变到"非宗教"等生命史的信息。

第二,江勇振为实现对胡适早期生命史的解构与建构,重温旧理念,

---

① 刘贵福:《梅光迪、胡适留美期间关于中国文化的讨论——以儒学、孔教和文学革命为中心》,《近代史研究》2011年第1期。

采用新方法。所谓"重温旧理念",就是把诸多旧理念使用到极致以解决问题。江勇振用比较考证的理念,不仅解开了胡适在其所著《四十自述》、《胡适口述自传》及《胡适留学日记》中布下的重重"迷雾",而且观察到胡适对古今中外诸观念与学说借用、杂糅而不留痕迹、"为我所用"的特点,同时纠正了一系列胡适早期生命史研究中的小问题,如胡适在《四十自述》中说他在梅溪学堂崭露头角发生在他进入学堂的第四十二天,但江勇振根据胡适在他三哥四周年忌辰所写的一首诗《先三兄第四周年忌辰追哭》进行推算,正确指出胡适乃是在3月底到上海,陪伴三哥近一个月以后,于4月30日进梅溪学堂念书,5月11日他在梅西学堂崭露头角,三哥病危,等等(第56页)。江勇振在解构格里德、周质平、邵建、余英时及林毓生等大家学者所建构的胡适早期生命史时,采用了诸多常见的理念,却取得了非常不错的效果,如指出格里德由于资料的限制而被胡适"牵着鼻子走";认为周质平由于断章取义、主观臆断,导致研究缺乏脉络感,且存在逻辑推证倾向;观察到邵建存在没有看见即认为没有、理解不透而误读等情况而误断胡适;强调余英时先生由于对胡适过于同情而缺乏批判的立场;林毓生先生由于对胡适缺乏整体了解以及"以今度古"的后设倾向,以致误解胡适;等等。

所谓"采用新方法",指的是江勇振在对胡适早期生命史进行解构与建构的过程中,采用了新文化史的理论与方法。如为了坐实胡适早期的思想渊源与知识基础,他采用阅读史理论,建构了胡适在上海求学时期及留美时期的所受课程与阅读情况;又如为了揭示胡适留美时期思想形成的日常氛围与生活语境,他引入新社会史理论,建构了胡适留美时期的物质生活、政治生活及女性交谊。

最重要的是,江勇振注重思想转变的外在影响,如在梳理留美时期胡适思想从"狭隘的民族主义"到"国际仲裁主义"演变的来龙去脉与前因后果时,他注意到美国出兵干预墨西哥革命对胡适从"狭隘的民族主义者"向"以爱国为基础的世界公民"转变的影响;第一次世界大战的爆发对胡适从"以爱国为基础的世界公民"转变为"超越国家的世界主义者"的刺激作用,以及署名S.D.的文章《充足的国防》对胡适"不抵抗主义的底定"的思想资源意义,杜威的两篇文章《力量、暴力与法律》和《力量与制裁》对胡适所著《国际关系有取代武力之道否?》思想来源价值。同时,他又不忽视思想发展的内在理路,如在剖析留美时期胡适从"尊宗教"到

"非宗教"转变的深层背景时，他注意到上海求学时期胡适充满修身进德的焦虑与其亲近基督教的内在关联，胡适的"科学救国"素志导致他最终不得不抛弃基督教、反对孔教的内在逻辑。这样"缘事循理"，江勇振深刻揭示出胡适思想的许多繁复面相。

  第三，汇聚新史料，采用新方法，江勇振在对胡适早期生命史的解构与重构过程中取得了诸多突破。如为了解构胡适为塑造自我形象而通过自著《四十自述》、《胡适口述自传》及《胡适留学日记》所建构的早期生命史，江勇振揭示了这三种史料中胡适的曲笔与隐笔所在；为了解构格里德、周质平、邵建、余英时及林毓生等大家学者所建构的胡适早期生命史，江勇振不仅指出了这些大家学者的错误所在，而且指出了致误之由；为了建构胡适早期生命史，江勇振系统梳理了胡适在上海求学时期及留美时期的课程史，细致描述了胡适留美期间的生活史，深入刻画了留美前后胡适思想的演变图景。这些无不推进了胡适早期生命史的研究步伐。

（作者单位：中南财经政法大学马克思主义学院）

·学术综述·

近代湖北财政史研究述评

罗 凯

湖北在中国近代史上具有重要影响力。晚清民国以来，论者从不同角度、不同侧面对湖北的历史进行了深入探讨，而财政也是他们关注的焦点之一，取得了丰硕的成果。对晚清民国以来湖北财政史的研究成果进行系统梳理与客观分析，有助于进一步深化湖北财政史乃至整个湖北地方史的研究。

一 1949 年以前的研究概况

据笔者目力所及，最早涉及晚清民国湖北财政的著作当属日本东邦协会撰写的《中国财政纪略》，该书实为记述清光绪年间之财政，其中作者考察了湖北省财政收支状况，如收入项下之田赋、盐税、厘金、鸦片税，支出项下之京饷、军费分担等。① 1904 年，梁启超的《中国国债史》出版，书中列有"清末各省分摊庚子赔款"及"各省补还庚款磅亏"两表。其中，庚子赔款湖北摊款"百二十万两"；补还磅亏湖北分担"九十万两"，省内之江汉关亦分担"二十万两"。② 继梁启超之后，日本人佐野善作对汉口的金融机关与营业状况进行了考察，涉及外国银行、票号、官银号、钱庄以及钱铺等。③ 1910 年，两篇与湖北财政有关的文章问世。一定程度上讲，这两篇文章开启了晚清民国湖北财政史研究的先河，因为其更多地呈现评论分析的特征。一是梁启超的《论直隶湖北安徽之地方公债》④，一是杨汝梅

---

① 〔日〕东邦协会：《中国财政纪略》，吴铭译，广智书局，1903 年铅印本。
② 梁启超：《中国国债史》，广智书局，1904。
③ 佐野善作：《清国货币问题沪汉金融机关调查报告》，东京高等商业学校，1905。
④ 梁启超：《论直隶湖北安徽之地方公债》（1910 年），《饮冰室文集》卷二十八，中华书局，1926，纪宝成主编《清代诗文集汇编》第 795 册，上海古籍出版社，2010。

的《与余方伯论湖北财政书》①。梁文共分"内债过去之历史""直隶公债办法及成绩""湖北安徽公债办法及成绩""公债条件评""募债失败之原因""募债目的之当否""结论"七部分,其在第三部分中对湖北发行此公债的原因、偿还办法及效果做了简要分析,指出湖北因"历年筹办新政,息借华洋商款,已三百万,偿期已届,而费无所出,善后局常年经费,收支复不相偿",所以总督陈夔龙于1909年九月奏准"借公债二百四十万两",但公债办理章程"实不过将直隶章程照样誊写一通,所异者,惟直隶之四百八十万两,湖北减其半",至于劝募效果,虽然不知晓详细情形,但可断言"其结果必在直隶之下"。梁启超将三省之公债命名为"袁世凯式之公债",批评其有"无据置年限""指定财源以为担保""公债票可以为完纳租税之用""公债之息率每年递增"等弊端。而劝募失败,根本原因还在于政府不能取信于民;而且,湖北、安徽为弥补行政经费之不足而发行公债,目的甚为不当,且将陷入恶性循环之中,给本省人民带来无穷之负担。杨文评述当时湖北省增加财政收入的手段犹如"水银泄地,无孔不入","除所得税、营业税等二三骤难实行之税目外,更无生财之余地",但"岁出经费,自筹备宪政以来,年增一年,靡所底止"。所以欲解决问题,维持财政现状,"舍严剔中饱及推行良税外,别无增加收入之法,舍移缓就急及核减浮滥报销外,别无减少支出之法"。然而,要进行这样的改革,"非统一财权不可"。结合省政府权限及部颁明文,作者就统一财权问题提出三点意见,依次为"划分收支命令机关与出纳现金机关之权限,即速行确定湖北分库支库,以实行国库章程""遵部章调查本省收支惯例并参照东西各国成例,速定收支章程""遵部章制定划一簿式,颁布施行",而三者之中,第一条是基础与根本。

辛亥鼎革后,时人越来越注意研究国家的财政问题。在不断面世的各种财政史论著中,与湖北财政相关且尤值得注意者当为贾士毅的作品。贾士毅为民国财政史研究的著名专家,曾于1933—1938年担任湖北省财政厅厅长,其各项著述对湖北财政多有涉及,如《民国财政史》《民国续财政史》《湖北财政史略》《国债与金融》《关税与国权》等。

综而言之,1949年之前关于湖北财政史的研究已经取得了不少成果,其主要表现在以下几个方面。

---

① 《与余方伯论湖北财政书》(1910年),杨汝梅:《财政实业集论》,顺天时报社,1913。

其一，各种通史、断代史、专题史对湖北财政的研究。这些论著对湖北财政只是附带涉及，并不将其作为主要探讨对象。

如吴廷燮《清财政考略》，作者初步统计了宣统元年湖北省财政收入、支出的各项数额。① 王振先《中国厘金问题》，书中第三部分"各省厘金之制度"对光绪末年至民国初年湖北省厘金制度的演变做了考察，包括厘金名称、税率、征收地等方面的变化。② 贾士毅《民国财政史》对民国元年至民国五年的湖北财政做了研究，例如民国二年、三年、五年湖北省岁入、岁出预算额，宣统元年湖北公债发行概况，宣统及民元湖北举借外债之情形等；此外，书中对湖北的财政费、教育费、军费、银行、纸币等情况亦做了大略的论述。③ 他的另一部作品《民国续财政史》的研究起止时间为民国六年至民国二十一年，作者对武汉国民政府的财政状况、民国八年与十四年湖北省财政收支预算、湖北省财政管理机构变迁、湖北省农民银行、汉口钱庄以及民国二十一年湖北省财政整顿等问题进行了观照。④ 胡钧《中国财政史讲义》，作者关注了宣统年间湖北的内外债问题，对债额、抵押品、偿还期限等做了介绍。⑤ 周保鉴《中华银行史》，作者除考察湖北省银行之沿革及其钱票发行情况外，还评述了高松如督办省银行之效果。⑥ 张家骧《中华币制史》，书中介绍了湖北官钱局及其发行官票的历史并对民国十二年官钱局发行纸币情况（包括发行类别、发行总额、收回总额、行用总额）进行了统计。此外，作者对鄂省造币机构湖北银元局、湖北铜币局、汉阳兵工厂附设铜币局之历史亦进行了考察。⑦ 金国宝《中国币制问题》，作者对湖北官票进行了关注，着重叙述了辛亥革命后湖北官钱局滥发官票，导致弊端丛生、风潮迭起等问题，北伐军入鄂后，以发行金融公债之办法收回官票，"扰攘经年之官票风潮，至此始告一结束云"。⑧ 罗介夫《中国财政问题》，作者对民国十三年至十九年湖北财政收入与支出情况进行了简述，重点评述了武汉国民政府滥发纸币、实行现金集中条例所造成的恶劣

---

① 吴廷燮：《清财政考略》，1914年铅印本。
② 王振先：《中国厘金问题》，商务印书馆，1917。
③ 贾士毅：《民国财政史》，商务印书馆，1917。
④ 贾士毅：《民国续财政史》，商务印书馆，1932—1934。
⑤ 胡钧：《中国财政史讲义》，商务印书馆，1920。
⑥ 周保鉴：《中华银行史》，商务印书馆，1923。
⑦ 张家骧：《中华币制史》第二编、第四编，民国大学出版部，1925。
⑧ 金国宝：《中国币制问题》，商务印书馆，1928。

影响，即"汉口银行与钱店概行休业，物价飞涨，纸币暴落，政府财政，更陷于穷乏，无以为计"。① 诸青来、岩双《中国财政问题》，作者通过对湖北省民国五年、八年、十一年、十二年、十三年等年份的财政收入与支出情况进行统计分析后得出结论，由于滥发纸币、战乱迭起，"该省国家岁入逐年减少……国家岁出则逐年增加"，故"财政益岌岌不可终日矣"。② 夏鼐《太平天国前后长江各省之田赋问题》，作者在将长江流域作为整体考察之时论述了湖北省田赋浮收勒折、拖欠钱粮之原因以及湖北减轻田赋之原因、方法与经过。③ 罗玉东《中国厘金史》，作者对湖北省厘金的税制沿革（包括厘金种类、税率、抽收机关、征收方法、比较、局用）、税收及开除等问题做了较为详细的论述。④ 魏尔特《关税纪实》，作者考察了江汉关、宜昌关、沙市关征收存放及汇解税款之办法，1929年之后各关每月、每季、每年之经费数量以及沙市常关经费之筹集措施等问题。⑤ 叶元龙《中国财政问题》，书中统计了1933年度湖北省财政收入与支出数额，计"岁入23312130元，岁出23312130元"，然作者指出，虽然数字上显示收支相抵，但事实并非如此，实系收支不敷，积亏甚巨。⑥ 曾仰丰《中国盐政史》，作者对鄂省应盐的出产源流、销售区域、机构管理等问题进行了简要论述。⑦ 张继煦《张文襄公治鄂记》，作者对张之洞督鄂时整顿财政、革新币制之举措进行了叙述。⑧ 彭雨新《县地方财政》，作者对1930年代中期至1940年代初湖北省县财政岁入、岁出预算额进行了统计。⑨

除上述中国学者的各种研究外，此期日本出版的诸多论著中也对湖北财政问题有所观照，涉及鄂省关税、厘金、公债、货币金融、财政收支等各方面。如吉田虎雄的《中国关税及厘金制度》⑩和《中国货币研究》⑪，

---

① 罗介夫：《中国财政问题》，太平洋书店，1933。
② 诸青来、岩双：《中国财政问题》，商务印书馆，1933。
③ 夏鼐：《太平天国前后长江各省之田赋问题》，《清华学报》第10卷第2期，1935年。
④ 罗玉东：《中国厘金史》上册，商务印书馆，1936。
⑤ 魏尔特：《关税纪实》，郭本校，海关总税务司公署统计科，1936。
⑥ 叶元龙：《中国财政问题》，商务印书馆，1937。
⑦ 曾仰丰：《中国盐政史》，商务印书馆，1937。
⑧ 张继煦：《张文襄公治鄂记》，湖北通志馆，1947。
⑨ 彭雨新：《县地方财政》（第二版），商务印书馆，1948。
⑩ 吉田虎雄：《中国关税及厘金制度》，东京北文馆，1915。需要指出的是，该书原名为《支那关税及厘金制度》，兹因"支那"一词在近代含有侮辱与歧视义，故将"支那"更为"中国"，以下类同。唯为避免混淆，《支那经济全书》《支那省别全志》等书仍保留原名。
⑪ 吉田虎雄：《中国货币研究》，山口市东亚经济研究会，1933。

前书论述了湖北省厘金制度的沿革，后书既考察了海关两与汉口关之洋例平、宜昌关之宜平以及上海两（九八规元）与汉口关之洋例平、宜昌关之宜平、沙市关之九九沙平之间的比额，又统计了民国二十年三月三日汉口的银洋钱行市价。金子隆三《中国出张复命书》，作者不仅记述了汉口海关的组织机制，而且考察了湖北省的厘金制度，包括厘局之名称与数量、厘金税则之制定、厘金税率之演变等。① 安东不二雄《中国的财政》，作者关注了清末湖北公债问题，如宣统元年湖北地方公债发行的原因、期限、偿还资金与方法，宣统三年粤汉川汉铁路公债发行的原因、方法、担保金及用途。② 外务省通商局编《在汉口帝国领事馆管辖区域内事情》③、《在沙市帝国领事馆管辖区域内事情》④、《在宜昌帝国领事馆管辖区域内事情》⑤ 分别观照了汉口、沙市、宜昌等地的金融机关、市场货币流通种类及其汇兑率、汇兑比价等问题。井村薰雄《中国的货币与度量衡》，作者对1920年代汉口、宜昌的货币市价、货币流通类型等问题进行了论述。⑥ 木村增太郎《中国财政论》，作者对民国五年湖北省岁入岁出总预算及岁入部分中田赋、货物税预算，一般情况下湖北省岁入与军费支出之间的比较，民国八年至十二年宜昌、沙市两海关所属常关收入，民国十年湖北烟酒收入，民国八年至十二年湖北省烟酒事务局向中央解款以及民国八年至十年印花税湖北分处收入等各项数额进行了统计。⑦ 一色忠慈郎《中国社会的表里》，作者在"湖北建设的今夕"一节中评述了民初湖北官票泛滥及武汉国民政府施行集中现金条例所造成的不良影响。⑧

其二，以湖北为主要研究对象的财政史著作。这些论著或从整体上，或从某一侧面对湖北财政史做了不同程度的探讨。

魏颂属《湖北财政纪略》，是书主要考察民初湖北省财政收入与支出情况，作者先对每一具体项目的沿革进行简述，而后统计其具体数额，列表备查。⑨ 沉刚《整理湖北财政刍议》，其首先论述了辛亥革命后湖北省财政

---

① 金子隆三：《中国出张复命书》（一、二），大藏省，1918。
② 安东不二雄：《中国的财政》，东亚实进社，1921。
③ 外务省通商局编《在汉口帝国领事馆管辖区域内事情》，1924。
④ 外务省通商局编《在沙市帝国领事馆管辖区域内事情》，1924。
⑤ 外务省通商局编《在宜昌帝国领事馆管辖区域内事情》，1925。
⑥ 井村薰雄：《中国的货币与度量衡》，大阪屋号书店，1926。
⑦ 木村增太郎：《中国财政论》，大阪屋号书店，1927。
⑧ 一色忠慈郎：《中国社会的表里》，大阪屋号书店，1931。
⑨ 魏颂属：《湖北财政纪略》，湖北吏治研究所铅印本，1917。

入不敷出之状况，继而提出四条整理财政之建议，即"一、划分国地两税，二、统一税收机关，三、划一厘捐税则，四、清理旧日积欠"。① 熊道瑞《湖北田赋概要》，作者对当时的湖北田赋做了系统的论述，包括田赋的性质、沿革、赋目、概数、赋率，田赋征收的概数、职员、经费，田赋的考成、积弊与整理意见等。作者认为田赋积弊有四：第一，弊在法制者（赋目不一、课税失准、赋率过低、军民异赋、隔县纳赋、折价不一）；第二，弊在县局者（擅加田赋、减报成数、秘卖差委、浮报职员、不更粮册、不革例缓、不送缴核、报灾取巧、缓解蚀赋）；第三，弊在书差者（贿吏赂绅、隐册传嗣、蒙官私征、浮算重收、私罚滞纳、违令填券、发卖户折）；第四，弊在农民者（滞纳抗完、隐辟瞒淤、售田留赋、飞洒诡寄、立柱起巧）。正因为有此积弊，所以田赋整理之办法亦有四条：制定湖北地税暂行章程；慎选经征官吏；改革征赋书差；实施土地清丈。作者的这些论断，至今看来仍不乏见地。② 沈肇年《湖北税务概要》，作者除辑述湖北契税、屠宰税、营业税、牙帖捐税、当税等税种之概况、税率、征收方法、整理意见外，还特别关注了汉口、武阳市税概况及整理计划，其目的不在于"重所载述，使不散佚"，而在于"冀权税吏员，发其矜奋自强之隐，戮力竭任，依以举错，使所载述，皆征明效殊验，而不徒托空言"。③ 徐振麟《湖北财政概况》，全书共分八章，分述了1933年度湖北省的财政收支、预算、田赋、公产、金融、公债、营业税以及汉口市和各县地方财政实况。④ 贾士毅《湖北财政史略》，全书由正文与附录两部分组成。正文共分三章，第一章"总论"，简述清末至抗战前湖北省财政的总体变动；第二章"前代财政之沿革"，论述清末至民国十六年间湖北省财政之状况，详细统计了岁入、岁出各项数额；第三章"现代财政之状况"，论述民国十六年后湖北省财政的总体情况及其清理，除对岁入、岁出各项数额进行具体统计外，还涉及田赋、契税、营业税、地方财产收入、债务、公营事业、保安经费之整理，市县财政概况之考察。附录则包含"四年来整理鄂省财政经过情形""民国二十一年度与二十二、三、四、五等四个年度省库岁入岁出预算比较各表""民国二十六年度湖北省岁入岁出预算表"。作为时任的湖北省财政

---

① 沉刚：《整理湖北财政刍议》，《银行杂志》第2卷第6号，1925年1月16日。
② 熊道瑞：《湖北田赋概要》，汉口新昌印书馆，1932。
③ 沈肇年：《湖北税务概要》，汉口武汉印书馆，1932。
④ 徐振麟：《湖北财政概况》，现代书局，1935。

厅厅长，贾士毅此书对研究民国湖北财政史具有重要的史料价值，唯全书详于鄂省岁入、岁出各项数额之统计，而对财税体制的建构及各地的具体实践等问题关注较少，不能不引以为憾。① 赵志垚《战时之湖北财政》，全书分为概论、"战前财政之回溯"、"战时财政之设施"、"战后财政之展望"四章，作者首先论述了战时财政与平时财政的联系与区别，继而对战前与战时湖北省财政收入与支出情况进行了系统的考察，最后就战后湖北省财政收支调整与赋税整顿问题提出了自己的意见。②

其三，对汉口、沙市、宜昌等口岸城市金融问题的研究。汉口在清前期即已名列天下四大镇，待1860年代开埠通商以后，其地商业贸易进一步繁荣并迅速成为华中地区的金融中心。汉口金融业的成长、变化、动荡引起了时人的关注，相关论著时有推出。然针对这一问题，学界已有相关学者进行了较为全面的梳理与分析，③ 兹不赘述。关于沙市、宜昌之金融，如《沙市金融情况》④《沙市之通用货币及其汇兑计算法》⑤《沙市金融状况之过去及现在》⑥《沙市实施新币制之经过》⑦ 等文章考察了沙市金融业发展概况、市面货币流通及其与申汉等地的汇兑、法币之实施经过等问题；而《宜昌金融之变化》⑧《宜昌金融商业概况》⑨《一年来宜昌金融事业之发展》⑩ 等文章则论述了该时期宜昌金融业之发展与变迁。

其四，湖北财政史史料的大量编辑与刊印。首先应该提及的是清同治年间刊刻的《胡文忠公遗集》，其多卷内容记述了胡林翼整顿湖北财政之历史。⑪ 而光绪末年编印的《光绪财政通纂》，全书凡五十六卷，分门二十四，收录时人理财新政章奏，其中亦有不少涉及湖北省，如卷六之"厘定湖北通省税契章程"，卷二十八之"议准湖北州县及万巫盐务奏销展办疏"，卷二十九之"谨革除湖北钱粮积弊疏""奏酌拟征收钱粮各条片"，卷四十之

---

① 贾士毅：《湖北财政史略》，1937。
② 赵志垚：《战时之湖北财政》，1940。
③ 郑成林、刘俊峰：《近代汉口金融史研究述评》，《近代史学刊》第8辑，2011年。
④ 《沙市金融情况》，《湖北商务报》第106期，1902年。
⑤ 《沙市之通用货币及其汇兑计算法》，《银行周报》第2卷第4期，1918年。
⑥ 谢也青：《沙市金融状况之过去及现在》，《汉口商业月刊》第1卷第7期，1934年。
⑦ 《沙市实施新币制之经过》，《交行通信》第8卷第1期，1936年。
⑧ 《宜昌金融之变化》，《中外经济周刊》第88期，1924年。
⑨ 《宜昌金融商业概况》，《中行月刊》第5卷第2期，1932年。
⑩ 《一年来宜昌金融事业之发展》，《银行周报》第17卷第50期，1933年。
⑪ 胡林翼：《胡文忠公遗集》，同治六年黄鹤楼刻本。

"湖北筹解饷需片"等。① 1908年度支部颁布清理财政章程，各省奉命设立清理财政局，编辑本省财政说明书。1910年《湖北财政说明书》印行，该说明书对晚清时期湖北省各项财政收入之沿革、利弊、性质、征收办法均做了阐述，实为研究晚清湖北财政史的珍贵史料。

民国成立后，各种资料陆续发行。如由湖北财政司印行的《湖北财政视察报告书》，湖北省财政厅印行的《湖北财政月刊》《湖北县地方财政沿革汇刊》，中央政治会议武汉分会财政委员会印行的《财政旬刊》，湖北省政府印行的《湖北省政府公报》，湖北建设厅印行的《湖北建设月刊》，湖北省民政厅印行的《湖北县政概况》，王树枬编辑、北平文华斋出版的《张文襄公全集》，张寿镛编印的《约园理财牍稿》，赵志垚编印的《湖北财政法令汇编》，等等。《湖北财政视察报告书》分为总论、收入篇、支出篇、结论四部分，讲述了民元以来湖北省财政困难之现象、财政紊乱之原因、财政清理之障碍以及1912年度财政收支之具体情况，末附"湖北外债一览表"。《湖北财政月刊》自1915年开始发行，其在民国北京政府与南京国民政府时期编纂体例稍有差别，然俱包括当时所颁财政法规、省财政厅呈文与批令、各项统计表册等重要内容。《湖北县地方财政沿革汇刊》主要记述湖北省属各县财政收支沿革，并具体统计了1933年度其收支数额。《财政旬刊》自1928年7月1日开始发行，1929年3月1日止，共25号，主要涉及宁汉合流后中央军入主湖北前武汉财委会的法规、批令、公牍、函件、收支报告、会议记录、各项统计等内容。《湖北省政府公报》与《湖北建设月刊》皆于1928年开始发行，其对湖北财政问题亦时有关注。《湖北县政概况》共五辑，1934年刊行，其对省内12个行政督察区下属各县之税捐收支、金融流通等问题都进行了调查记录。《张文襄公全集》由王树枬在许同莘编《张文襄公全书》的基础上进一步搜集相关资料编辑而成，全集共229卷，分奏议、电奏、公牍、电牍、书札、家书等门类，其中有相当多的内容涉及湖北财政。②《约园理财牍稿》主要收录张寿镛1915年6月至1918年9月担任湖北省财政厅厅长时颁发的各项法令与批文，其最后一篇《呈

---

① 杜翰藩编《光绪财政通纂》，蓉城文伦书局铅印本，1905。
② 张之洞撰，王树枬编《张文襄公全集》，北平文华斋，1928。2008年，赵德馨先生主编的《张之洞全集》由武汉出版社出版，全集以1928年北平文华斋版《张文襄公全集》为底本，广泛辑佚张之洞未刊奏折、试卷、书札等，并收录抄本《张之洞督楚公牍》，极大充实了全集的内容。

财政部省长为陈报任内办理财政情形仰祈鉴核文》总结了自己任内的是非功过，具有重要参考意义。《湖北财政法令汇编》分上、下两册，1940年刊行，上册分官制、官规、田赋、契税、营业税、公产、金融、岁计、会计、审计、县财务、交代12门，辑录1940年1月之前湖北省颁行的各项法令、章则150余种；下册为"附编"，收录中央及鄂豫皖三省"剿总"行营所颁之财政法规。

除上述各种资料外，还有一些资料亦值得注意。如北京政府财政整理会编印的《各省区厘金收数表》，其中"湖北财政厅报告民国十一年厘金实收数目表"详细统计了省内各局征收厘金之数目。① 《十三省地方财政调查简报》，报告对1926—1933年湖北省财政收支概况进行了调查，并对1933年湖北省岁入、岁出预算进行了较为详细的统计。② 中华民国财政部编《全国各省市减轻田赋附加废除苛捐杂税报告书》，该报告书既统计了湖北省减轻田赋附加废除苛捐杂税之种类与数额，亦评述了湖北省整理财政之状况与效果。③ 中国国民党中央党部国民经济计划委员会编《十年来之中国经济建设》，编者对湖北省地方水利建设专项经费的收支情况进行了较为详细的统计与叙述。④ 财政部田赋管理委员会编《十年来之地方财政》，是书对1943年前十年间湖北省地方财政状况有所介绍，包括田赋、营业税的整理，岁入、岁出预算额的统计，苛捐杂税的废除、公有款产的清理、乡镇造产的实施、县市国税的分拨等。⑤ 此外，当时出版的各种地方志对当地财政状况之记载亦值得参考。如光绪年间的《云梦县志》《汉阳县识》《大冶县志》《黄冈县志》，民国年间的《湖北通志》《夏口县志》《麻城县志》《南漳县志》《枣阳县志》《英山县志》等。另一方面，近代日本对中国影响巨大，亦曾对中国进行过各种实地调查，形成了大量调查资料，其中比较著名的有东亚同文会刊行的《支那经济全书》《支那省别全志》，⑥ 南满洲铁道株式会社刊行的《满铁调查资料》。《支那经济全书》第一辑第七编"财

---

① 财政整理会：《各省区厘金收数表》，1925。
② 《十三省地方财政调查简报》，作者、出版机构不详，1934。
③ 中华民国财政部编《全国各省市减轻田赋附加废除苛捐杂税报告书》，中华民国财政部，1934。
④ 中国国民党中央党部国民经济计划委员会编《十年来之中国经济建设·湖北省之经济建设》，南京扶轮日报社，1937。
⑤ 财政部田赋管理委员会编《十年来之地方财政》，中央信托局印制处，1943。
⑥ 东亚同文会：《支那经济全书》，1908，《支那省别全志》，1917。

政",调查记录了清光绪年间湖北省财政收入(田赋、盐税、厘金、土药税、杂税)、支出(驿站费、采办费、教育费、官员俸禄、军费、漕运费、摊派款)之情况;第三辑第一编"旧关"、第二编"新关",调查记录了湖北省海关分布与关税征收之情况。《支那省别全志》湖北卷,第九编"金融货币及度量衡",详细调查了汉口、沙市、宜昌等29个地区的金融货币情况。《满铁调查资料》第108编《最近中国财政概说》,调查记录了民国北京政府及武汉国民政府时期湖北省财政收支情形。[①]

如果对上述研究成果进行分析,则不难发现其体现出以下特点。

第一,研究领域广泛。众多研究成果涉及湖北省田赋、厘金、盐务、海关、货币、金融、内外债、县财政、财经人物等方面,有些研究还表现出一定的见识,如《整理湖北财政刍议》《湖北田赋概要》。实际上,这些研究领域依然是当今学界的主要耕耘之地。

第二,研究成果不同程度地带有现实关怀意识。晚清民国是一个大过渡、大变动时代,古今、中外、新旧熔于一炉,时局错综复杂,而财政往往是影响政治变动的一个关键因素。湖北省处于南北过渡地带,受各种力量之影响尤巨。论者从不同角度、不同侧面关心湖北财政问题,分析得失、总结经验,最终仍是关心鄂省乃至整个国家的生存发展问题,诚如古人言"鉴于往事,有资于治道"。

第三,研究成果多重于描述。虽然已有成果涉及领域广泛,然多注重考察湖北财政概况,注重追溯沿革,注重统计收支数额,史实的特征明显,分析评论则相对欠缺。

总之,在1949年之前,关于晚清民国湖北财政史的研究已经取得了重要进展,其亦为日后的研究打下了良好基础。

二 1949年之后的研究状况

1949年以后至改革开放前,学界有关晚清民国湖北财政史的研究论著寥若晨星,仅一些通史或断代史著作中略有述及。如彭信威《中国货币史》,书中论及了清末湖北铸币之历史,并配有流通于湖北的一两银币、湖

[①] 南满洲铁道株式会社庶务部调查课:《最近中国财政概说》,《满铁调查资料》第108编,1929年。

北官钱局一元钞票等货币之插图。① 魏建猷《中国近代货币史》，是书对清末民初湖北官钱局的纸币发行情况做了简要介绍，作者指出，钱局滥发纸币导致票价日落、物价昂贵，商店遂多改用洋码。② 吴冈《旧中国通货膨胀史料》，书中简述了湖北省银行的历史以及法币改革前该银行的纸币发行情况。③ 刘秉麟《近代中国外债史稿》，作者对宣统年间湖北省举借外债之情形进行了简要叙述。④ 杨端六《清代货币金融史稿》，书中观照了晚清湖北铸币、开设银行等问题。⑤

尽管研究性的学术论著稀见，但令人欣慰的是，此时期整理出版了许多资料，其中不少涉及晚清民国时期的湖北财政。如千家驹《旧中国公债史资料（1894—1949）》，书中列举了武汉国民政府整理湖北公债的相关条例。⑥ 李文治《中国近代农业史资料》第1辑，书中辑录了清光绪年间湖北田赋加征、浮收、勒索等问题的史料。⑦ 孙毓棠《中国近代工业史资料》第1辑，书中对湖北机器局、湖北枪炮厂、汉阳铁厂、湖北织布局等机器大工业的创办缘由与经费来源进行了记述。⑧ 徐义生《中国近代外债史统计资料（1853—1927）》，书中对清末湖北省为摊解八项借款（汇丰银款、汇丰磅款、瑞记借款、克萨磅款、俄法借款、英德借款、英德续借款、庚子赔款借款）而增加赋税的情况以及湖北按年摊解八项借款之本息数额做了较为详细的统计。⑨ 中国近代经济史资料丛刊委员会编《帝国主义与中国海关》第13编"中国海关与辛亥革命"收录了江汉、沙市、宜昌等海关税务司对武昌起义后汉口、沙市、宜昌等地关税征收、市面货币流通等问题的相关报告，大体关注了关税征收困难、市面恐慌、银钱紧俏诸现象。⑩

与中国大陆学界相比，此期境外学人的若干研究成果值得重视。如王尔敏《清季兵工业的兴起》，作者观照了光绪十六年至宣统元年间汉阳枪炮

---

① 彭信威：《中国货币史》，群联出版社，1954。
② 魏建猷：《中国近代货币史》，群联出版社，1955。
③ 吴冈：《旧中国通货膨胀史料》，上海人民出版社，1958。
④ 刘秉麟：《近代中国外债史稿》，三联书店，1962。
⑤ 杨端六：《清代货币金融史稿》，三联书店，1962。
⑥ 千家驹：《旧中国公债史资料（1894—1949）》，财政经济出版社，1955。
⑦ 李文治编《中国近代农业史资料》第1辑，三联书店，1957。
⑧ 孙毓棠编《中国近代工业史资料》第1辑，科学出版社，1957。
⑨ 徐义生编《近代中国外债史统计资料（1853—1927）》，中华书局，1962。
⑩ 中国近代经济史资料丛刊委员会编《帝国主义与中国海关》第13编，中华书局，1964。

厂的经费收支问题。① 全汉昇《汉冶萍公司史略》，作者考察了汉阳铁厂的经费来源以及民国初年汉冶萍公司国有、省有之争，指出经费短缺是汉阳铁厂停炼改组的主要原因，而民初的国有、省有之争亦与国家、地方财政问题有重要关联。② 王树槐《庚子赔款》，作者对湖北省、江汉关担任庚子赔款之数额及筹款之具体方法做了论述。③ 郭荣生《中国省银行史略》，作者关注了湖北省银行之沿革。④ 苏云峰《张之洞与湖北教育改革》，作者对张之洞主政湖北时期兴办新式教育的经费来源与具体使用情况进行了考察。⑤ 周锡瑞《改良与革命：辛亥革命在两湖》，作者关注了张之洞为筹措湖北新政经费而增加捐税、举借外债、铸造铜币等问题。⑥ 史料方面，萧铮主编《民国二十年代中国大陆土地问题资料》收录了若干份时人关于湖北财政的实习调查日记，如第157册"湖北实习调查日记/湖北财政厅实习报告"、第161册"宜昌实习调查日记"。⑦

改革开放之后，史学研究的新成果层见迭出。自1980年代以来，学界对晚清民国湖北财政史的研究取得了长足进步，兹分述如下。

第一，通史或专史论著中对湖北财政所做之考察。如苏云峰《中国现代化的区域研究：湖北省，1860—1916》，作者对这一时段内湖北省的财政状况、财政改革、金融货币改革等问题进行了论述。⑧ 章开沅主编《湖北通史》晚清卷和民国卷，书中关注了湖北省财政困顿之局面、形成之原因以及当局整顿财政之举措。⑨ 湖北社会科学院文史所编《辛亥革命前后的湖北经济与社会》，"政务篇"中论述了张之洞督鄂时期以及民国初年湖北财政之状况，"商贸篇"中考察了晚清湖北金融机构的演变及民国初年的商业税

---

① 王尔敏：《清季兵工业的兴起》，台北，中研院近代史研究所，1963。
② 全汉昇：《汉冶萍公司史略》，香港中文大学出版社，1972。
③ 王树槐：《庚子赔款》，台北，中研院近代史研究所，1974。
④ 郭荣生编《中国省银行史略》，沈云龙主编《近代中国史料丛刊续编》第19辑，第190册，台北，文海出版社，1975。
⑤ 苏云峰：《张之洞与湖北教育改革》，台北，中研院近代史研究所，1976。
⑥ Joseph W. Esherick, *Reform and Revolution in China: The 1911 Revolution in Hunan and Hubei* (Berkeley, California: University of California Press, 1976). 中译本见周锡瑞《改良与革命：辛亥革命在两湖》，江苏人民出版社，2007。
⑦ 萧铮主编《民国二十年代中国大陆土地问题资料》，成文出版社有限公司、(美国)中文资料中心，1977。
⑧ 苏云峰：《中国现代化的区域研究：湖北省，1860—1916》，台北，中研院近代史研究所，1981。
⑨ 章开沅主编《湖北通史》晚清卷、民国卷，华中师范大学出版社，1999。

收。① 邓绍辉《晚清财政与中国近代化》，作者对甲午战后湖北省财政机构改革及宣统年间湖北试办预算等问题略有述及。② 周育民《晚清财政与社会变迁》，作者对川盐济楚、两湖淮盐规复，甲午及庚子战后湖北的财政状况与担任赔款额数，宣统年间湖北试办预算及发行公债等问题做了观照。③ 刘继增等《武汉国民政府史》，作者关注了武汉国民政府的财政问题，包括筹集军饷与增加财政收入之具体举措。④ 孙文学《中国近代财政史》，作者对1927年4月之后武汉国民政府财政困难及其解决措施进行了叙述。⑤ 董长芝、马玉东编《民国财政经济史》，书中分析了武汉国民政府财政崩溃之原因。⑥ 徐旭阳在《湖北国统区和沦陷区社会研究》一书中关注了战时国统区金融业的发展以及日伪在沦陷区加征赋税、统制物资、控制金融等问题。⑦ 陈锋、蔡国斌《清代财政史》下册，书中对晚清湖北省的地方财政机构之演变做了叙述。⑧ 陈玥硕士学位论文《晚清湖北杂税初探》围绕杂税概况、杂税的征收与管理、杂税的收入、杂税收入的分配与社会影响等方面对晚清湖北杂税问题做了探讨。⑨ 江满情硕士学位论文《论湖北省政府在现代化中的主导角色（1929—1936）——以财政为中心》通过对该时期内湖北省财政收入与支出、财政体制的确立与运转等问题进行考察，指出省政府在湖北现代化过程中起了非常重要的作用。⑩ 蔡锋硕士学位论文《南京国民政府时期湖北省财政研究（1927—1937）》从财政体制、财政收入、财政支出三个方面对该时期的湖北省财政做了论述，其认为随着财政体制的逐渐完善，湖北省财政收入有一定程度的增加，但从财政支出而言仍属维持性财政，待全面抗战爆发后，湖北财政困难，财政现代化随之停滞。⑪ 周建树

---

① 湖北社会科学院文史所编《辛亥革命前后的湖北经济与社会》，中国社会科学出版社，2011。
② 邓绍辉：《晚清财政与中国近代化》，四川人民出版社，1998。
③ 周育民：《晚清财政与社会变迁》，上海人民出版社，2000。
④ 刘继增、毛磊、袁继成：《武汉国民政府史》，湖北人民出版社，1986。
⑤ 孙文学：《中国近代财政史》，东北财经大学出版社，1990。
⑥ 董长芝、马玉东编《民国财政经济史》，辽宁师范大学出版社，1997。
⑦ 徐旭阳：《湖北国统区和沦陷区社会研究》，社会科学文献出版社，2007。
⑧ 陈锋、蔡国斌：《中国财政通史》第7卷下册，湖南人民出版社，2015。
⑨ 陈玥：《晚清湖北杂税初探》，硕士学位论文，武汉大学，2007。
⑩ 江满情：《论湖北省政府在现代化中的主导角色（1929—1936）——以财政为中心》，硕士学位论文，华中师范大学，2000。
⑪ 蔡锋：《南京国民政府时期的湖北省财政研究（1927—1937）》，硕士学位论文，武汉大学，2007。

《抗战时期湖北的财政与金融》一文对战时湖北的财政方针、财政收支、金融业的复兴等问题进行了讨论。① 江满情对战时湖北财政收支及财政整顿、县财政及县自治等问题进行了考察,其认为省政府对财政的整顿卓有成效且在相当程度上维系了省府的抗战、生存与建设,②但县自治财政的建设艰难,地方自治因而难以推行。③

第二,武汉城市史视阈下对财政金融问题的关注。这方面的研究当首推皮明庥的各种著述,如《武汉近百年史(1840—1949)》④《武汉通览》⑤《武汉史稿》⑥《近代武汉城市史》⑦《简明武汉史》⑧《武汉通史》(晚清卷)⑨,这些论著虽然以武汉城市发展变迁为研究主线,但仍不同程度地关注了武汉乃至湖北的财政状况以及财税金融的变革,其中尤以《武汉通史》(晚清卷)最为典型。另外,殷增涛主编的《武汉对外开放史》论述了武汉在对外开放过程中其财政金融的演变,⑩涂文学主编的《武汉通史》(民国卷)考察了民国时期武汉财政金融的变迁及其最后崩溃。⑪除此类书著外,若干论文亦涉及此问题。如姚会元《近代汉口钱庄研究》,作者对汉口钱庄的历史、性质及其演变做了论述,认为钱庄是汉口旧式金融业的支柱,对汉口工商业活动影响重大。⑫张宁《近代武汉区域货币中心地位探析》,作者探究了武汉在近代成为中部地区货币中心之过程,认为其原因在于武汉地理区位的优越以及晚清至民国前期国家政治上的衰朽。⑬李秀伟硕士学位论文《战后汉口钱庄研究(1945—1949)》考察了抗战胜利后汉口钱庄业的整理、恶性通货膨胀过程中汉口钱庄业之应对、票据市场变迁中汉口钱庄业之

---

① 周建树:《抗战时期湖北的财政与金融》,湖北省政协文史资料委员会编《湖北文史》总第75辑,《湖北文史》编辑部,2003。
② 江满情:《论抗日战争时期的湖北财政》,《湖北大学学报》(哲学社会科学版)2011年第4期。
③ 江满情:《论战时湖北国统区的县财政与县自治》,《暨南学报》(哲学社会科学版)2013年第12期。
④ 皮明庥:《武汉近百年史(1840—1949)》,华中工学院出版社,1985。
⑤ 皮明庥主编《武汉通览》,武汉出版社,1988。
⑥ 皮明庥、欧阳植梁:《武汉史稿》,中国文史出版社,1992。
⑦ 皮明庥主编《近代武汉城市史》,中国社会科学出版社,1993。
⑧ 皮明庥主编《简明武汉史》,武汉出版社,2005。
⑨ 皮明庥主编《武汉通史》(晚清卷),武汉出版社,2005。
⑩ 殷增涛主编《武汉对外开放史》,武汉出版社,2005。
⑪ 涂文学主编《武汉通史》(中华民国卷)上册,武汉出版社,2006。
⑫ 姚会元:《近代汉口钱庄研究》,《历史研究》1990年第2期。
⑬ 张宁:《近代武汉区域货币中心地位探析》,《湖北大学学报》(哲学社会科学版)2009年第3期。

作为等问题。① 而刘俊峰硕士学位论文《民国汉口钱业组织研究（1919—1938）》则对战前汉口钱业组织结构、钱业组织与钱业、钱业组织与社会生活之间的关系等问题做了分析；② 孙晟硕士学位论文《南京国民政府时期厘金税制改革研究——以汉口地区为例》从厘金征收的基本概况、厘金裁撤过程中所遇到的问题、裁厘改统的效果等方面对汉口地区的厘金改革问题做了论述。③ 杨武硕士学位论文《汉口银行公会研究（1920—1938）》对汉口银行公会兴起的原因、银行公会的组织结构与运行机制、银行公会与地方银行业及经济社会之间的关系等问题做了探讨。④

第三，张之洞新政与湖北财政。论者大多关注了张之洞督鄂时期的理财措施、湖北新政与湖北财政之间的关系等问题。如冯天瑜《张之洞评传》，作者对张之洞整理湖北财政问题进行了观照，包括扩大税收、改革币制、赞助民营工商业等。⑤ 皮明庥《一位总督·一座城市·一场革命：张之洞与武汉》，作者以"文人的理财术"为题，叙述了张之洞督鄂时期在财政上的改革与整顿。⑥ 李细珠《张之洞与清末新政研究》，在"经济体制改革与政策调整"这一部分中，作者论述了张之洞督鄂时期改革币制、整顿厘金与税务制度、参与加税裁厘谈判等问题，凸显了张之洞在其中所起的作用。⑦ 陈钧、任放《世纪末的兴衰》，书中论述了鄂省财政困难、资金短缺对"湖北新政"的不利影响。⑧ 宋亚平《湖北地方政府与社会经济建设（1890—1911）》，作者不仅讨论了1890—1911年湖北省财政收支的整理与金融体系的营造，而且重点评述了张之洞"理财以先赔钱为主义"的财用理论，认为这种养财于经济建设中的思想十分正确，但由于主从型政治经济关系等因素的制约，湖北的社会经济建设未能取得更大的成就。⑨ 蔡国斌硕士学位论文《晚清新政与财政》辟专章论述了清末湖北财政改革问题，

---

① 李秀伟：《战后汉口钱庄研究（1945—1949）》，硕士学位论文，华中师范大学，2005。
② 刘俊峰：《民国汉口钱业组织研究（1919—1938）》，硕士学位论文，华中师范大学，2007。
③ 孙晟：《南京国民政府时期厘金税制改革研究——以汉口地区为例》，硕士学位论文，武汉大学，2007。
④ 杨武：《汉口银行公会研究（1920—1938）》，硕士学位论文，华中师范大学，2015。
⑤ 冯天瑜：《张之洞评传》，河南教育出版社，1985。
⑥ 皮明庥：《一位总督·一座城市·一场革命：张之洞与武汉》，武汉出版社，2001。
⑦ 李细珠：《张之洞与清末新政研究》，上海书店出版社，2003。
⑧ 陈钧、任放：《世纪末的兴衰》，中国文史出版社，1991。
⑨ 宋亚平：《湖北地方政府与社会经济建设（1890—1911）》，华中师范大学出版社，1995。

涉及张之洞整顿财政的原因、措施等。① 杨华山《厘金与晚清早期现代化——湖北个案研究》，作者认为湖北厘金的征收有力地支撑了张之洞在湖北的新政事业且厘金对整个中国早期现代化的启动亦具有重要意义。② 江满情《张之洞主持湖北新政的财政基础》，作者考察了张之洞推行新政的经费来源以及支出方式，认为尽管财政收入增加，但张氏未能建立近代财政制度，鄂省财政收支缺乏统筹规划，从而对新政产生了十分消极的影响。③ 刘薇博士学位论文《张之洞与中国近代兵工企业》辟专节论述了张之洞主持的湖北兵工厂经费收支情况，其认为湖北枪炮厂经费被任意挪用阻碍了该厂的正常发展，而此举又与张之洞洋务事业之规模及独特的地方筹款模式相关。④ 此外，陈锋、张笃勤主编的《张之洞与武汉早期现代化》论文集亦收录了若干篇研究张之洞与湖北财政之间关系的论文，如江满情《论张之洞在湖北新政中的财政行为及其影响》、何智能《张之洞与粤汉铁路建设资金的募集》、冀满红、赵晋胜《张之洞币制改革浅议》。⑤

第四，辛亥革命与湖北财政。学界对这一主题的探讨大致有两个侧重点，一是关注辛亥革命爆发与政府财政危机之间的关系，一是考察湖北军政府的财政状况及财政举措。如彭雨新《辛亥革命前夕清王朝财政的崩溃》，作者在考察革命前夕清王朝财政危机时观照了湖北省财政入不敷出、加征税捐、滥发货币、举借内外债等情况，其重点在于论证庚子事变之后清廷财政危机加重、苛捐杂税泛滥、财政总崩溃加速了清王朝的覆灭。⑥ 刘天旭《清末湖北财政危机与武昌起义的爆发》，作者认为湖北当局将过多的财力用于编练新军，但同时又实行禁烟，此举导致财政危机严重、新军军费削减，士兵因之不满，从而推动了武昌起义的发生。⑦ 李天松、陈祯琏《湖北军政府初期的财政措施》，作者论述了湖北军政府成立后为增加财政收入而采取的整顿措施，认为其废除了前清的各种苛捐杂税，赢得了人民的拥护，从而解决了财政困境。⑧ 梁开平《湖北军政府商税政策前后的演

---

① 蔡国斌：《晚清新政与财政》，硕士学位论文，武汉大学，2001。
② 杨华山：《厘金与晚清早期现代化——湖北个案研究》，《江汉论坛》2002年第7期。
③ 江满情：《张之洞主持湖北新政的财政基础》，《江汉论坛》2003年第4期。
④ 刘薇：《张之洞与中国近代兵工企业》，博士学位论文，武汉大学，2010。
⑤ 陈锋、张笃勤主编《张之洞与武汉早期现代化》，中国社会科学出版社，2003。
⑥ 彭雨新：《辛亥革命前夕清王朝财政的崩溃》，湖北历史学会编《辛亥革命论文集》，湖北人民出版社，1981。
⑦ 刘天旭：《清末湖北财政危机与武昌起义的爆发》，《江西社会科学》2011年第1期。
⑧ 李天松、陈祯琏：《湖北军政府初期的财政措施》，《江汉论坛》1983年第10期。

变》，作者通过考察湖北军政府成立伊始废除苛捐杂税，继而因财政困难重新开征已废杂税之过程，最后论证民族资产阶级的软弱性以及辛亥革命的不彻底性。① 冯天瑜、张笃勤《辛亥首义史》，书中关注了辛亥革命前湖北的财政困局、辛亥革命后湖北军政府理财部的设立及其为解决财政困难而实行的措施。②

第五，湖北田赋、海关与盐政。在田赋方面，陈钧、张元俊《湖北农业开发史》关注了晚清时期湖北田赋的加重、南京国民政府时期湖北田赋征收制度的弊端等问题；③ 李铁强《土地、国家与农民——基于湖北田赋问题的实证研究（1912—1949）》则系统考察了该时期内湖北省的土地利用情况、田赋率及其征收与整理、田赋与财政以及农民负担之间的关系，通过分析土地产出分配过程中的各级政府、政府与乡村社会、乡村社会各阶层间的争锋与较量，揭示了民国时期政府重塑国家与农民关系的努力及其失败的原因；④ 姚顺东《政府行为与农业发展：1927—1937年湖北农业政策研究》，作者辟专章讨论了这一时期湖北省的农业资金投入及田赋改革问题，认为田赋改革一定程度上增加了省府的财政收入，但农民负担并未减轻反而加重，政府企图通过田赋改革以稳定社会、巩固政权的目标亦未实现；⑤ 官互进的硕士学位论文《民国前中期湖北租佃关系研究》通过对湖北地租形态、地租量、地租率等问题进行考察，提出相较于江南诸省，湖北土地集中程度并不高，自耕农发达而租佃关系较少，农民的地租负担并不如想象中的那么严重，佃农生计困顿除受地租影响，还与人多地少、天灾频繁、战争破坏等因素密切相关；⑥ 张泰山的硕士学位论文《南京国民政府时期湖北田赋研究（1927—1937）》从农民法定田赋负担、实际田赋负担、田赋征收与整理等方面对湖北田赋问题进行了论述，其认为该时期内湖北瞒田现象严重，农民法定田赋负担较轻，但由于田赋在实际征收中变异，农民田赋负担沉重，政府对田赋的整理虽然取得了一定成效，但仍未解决瞒田及

---

① 梁开平：《湖北军政府商税政策前后的演变》，《江汉论坛》1984年第10期。
② 冯天瑜、张笃勤：《辛亥首义史》，湖北人民出版社，2011。
③ 陈钧、张元俊：《湖北农业开发史》，中国文史出版社，1992。
④ 李铁强：《土地、国家与农民——基于湖北田赋问题的实证研究（1912—1949）》，人民出版社，2009。
⑤ 姚顺东：《政府行为与农业发展：1927—1937年湖北农业政策研究》，社会科学文献出版社，2013。
⑥ 官互进：《民国前中期湖北租佃关系研究》，硕士学位论文，武汉大学，2002。

征收中的管理弊端问题。① 在海关方面,皮明庥、李策《汉口开埠设关与武汉城市格局的形成》一文考察了江汉关的创设与嬗变;② 汤象龙《中国近代海关税收和分配统计》一书详细统计了江汉关、宜昌关、沙市关自开关至1910年历年各项关税收入及使用分配情况,全书具有较高的史料价值;③ 戴一峰《近代中国海关与中国财政》,作者在围绕主题对近代中国海关进行总体考察时,相应观照了江汉关、宜昌关之情况。④ 在盐政方面,论者主要关注晚清川盐济楚与两湖淮盐规复等问题,如陈锋《清代盐政与盐税》,作为当时第一部系统研究清代盐政的专著,书中详细论述了川盐济楚之过程;⑤ 鲁子健《论"川盐济楚"》,作者认为川盐济楚使得四川井盐业迈入了真正工场手工业时期;⑥ 黄国信对此观点表示异议,其《从"川盐济楚"到"淮川分界"》一文通过对川盐济楚、淮川分界等问题进行深入考察后,指出此现象依旧与中国古代历次盐销区变更情形相类似,即由突发性事件引起的符合自发性市场流向的盐销区变化,往往会成为既成事实,很难回复旧制;⑦ 陆玉芹、谢俊美《同光之际两湖地区淮盐引地规复之争》,作者认为该事件背后折射的是地方官僚集团之间的利益之争以及盐业在产销方面走向市场化的历史必然性;⑧ 王静雅《异态与常态之间:光绪初期规复淮盐旧制中的江鄂川之争》,作者通过对光绪初年两江总督沈葆桢竭力推行的禁川复淮政策遭到川、楚势力的联合抵制之问题进行分析,揭示了晚清省际之间、外省与中央之间的政治较量和利益纠葛,以及晚清制度由临时异态规复原有常态过程时的纠葛态势。⑨

第六,湖北内外债、货币与金融。在内外债方面,如许毅编著《清代

---

① 张泰山:《南京国民政府时期湖北田赋研究(1927—1937)》,硕士学位论文,武汉大学,2002。
② 皮明庥、李策:《汉口开埠设关与武汉城市格局的形成》,《近代史研究》1991年第4期。
③ 汤象龙:《中国近代海关税收和分配统计》,中华书局,1992。
④ 戴一峰:《近代中国海关与中国财政》,厦门大学出版社,1993。
⑤ 陈锋:《清代盐政与盐税》,中州古籍出版社,1988。
⑥ 鲁子健:《论"川盐济楚"》,《中国盐业史论丛》,中国社会科学出版社,1987。
⑦ 黄国信:《从"川盐济楚"到"淮川分界"——中国近代盐政史的一个侧面》,《中山大学学报》(社会科学版)2001年第2期。
⑧ 陆玉芹、谢俊美:《同光之际两湖地区淮盐引地规复之争》,《扬州大学学报》(人文社会科学版)2014年第5期。
⑨ 王静雅:《异态与常态之间:光绪初期规复淮盐旧制中的江鄂川之争》,《社会科学研究》2015年第1期。

外债史论》①《北洋政府外债与封建复辟》②，前书关注了清末20余年间湖北省举借外债之历史，包括借债原因、方式、用途、偿还情况等，后书考察了民国北京政府时期湖北省的财政危机及对外借款情况；张或定等《"民国十年湖北地方公债"及其发行背景》考证了该公债发行的具体时间与原因，认为其开创了民国时期湖北地方政府发行公债之先河，具有一定的历史意义；③肖雪硕士学位论文《近代湖北地方公债研究（1909—1941）》论述了晚清民国湖北公债发行的原因、方式、数量与特点，其认为湖北公债一方面有利于政府平衡财政收支、促进经济发展，另一方面又具有为军阀提供战争财源、无法清偿、扰乱地方金融秩序等弊端。④在货币金融方面，戴建兵《中国近代纸币》论述了湖北银元局、湖北官钱局、鄂州兴业银行、湖北省银行等金融机构及其所发行之纸币情况；⑤张通宝《湖北近代货币史稿》对近代湖北货币史进行了系统的梳理，包括各个时期、各个政权的货币发行机构、发行种类、发行量，货币的流通与治理等；⑥陈锋《清代财政政策与货币政策研究》观照了清末湖北省铸造银元、铜元之历史，并分析了铜元余利及其使用问题；⑦姜宏业主编《中国地方银行史》简述了湖北官钱局、湖北省银行、汉口市银行的发展变迁史；⑧李蒙军《湖北官钱局兴衰史》系统考察了湖北官钱局兴衰之历史及其经营之业务，肯定了官钱局在湖北新政、稳定市场等方面所起的积极作用，同时指出其亦存在财政、金融不分，职员贪污舞弊，经营不善等缺陷；⑨张或定等《清代湖北官局、官银钱号及官银号设立情况考》重点考察了晚清时期湖北省"官局""官银钱号""官银号"等金融机构的设立情况及其职能；⑩朱英、许龙生《清末民初湖北官钱局向日本订印钞票述论》，作者通过对张之洞、吴佩孚掌控湖北时期向日本

---

① 许毅等：《清代外债史论》，中国财政经济出版社，1996。
② 许毅主编《北洋政府外债与封建复辟》，经济科学出版社，2000。
③ 张或定、张卫星、姜林：《"民国十年湖北地方公债"及其发行背景》，《武汉金融》2012年第12期。
④ 肖雪：《近代湖北地方公债研究（1909—1941）》，硕士学位论文，杭州师范大学，2014。
⑤ 戴建兵：《中国近代纸币》，中国金融出版社，1993。
⑥ 张通宝：《湖北近代货币史稿》，湖北人民出版社，1994。
⑦ 陈锋：《清代财政政策与货币政策研究》，武汉大学出版社，2008。
⑧ 姜宏业主编《中国地方银行史》，湖南出版社，1991。
⑨ 李蒙军：《湖北官钱局兴衰史》，《清史研究》1992年第4期。
⑩ 张或定、张劲峰、张哨峰：《清代湖北官局、官银钱号及官银号设立情况考》，《湖北钱币专刊》总第8期，2009年。

订印官钱票之历史进行考察，揭示了不同时期中央与地方、政府与民众、中国与日本之间关系的发展变化；① 冯筱才《自杀抑他杀：1927 年武汉国民政府集中现金条例的颁布与实施》，作者认为此前学界对该事件的论述均有失偏颇，因为就当时的环境而言，武汉政府实行集中现金条例是比较实际的做法，但最后被迫放弃则是由于政府内部出现财政问题以及群众运动逐渐失控。②

第七，中央与地方的财政关系。学者们通过对湖北进行个案研究，试图探讨史事背后的中央与地方之间的财政关系，乃至中央与地方之间的关系问题。如洪钧通过对咸同年间湖北漕政③、厘金④、盐政⑤等问题的考察，探究了当时中央与地方财政关系的复杂性。刘增合《八省土膏统捐与清末财政集权》一文通过梳理土膏合办之缘由及其发展阶段、中央对土膏统捐的染指以及由此激起的以湖北省为代表的反对声浪，揭示出清末中央与地方疏离、练兵新政中政治与财政纷乱之面相。⑥ 苏云峰《政局与财政的互动关系：以抗战前湖北为例》一文依次评述了北洋系、武汉国民政府、南京国民政府控制湖北时在财政上的所作所为，分析了财政与政局的互动关系，从而揭示出中央与地方从矛盾冲突到和谐合作之过程。⑦ 冯兵《国民政府时期湖北公产清理研究（1927—1949）》系统讨论了该时期湖北省公产清理之历史，包括湖北省公产的概况、公产清理政策的制定与机构构成、公产清理制度的安排与运作、公产清理过程中的各种纠纷、公产清理遇到的困难及应对举措、公产清理效果与评析等，作者通过论述，探讨了湖北省公产清理背后所折射的国家与社会、中央与地方之间的复杂关系；⑧ 此外，其还以湖北官钱局为中心，通过考察国民政府与湖北省政府先后两次争夺湖北官钱局产业之事实，揭示民国时期中央与地方既合作又冲突之面相。⑨

---

① 朱英、许龙生：《清末民初湖北官钱局向日本订印钞票述论》，《安徽史学》2017 年第 3 期。
② 冯筱才：《自杀抑他杀：1927 年武汉国民政府集中现金条例的颁布与实施》，《近代史研究》2003 年第 4 期。
③ 洪钧：《漕政视阈下的晚清财政变革——以湖北为例》，《中州学刊》2012 年第 6 期。
④ 洪钧：《厘金与晚清财政变革——以湖北为例》，《江汉论坛》2012 年第 9 期。
⑤ 洪钧：《从川盐济楚到川淮争岸——以咸同年间湖北盐政为中心》，《求索》2012 年第 10 期。
⑥ 刘增合：《八省土膏统捐与清末财政集权》，《历史研究》2004 年第 6 期。
⑦ 苏云峰：《政局与财政的互动关系：以抗战前湖北为例》，中研院近史所社会经济史组编《财政与近代历史论文集》，台北，中研院近代史研究所，1999 年。
⑧ 冯兵：《国民政府时期湖北公产清理研究（1927—1949）》，人民日报出版社，2014 年。
⑨ 冯兵：《民国时期中央与地方之间的无奈妥协——以湖北官钱局产业争夺为中心的考察》，《武汉科技大学学报》2011 年第 2 期。

第八，湖北财经人物。晚清民国时期，湖北曾出现多位有重要影响力的财经人物，如胡林翼、张之洞、张寿镛、贾士毅等，这些人物不同程度地吸引了学人关注的目光。学界关于胡林翼与湖北财政的专门研究曾长期阙失，但改革开放以来，此种局面有了改观。1988年，胡林翼幕僚汪士铎所著《胡文忠公抚鄂记》全部出版，该书以编年方式叙述了胡林翼在湖北与太平军展开战斗、筹集军费、整顿湖北吏治与财政等史事。① 此后，关于胡林翼与湖北财政的研究逐渐增多。如王国平《胡林翼在湖北的筹饷活动及其影响》一文考察了太平天国运动期间胡林翼在湖北的各项筹饷措施，指出其筹饷不仅增强了曾国藩集团的力量，而且改变了清廷与太平天国之间的力量对比，从而使太平天国在西线战场上更为艰难。② 洪钧的硕士学位论文以《论胡林翼整顿湖北地方财政》为题，就胡林翼膺任湖北巡抚时所面临的严峻局面、其强化地方财权的方法、整顿湖北地方财税的举措及取得的效果等问题进行了论述；③ 除此之外，作者在其他文章中还对胡林翼整顿湖北盐政④、湖北漕政⑤、湖北捐输和杂税⑥等问题进行了专门探讨。张之洞长期以来是学界关注的焦点之一，关于其督鄂时期理财举措之研究，上文已述及，不再重复。俞信芳《张寿镛先生传》对张寿镛担任湖北财政厅厅长期间进行财政整顿的措施与效果进行了评述。⑦ 陈弘的硕士学位论文《贾士毅财政思想述评》从思想来源、主要内容、思想评价等方面对贾士毅的财政思想做了初步探讨。⑧

第九，湖北财政史史料的整理与出版。1980年代以来，关于晚清民国湖北财政史史料的编辑与出版工作得到大大加强，其基本可以分为三种类型：一是文献资料汇编、选编，二是各种地方志资料，三是口述史料（主要是文史资料）。关于文献资料汇编、选编，比较重要的有武汉大学历史系中国近代史教研室编《辛亥革命在湖北史料选辑》，辑录了辛亥革命前后湖北财政的相关史料，如"田赋之积弊与加派（九则）""荆门州征收丁漕及

---

① 汪士铎：《胡文忠公抚鄂记》，岳麓书社，1988。
② 王国平：《胡林翼在湖北的筹饷活动及其影响》，《苏州大学学报》1991年第1期。
③ 洪钧：《论胡林翼整顿湖北地方财政》，硕士学位论文，武汉大学，2005。
④ 洪钧：《论咸丰年间湖北盐政》，《辽宁大学学报》（哲学社会科学版）2008年第2期。
⑤ 洪钧：《危局下的利益调整——论胡林翼整顿湖北漕政》，《江海学刊》2012年第6期。
⑥ 洪均：《论胡林翼整顿湖北捐输和杂税》，《理论月刊》2008年第6期。
⑦ 俞信芳：《张寿镛先生传》，北京图书馆出版社，2003。
⑧ 陈弘：《贾士毅财政思想述评》，硕士学位论文，华中师范大学，2006。

赔款捐之'便民易知由单'样本""名目繁多之苛捐杂税""湖北岁入报部表""湖北财政支绌与试办预算情形（六则）"等；① 政协湖北省暨武汉市委员会编《湖北革命实录馆武昌起义档案资料选编》，其"辛亥以来湖北财政司要录"一项除辑录湖北官钱局、关税、厘金、田赋、漕粮、盐政、土膏牌照、举借外债等相关史料外，还附有 1911 年 8 月至 1912 年 1 月、1912 年 11 月至 1912 年 2 月的湖北财政司职员表；② 辛亥革命武昌起义纪念馆、政协湖北省委员会编《湖北军政府文献资料汇编》，收录了湖北军政府在财政金融方面的史料，涉及财政金融政策条例、经费短缺、举借外债、接受捐款、整理赋税等项；③ 谢国祥主编《北洋军阀史料·黎元洪卷》第六册中收录了若干则与湖北财政相关的史料，如"各省军政两费支出数目表（破缺）（1915 年）""郭庆余等报告宜昌光明电灯公司经理陈重权私借外债电（1923 年 4 月 5 日）""湖北官钱局历年新旧纸币数目并支销流通比较表（1916 年 7 月）"等；④ 郑自来、徐莉君编《武汉临时联席会议资料选编（1926.12.13—1927.2.21）》，收录了武汉国民政府在财政金融方面的相关史料，涉及武汉政府财政收入减少之原因、军费筹措之困难、币制整顿、湖北财政收支状况、湖北财政金融公债整理条例及堤工流通券发行条例、鄂省各税局征收改现提案、湖北教育经费预算等；⑤ 涂文学主编《沦陷时期武汉的经济与市政》，收录了沦陷时期日伪对武汉的财政、税收、金融等进行控制的资料；⑥《武汉金融志》办公室、中国人民银行武汉市分行金融研究室编《武汉近代货币史料》，编者辑录了自晚清开埠至 1949 年，武汉地区的货币发行机构、发行种类与数量、各种货币的币值与比价、宁汉分流前后武汉国民政府的货币措施、沦陷时期武汉的货币流通、战后武汉货币崩溃等相关问题的史料；⑦ 曾兆祥主编《湖北近代经济贸易史料选辑（1840—

---

① 武汉大学历史系中国近代史教研室编《辛亥革命在湖北史料选辑》，湖北人民出版社，1981。
② 中国人民政治协商会议湖北省暨武汉市委员会编《湖北革命实录馆武昌起义档案资料选编》上册，湖北人民出版社，1981。
③ 辛亥革命武昌起义纪念馆、政协湖北省委员会编《湖北军政府文献资料汇编》，武汉大学出版社，1986。
④ 谢国祥主编《北洋军阀史料·黎元洪卷》第六册，天津古籍出版社，1996。
⑤ 郑自来、徐莉君编《武汉临时联席会议资料选编（1926.12.13—1927.2.21）》，武汉出版社，2004。
⑥ 涂文学主编《沦陷时期武汉的经济与市政》，武汉出版社，2007。
⑦《武汉金融志》办公室、中国人民银行武汉市分行金融研究室编《武汉近代货币史料》，武汉地方志编纂委员会办公室，1982。

1949)》，辑录了江汉关贸易报告（1861—1946）、沙市海关贸易报告与统计以及报关行等资料；① 南开大学经济研究所经济研究室编《中国近代盐务史资料选辑》（共4卷），辑录了民国时期湖北开放盐斤自由贸易、盐税附加、沦陷时期盐价等相关资料；② 中国人民银行总行参事室编《中华民国货币史资料》（第1、2辑），辑录了民国年间湖北货币发行、流通、治理的相关史料；③ 财政部财政科学研究所、中国第二历史档案馆编《民国外债档案史料》（共12卷），收录了清末民国湖北军政当局及民间团体（如汉口商会）举借各项外债之史料；④ 江苏省中华民国工商税收史编写组、中国第二历史档案馆编《中华民国工商税收史料选编》（共5辑），收录了民国时期湖北省若干年份的税款收入、岁入岁出预算、盐政与盐税、印花税、货物税、地方税及其他税捐等史料；⑤ 郑成林主编《民国时期国情统计资料汇编》⑥《民国时期经济统计资料汇编》⑦ 分别收录了民国时期湖北财政的相关资料，《民国时期国情统计资料汇编》第24、25、26册收录了汉口市财政收入与支出、民国二十六至三十一年湖北省岁入岁出预算、湖北省各县县地方二十六至三十二年预算、各县营业税与契税收入、县自治财政收入等资料，《民国时期经济统计资料汇编》第45、46册分别收录了民国二十四与二十五年度湖北省各县地方岁入岁出预算分类统计、战时湖北省各县市田赋征实数额等材料。

关于地方志资料，如湖北省地方志编纂委员会编《湖北省志·金融》⑧《湖北省志·财政》⑨，书中对晚清民国时期湖北金融发展状况、金融机构的演变、货币的流通与改革、财政收入与支出的统计，财政管理体制的变迁

---

① 曾兆祥主编《湖北近代经济贸易史料选辑（1840—1949）》，湖北省志贸易志编辑室，1984、1985。
② 南开大学经济研究所经济研究室编《中国近代盐务史资料选辑》第1—4卷，南开大学出版社，1985—1991。
③ 中国人民银行总行参事室编《中华民国货币史资料》第1、2辑，上海人民出版社，1986、1991。
④ 财政部财政科学研究所、中国第二历史档案馆编《民国外债档案史料》，档案出版社，1992。
⑤ 江苏省中华民国工商税收史编写组、中国第二历史档案馆编《中华民国工商税收史料选编》第1—5辑，南京大学出版社，1994—1999。
⑥ 郑成林主编《民国时期国情统计资料汇编》，国家图书馆出版社，2016。
⑦ 郑成林主编《民国时期经济统计资料汇编》，国家图书馆出版社，2016。
⑧ 湖北省地方志编纂委员会编《湖北省志·金融》，湖北人民出版社，1993。
⑨ 湖北省地方志编纂委员会编《湖北省志·财政》，湖北人民出版社，1995。

等问题都进行了叙述。与此相类似,由各县市地方志编纂委员会编写的县志、市志亦对当地的财政金融状况进行了专门记述。鉴于其数量众多,此不展开列举。

关于口述史料,如政协湖北省委员会文史资料研究委员会编《湖北文史资料》第1辑之卢蔚乾《胡宗铎、陶钧统治湖北的情况》、第7辑之沈肇年遗稿《回忆旧社会各时期湖北省财政概况》、第24辑之李之骥《张难先在湖北财政厅长任内的贡献》,作者均以亲历者的身份对清末民国时期湖北省财政的若干状况进行了回忆;① 政协武汉市委员会文史资料研究委员会编《武汉文史资料》第23辑之吴立德《张之洞推行的新政与财源》回忆了张之洞在湖北的维新事业及其筹措新政经费的多种途径,第58辑之陈启铭《张难先与筵席捐》回忆了张难先开征筵席捐的原因与具体征收办法,② 这些口述史料具有一定的参考价值。

综而言之,1949年以来学界关于晚清民国湖北财政史的研究取得了重大突破。由于研究领域进一步拓展,研究主题日益深入与细化且问题意识逐渐凸显,所以研究成果大大丰富。然学界在取得成就的同时,仍不免存在一些问题。

三 研究之不足与展望

财政史作为史学研究的一个重要领域,长期以来是学界关注的焦点。无论是对财政问题本身(如财政思想、财政政策、财政制度与财政管理、财政收入与支出),还是对由财政所延伸出来的问题(如财政与政治变动、财政与社会经济变迁),论者都进行了不同程度的探讨。然就晚清民国湖北财政史研究而言,尽管学界对财政收支、财政与政治经济变动等问题多有着墨,但尚有许多问题仍未有效解决,是故此研究仍有较大开拓之空间。

第一,进一步转换研究思路与方法,更加注重财与政、财政与经济社会之间的关系。20世纪最后十年,新财政史在欧洲兴起。之所以称"新",是因为其"以财政体系为研究对象,在财政体系的历史脉络中寻求人类社会历史变迁的内在逻辑";基于"对财政体系演变进程整体性和连贯性的新

---

① 中国人民政治协商会议湖北省委员会文史资料研究委员会编《湖北文史资料》第2、7、24辑,湖北人民出版社,1981、1982、1988。
② 政协武汉市委员会文史资料研究委员会编《武汉文史资料》第23、58辑,1986、1994。

认识，以及对财政体系在经济体系和行政体系中的敏感性和重要性的重新把握"，新财政史"赋予财政史研究以独立的话语权力，使财政史研究不仅不再作为其他学科研究的补充句和附属品，成为真正的财政史，而且成为理解欧洲历史发展进程的新线索"。① 一批学者从此视角出发，对欧洲历史进行了重新诠释，将其看作由贡赋国家经过领地国家与赋税国家最终演变为财政国家的历史发展过程，这拓宽了历史的视野。尽管中国与欧洲发展道路并不相同，但新财政史为我们提供了新的研究思路，具有方法论上的意义。除强调财政本位外，新财政史以财政为基石来理解社会经济变革，实是注重政治因素的重要性，因为政治是财政体系不稳定以及发生变动的重要原因。从这一角度出发，财政史研究又必须充分体现"财"与"政"的结合。②

实际上，若以财政为本位，则晚清的财政变革主要有两次。第一次发生在咸同年间，由于战争的影响，传统的奏销体制开始松动，国家财政由量入为出向量出以制入转变，以厘金为代表的工商税收逐渐成为财政收入的新来源。第二次则以甲午中日战争为起点，直至清末。由于太平天国、捻军等农民运动相继被镇压，所以在光绪朝的前20年，清朝政局进入了一个相对承平时期。在此期间，朝廷着力于规复旧制，某些方面甚至卓有成效，如钱粮奏销制度、解协饷制度。此时国家财政亦总体运行平稳，收略大于支，略有盈余。但是，甲午战争之后，清廷财政收支平衡的局面被打破，奏销体制基本崩解。而庚子事变更使清廷财政雪上加霜，收支矛盾更为突出。为了解决问题，统治者在举借外债、加重税捐的同时亦进行了一系列的变革。与前期主要致力于规复旧制不同，这一时期清廷更多的是进行新制度的建设。如设立银行等新式金融机构、铸造新式货币、试行公债制度、开启加税裁厘谈判乃至试办预算、划分国地收支、实行财政监察。清廷的种种举措，均不可避免地带有财政近代化的色彩。虽然辛亥革命推翻了清朝统治，但由清廷开启的近代财政制度建设之过程却不可逆转并最终由南京国民政府基本完成。另一方面，反观晚清以来的财政变革，无论

---

① 陆连超：《新财政史：解读欧洲历史的新视角》，《天津师范大学学报》（社会科学版）2008年第4期。
② 陈锋、刘增合等教授的相关论著体现了这一取向。参见陈锋《清代财政政策与货币政策研究》，武汉大学出版社，2008；刘增合：《鸦片税收与清末新政》《"财"与"政"：清季财政改制研究》，三联书店，2005、2014。

是旧制的松动、旧制的规复,还是新制的施行乃至最终确立,都可归结于政治的变动。"财"与"政"之间,实密不可分。与此同时,财政又与经济社会息息相关。税费政策的制定与实施、货币的发行与流通、财政收入的分配与使用均对社会生活造成直接或间接的影响。以清末民变为例,此期各地民变层出不穷的一个极其重要的原因就是为了筹措新政经费,政府大幅度增加了民众的纳税负担,导致官民矛盾激化,风潮迭起。财政与经济社会之间的关联,由此可见一斑。总而言之,借助于新财政史的研究视角,我们在研究中需要真正认识到财政本位的重要性,以财政为联结经济与政治、个人与国家、政府与社会的中心纽带,对历史做整体性的思考与分析,避免就财政论财政,单纯量化,只见组织制度不见人的思考方式。

第二,从纵、横两方面进一步拓展研究内容。虽然学界目前对晚清民国湖北财政史的研究取得了重要进展,但许多问题依然有待解决。总体而言,当下的研究呈现出不平衡性。一是研究时段的不平衡,一是研究领域的不平衡。以研究时段言之,清末与南京十年的研究成果相对较多,民国北京政府、抗战及战后的研究相对不足。以研究领域言之,胡林翼督鄂、张之洞新政以及辛亥革命等重大历史事件与湖北财政的关系吸引了较多学者的目光,而湖北现代财税体制的建构、海关、货币金融、县财政的产生、公共财政的出现等问题受到的关注不够。由此可见,晚清民国湖北财政史研究仍有很大空间。具体而言,可从以下几方面着手。(1)加强对民国北京政府以及抗战时期、战后湖北财政史的研究,如盐政、货币、金融、海关等。(2)从长时段出发,对湖北现代财税体制的构建进行分析,考察中央政府的制度与政策在湖北是如何实施与执行的,其反映出中央与地方是怎样的一种关系,通过剖析湖北这一个案,建立小历史与大历史之间的联结。(3)加强比较研究,统一性是中国历史的重要面相,但统一性之下,中国历史亦蕴含着丰富性与多样性,加强湖北与其余地区财政史的比较研究,有助于我们深化对历史的理解与认识;① 与此同时,湖北省内各地区之间的同异性亦值得重视,因为西部山区、中部平原、东部丘陵所形成的地域社会有所不同,其与国家之间的联系、国家制度与政策的地方性实践自

---

① 尹红群:《民国时期的地方财政与地方政治——以浙江为个案》,湖南人民出版社,2008。该书以浙江省为例,讨论了地方政权变革与地方财政变迁之间的内在关系,作者试图从地方财政的角度来看国家财政,其提供了很好的研究思路,但湖北与浙江两省情况不同,所以即使是探讨同一主题,也会有不同的认识。

然会有差异。

第三，充分挖掘利用各种纸质材料，同时恰当、有效利用数据库资源。晚清民国湖北财政史史料繁多，但利用程度并不高。就纸质材料而言，我们一方面须加强对已出版的各种史料的利用，另一方面须充分挖掘中国第一历史档案馆、中国第二历史档案馆以及湖北省内各地档案馆所藏的档案史料，如中国第一历史档案馆藏端方、赵尔巽档案，中国第二历史档案馆藏武汉国民政府档案，湖北省档案馆藏湖北省财政厅档案以及各县市档案馆藏本地财税金融档案等。与此同时，随着信息技术的发展，数据库建设得到有效推进，其为研究者提供了极大之便利。比较重要的如晚清民国期刊全文数据库、爱如生大报库、瀚文民国书库等。正所谓"上穷碧落下黄泉，动手动脚找东西"。只有在这样的基础上，晚清民国湖北财政史研究才能得到切实有效的推进。

（作者单位：武汉大学历史学院）

·会议综述·

"大学与近代中国学术研讨会"综述

李建国

大学是近代中国社会最具现代性的组织和制度，从其出现后，便对中国社会的进程不断发挥推动作用。从大学看社会，看近代中国的流变，也逐渐成为学术界的聚焦之处。为了更进一步推动大学与近代社会演变的研究，华中师范大学近代史研究所于 2016 年 11 月 11—13 日在武汉举办了"大学与近代中国学术研讨会"。来自台北中研院近代史研究所、香港科技大学、澳门大学、华中师范大学、北京大学、中国人民大学、北京师范大学、复旦大学、中山大学、南京大学等十余所高校及科研院所的近 30 位学者就中国近代大学的起源、大学与社会文化运动的关系、大学的研究机构、大学的训导制度、校园风潮、大学的课程等议题进行了探讨。此次会议的召开，充分展示了大学与近代社会研究领域的前沿成果，也对该方向的研究起了极大的推动作用。

一　大学史研究的概况与新视角

对于大学，大学史研究的重要性，是本次会议探讨的一个重点。章开沅先生在致辞中提到，在山靠山，在水吃水。在大学研究大学，不研究太可惜。大学太丰富，也非常重要。这是我们的本业，所以我一直重视。从最初研究教会大学，到现在已经 40 余年。后来又转入校史研究，研究本校历史。对于大学的定位，章开沅先生提到，大学究竟怎么定位，原来说是精英教育，后来说是大众教育。大众教育，大学就不重要了吗？大学就由此可以降低身份，随波逐流了吗？而成为社会的一个追随者，成为一个产业，一个谋利者。大学本来具有公益性质，要么靠政府支持，要么靠社会支持。对于今后的大学教育，章先生也谈及了关于大学要回归教育本心，回归教育主体的理念。

在主题演讲中，周洪宇（华中师范大学）做了《中国现代性大学的起源与近代中国教育》的报告。文中对现代性大学做了界定，并就其所含的四个要素做了介绍。指出中国的现代性大学，主要还是西方教会组织出于传教的需要建立的。中西方现代性大学，基于不同的发展方向，发展动力，也各自表现出不同的整体特征。探究中国现代性大学的起源问题可以更好地理解近代中国社会转型的动力、类型、方式等问题，以便更好地认识如今的教育制度。李中清（香港科技大学）在《大学与近代中国——一个量化数据的视角》一文中指出，民国是中国近代社会重要的转型时期，理解民国时期教育精英阶层的社会来源，对重新理解民国精英阶层有重要意义，并用量化数据库分析近代中国的教育、考试制度，构建"四个阶段"框架，着手分析150年来中国教育精英的结构性变化。文中也谈到因大学起源而带来的中国精英阶层的变动。滨下武志（中山大学）的《海关资料与中国近代中国思想史研究》中提到海关学校、海关的考试、海关学校与汉学家的问题都是大学史研究的重要组成，另外海关洋员的文化活动、海关洋员汉学家、海关资料与文化活动、近代世界与知域的形成也应引起重视。并据此提出海关资料研究的两个方向：第一，通过回忆录、照片、书信、个人档案研究海关洋员的海关生活；第二，通过更有系统的海关资料，讨论海关人物、制度，并对第一期的海关研究成果进行再思考。

以上谈及现代性大学及其在中国的起源，对量化数据库、海关资料在近代大学史研究的运用也做了介绍。另外马敏（华中师范大学）的《他山之石，可以攻玉——中国教会大学史研究的回顾与展望》一文对教会大学史研究做出了回顾与展望。文中谈及教会大学史的兴起、第一阶段的教会大学史研究、第二阶段的教会大学史研究、教会大学史研究的反思与展望，并对不同阶段的研究特点做了详细的介绍。在反思与展望中，马敏教授指出，教会大学史的研究要打破现代史与当代史的区别，重新审视教会大学历史对当今中国高等教育发展的启示。借助教会大学史丰富的资料，把资料与信息技术结合，开展定量的大数据研究，极大地推动教会大学史研究。许小青（华中师范大学）在《中国近代大学史研究之回顾与思考》中探讨了作为中国近代大学史的研究传统的"类史"与"内史"。在中国近代大学史研究的新趋势和突破问题上，许教授指出要从大学与国家、政党关系等视角来研究近代大学；从政党与派系的相互关系角度研究近代大学的学生群体、教授群体及其活动；将大学纳入近代知识与制度转型的研究；应用中西文化比较研究模式。在理论与方法上，注重制度史与社会史的结合。以社会史的视角，突出中国近代大学成长的社会环境，重点讨论西方大学制度是如何引入中国，深度参与中国社会，最终形成中国大学的特色。注重全球史与地方史的结合，个案研究与整体论说结合。

二 教育考察、大学考辨与大学训导制

论及大学的教育，本次研讨会中不乏对教育思想的考察、大学源起的考辨、学校人员的构成以及学校领导制度的变更的研究。孙宏云（中山大学）的《辻武雄的中国教育考察及其观感与建议——兼论其考察记的史料价值》一文集中对1898—1899年辻武雄来华考察教育始末及其对中国教育的观感和议论加以论述。透过辻武雄对中国教育的考察，可看出他对中国学堂教育的重点关注。从其著《支那教育改革案》的内容和他为中国新式学堂编写教科书的动机，也可看出"亚细亚主义"在辻武雄教育观念中的反映。何方昱（上海社科院）的《"向党国负责"与"为学生请命"：浙江大学两任训导长身份认同危机与训导制失效》一文以浙江的两任训导长姜琦与费巩为考察对象，探究不同背景的训导长对政治与学校的不同立场。训导长与教授身份在其两人身上皆发生分裂，作为学人的不妥协姿态，使他们早早就断送了训导长之职。而训导长之制，后以失败而告终，实也反映了其中错综复杂的关系。

吴骁（武汉大学）的《中国近代第一所大学考辨》一文对中国近代出现的大学进行了辨析。通过考辨，作者指出中国的现代高等教育制度实际上是通过移植西方的高等教育制度而建立。如果从不同的角度出发，在"中国近代第一所大学"这个称谓里加上各种不同的限定条件，就能得出不同的答案。这些情况看似矛盾，实也反映出中国高等教育在近代特殊、复杂的环境下的发展历程。徐保安（山东师范大学）的《清末京师仕学馆学员考》一文，以1902年京师大学堂办理的仕学馆为中心，考察了"京师大学堂仕学馆提名"，仕学馆学员的来源，也对仕学馆学员的分流与毕业做了介绍，并就具体人员进行论说。文章对京师大学堂同学提名也有大致的考订，从中也可看出仕学馆学员的年龄构成。

三 教育研究机构、学术界、行政教育与干部的养成

大学研究的另一重要面相是大学的学术机构、大学的行政教育、大学的科系与学术界以及不同政党派别下的干部的培养。曹天忠（中山大学）的《民国大学教育学术机构与新教育中国化的理论转型——以国立中山大学教育学研究为中心的考察》，关注新教育中国化的整体性问题以及比较突出的初等教育、乡村教育、民众教育、国民基础教育等具有中国化改造的教育，指出在新教育中国化过程中不同时期表现出的特色。汪正晟（台北中研院近代史研究所）的《从党校到大学——中央政治学校公共行政教育的政治后果与历史意义》一文考察了中央政治学校从"党校"到"政校"转变，其内容从"党校"的革命斗争实务，变为大学式"政校"的公共行政课程，为国民党政权日后发展产生了重要的政治影响。文章也尝试跳出西方知识的窠臼，使之更能回应中国与非西方世界在现代情境中所面临的各种挑战。张凯（浙江大学）的《科学时代的人文主义：民国时期浙江大学人文学科之演化》一文指出竺可桢掌校时期的浙江大学，提倡求是精神，革新教育理念。但在学理与现实的双重困境中，浙大学人也表现出诸多困境。作者历史性地考察了民国时期浙江大学人文学科的演化，揭示其理念与实践间的张力。孙会修（中国人民大学）的《恋爱、革命与干部教育：莫斯科中山大学李锡元、吴裕文三角恋案》一文选取具有不同党派性质的莫斯科中山大学，以李锡元、吴裕文的三教恋爱为案例，探讨了恋爱和婚姻问题对莫斯科中山大学校务发展与干部培养的影响程度。透过文章，可看出莫斯科中山大学中爱恋、革命与干部教育之间的复杂关系。张欢（华中师范大学）的《国民党中下层政治干部的养成——以中央政治学校为中心的考察（1927—1937）》一文着重探讨了中央政治学校的培养模式，据此反映出中央政治学校在干部培养中，确实存在国民党组织，党化教育也较为成功。这也是国民党试图将党务与政治融为一体，改变党政二分的局面的努力。

四 大学的政争、省籍问题、学潮及校园控制

大学史的研究面相也在逐步扩展。大学中的党争、学校师生的省籍问题、校园风潮也是学界的关注所在。余子侠、王海凤（华中师范大学）的

《国立西北联合大学合分成败论》一文依次探讨了国立西北联大的联立与分设,国立西北联合大学"合""分"之因。文章也评价了西北联大的功过,指出西北联大是应战时教育布局调整需要而出现的,出于战时教育资源整合的需要。西北联大的出现,对西北高等教育的发展有奠基之作用。陈钊(南京理工大学)的《国共政争与大学校政:陈立夫、徐诵明与西北联大法商学院的整顿》指出抗战初期,西北联大法商学院左翼教授聚集,中共活动频繁。国民党籍师生为了重组党部,也多次请教育部出手解决法商学院的左翼化问题。据此可看出,在国共政争的大背景下,西北联大法商学院中充满着左右党派争斗,由此也波及大学的办学。王春林(辽宁省社会科学院)的《国立大学之"特殊使命":抗战时期东北大学的省籍问题》指出,九一八事变后东北大学以流亡关内的东北籍师生为主,收容和培育东北青年,以复土还乡为志愿。当时,随着东北大学的迁移,其地方意识已较为削弱,但在国家观念与地方关怀意识下,该校的教职员与师生间依然充满着省籍之别。何树远(北京化工大学)的《从政争到党争:1920 年代北京高校学潮研究——以北京国立八校教职员代表联席会议为中心》指出1920 年代北京高校学潮有着复杂的政治、社会因素。文章讨论了彭允彝辞职前的医校风潮、彭允彝辞职后的医校风潮、美专风潮与郑锦辞职、陈延龄与美专、余绍宋与美专的解散,借此深入探讨了教职员、学生的内心世界,把握 1920 年代北京社会发展的动向。张楠(南京大学)的《大学校园与政治控制:(国立)山西大学的党派组织与国共阎斗争(1939—1949)》一文关注 1939—1949 年的山西大学,依次论述了抗战前山西大学中的蒋阎斗争、抗战末期共产党力量介入山西大学及其与阎锡山的斗争、战后蒋共阎在山西大学的组织建构以及对学生的运动与控制,指出不能武断地认为是哪一派长期控制着山西大学,而要着力凸显各时段各方在山西大学的发展形态。

五 科系与专门学术研究

随着大学在近代中国的不断发展,其设置的科系越来越多,不同类别的学校设置的科系也各有特色。随着近代中国社会局势的变化,部分学校开始重视边疆史地的研究,而传统的学术门类也有长足的发展。郭娜(人民出版社)的《1926 至 1941 年燕京大学英文学科的发展及其特色》一文依据燕京大学档案,考察1929年之后英文系作为文学院中的一个系,被纳入整个学院统筹管理的过程。对于燕京大学英文课系取得的成绩,作者认为这和学科的兴起与发展及社会的需要有重大关联。由于当时的社会环境与其他限制条件,燕京大学英文系在研究生培养方面,留下了诸多遗憾。沈伟(上海市委党校)的《律师工厂:1930年代上海法学院校中的考试舞弊》一文从孔令仪的成绩单开始谈起。对于此一现象的产生,作者指出这与南京国民政府在监督法商学院办学过程中的政策失当有关。教育部限制法商学院的招生数量,也使学校放弃对学生培养质量的追求;教员因为微薄的薪水也开始忙于生计而疏于本职工作。这就在多方的默契下,顺利制造了很多法律人。徐丁丁(中国科学院)的《国立高校生物学系的初建——以清华大学和中山大学(广东大学)生物学系为中心的考察》一文选取国立清华大学和国立中山大学(广东大学)的生物学系,考察两校生物学系建立时的情形,以及生物学系发展过程存在的各种问题。两所大学生物学系的不同走向,也代表着中国近现代生物学系两条不同的发展路径。钟荣帆(山东大学)的《近代学术转型视阈下的边疆研究:以金陵大学为中心的考察》指出,1930年代金陵大学兴起的边疆研究在传统史地学派研究的基础上,采用西方民族学的相关理论来综合研究。抗战爆发后,金陵大学迁往成都,其边疆研究得到迅速的发展。随着众多边疆研究资料的发掘和整理,其研究也呈现多领域相结合的状态,使边疆研究逐渐转入近代学术研究的范畴。赵帅(复旦大学)的《文学教育与文学革命——以北京大学国文门文学史课程为例》一文选取北京大学国文门朱希祖教授的中国文学课程,考证朱希祖、袁丕钧、傅斯年的师生关系,并讨论了三人在文学革命前后关于文学史的看法,揭示其观点背后的知识资源与思想观念。

六 校园风潮、学生运动、大学课程与教育权

大学的主要构成者——数量众多的学生,他们的学校生活——学习课程、校园活动,对社会政治的参与,以及背后教育权利的流动,都是大学史研究的重要组成部分。牛力(南京大学)的《分裂的校园:民国时期东南大学治理结构的演变(1920—1927年)》指出,从1920年到1927年,东南大学的治理结构经历了显著的变化。在风云变幻的政治情势下,大学校务千疮百孔。"教授治校"在实际校务的管理上很难发挥效能,对时代环境

的变化更穷于应对。韩成（上海财经大学）的《"收回教育权运动"再审视——从圣约翰大学到光华大学》以1925年圣约翰大学学生全体离校另立光华大学为研究对象，重新审视"收回教育权运动"。文章集中考察了在当时的社会环境中，这种收回教育权运动成效如何，存在的局限有哪些。从中得出结论，当时的国人虽然在一定程度上实现了收回教育权，却不易实现收回教育权之实。赵飞飞（南京大学）的《基督教大学对国民政府党化教育方针的顺应机制研究——以金陵大学为考察中心》一文指出，从政治文化机制考察，"党化教育"和"宗教教育"具有很多共通性。而当时国民政府政局纷乱，财政支绌，完全收回基督教学校的教育权并不现实。这些都是金陵大学和其他基督教大学能够成功转型的内在机理。关浩淳（四川大学）的《校园风潮与权力更替——以华大学生"废考"风波为例的考察》一文立足于相关档案，以基督教教会大学华中大学"废考"风波为例，依次考察武汉解放前的"废考"风波、"反三考"运动、"废考"风波的结构与影响，指出青年学生群体是近代中国社会中较为活跃的重要势力，在党派斗争、政治更替过程中发挥着重要作用。文章并对风波背后的曲折过程进行分析，以期增进对学生群体在近代社会中的作用的认知。宋雪（北京大学）的《齐鲁大学与五四运动考论》以五四运动时期齐鲁大学师生的活动日志为材料，分析齐鲁大学与政府的冲突、校方观点与教会立场，揭示出齐鲁大学的教会教育与民族意识和现代精神之间的复杂关系，也探究了齐鲁大学与当局的关系变化及校方对学生运动的立场转变问题，为人们了解、认知齐鲁大学提供了更多的面相。

左松涛（武汉大学）的《民国时期大学史学设系与课程变革》一文从1923年东南大学史地研究会办的《史地学报》入手论说南方史学系的创办情况，也详细论说了上海大学史学系的创办，就南北不同大学历史学系开设的课程做了对比解说。当时各学校历史课程的设置各依情况而定，不具标准化与模式化。而政治势力的介入，迫使历史科系的领导人更换，历史课程也被一再调整。课程的调整与主政者的个人喜好也有很大关系。李周峰（贵州师范大学）的《学术研究与生计：近代学术研究职业化过程中学人面临的困局与应对——以顾颉刚为例（1920—1926）》一文以顾颉刚日记、书信为主要材料，探讨了顾颉刚在学术研究过程中如何处理学术研究与生计问题，指出顾颉刚一方面集合同志，创办出版机构，以版税收入来实现经济独立；另一方面，通过各类出版发行，结成学术共同体，营造全新的学术环境。陈岭（华中师范大学）的《自主重建与强力整顿："一·二八"后国立暨南大学的战后困境》一文指出"一·二八"事变后，国民政府借助国难话语对暨南大学进行整顿，以期进一步控制暨南大学的教育行政权。在学科布局等重要问题上，校方与教育部分歧渐多，以至形成冲突。在反复的纠合中，暨南大学诉求的自主权未能保住，而国民政府对暨大的控制却进一步加强。赵晓芬的（华中师范大学）的《"统制"下的"自由"：民国大学历史课程"标准化"讨论》一文通过讨论民国教育生态、教育部"统制"下的大学历史课程、民国大学历史教育的学术化，研究大学历史课程"标准化"讨论，检视民国大学历史教育的学术化倾向，指出近代中国大学历史教育的"自由化"发展，一定程度上为中国史学"现代化"奠定了基础。

  在本次研讨会上，参会论文不但从总体上探讨中国近代大学的兴起、大学史研究的进程与方法，也从新材料入手而研究近代大学。正如何卓恩教授总结所言，此次会议讨论的问题围绕大学的撤、建、分、合，解释了大学之学、大学之大、大学之谓大学、中国大学之谓中国大学的基本特质和时代印记。与会学者还举行了圆桌会议，就大学史与高等教育史的概念、大学史研究与高等教育史研究的结合、大学定义的重要性、大学的内涵、近代以来不同时间段内学制的区别、大学与城市的互动、特殊类型的大学、大学史研究资料的多样性等学术增长点进行了探讨。

（作者单位：华中师范大学中国近代史研究所）

第二届"新革命史工作坊"会议综述

彭 晗

近年来,随着学者们的呼吁以及基层档案文献的不断发现,有别于过去革命史研究范式的"新革命史"研究方兴未艾。继2016年11月在浙江大学成功举办第一届"新革命史工作坊"后,为了进一步推动相关领域的研究创新,第二届"新革命史工作坊"于2017年8月11—12日在武汉华中师范大学举办。此次工作坊由北京大学历史学系、中国政法大学社会学院、华中师范大学人文社会高等研究院、华中师范大学中国近代史研究所共同主办,华中师范大学"20世纪中国革命"研究群具体操办,来自中国社会科学院、北京大学、中国政法大学、中共中央党校、南京大学、复旦大学、厦门大学、贵州大学、华东师范大学、华中师范大学、杭州师范大学、伦敦大学等国内外高校以及"澎湃新闻"等单位的30余位专家学者参加了本次工作坊。此次工作坊共讨论论文17篇,按照时间顺序,分别就清末民初的政治、文化与革命,地方、军队与中共革命,1949年后的社会、文化与革命三方面展开了深入的讨论,会场中真知频现,灼见屡出,展示了当下学界在新革命史研究领域的前沿成果。

一 清末民初的政治、文化与革命

教派叛乱是清史研究中的重要议题,教派与叛乱间的关系受到不少研究者的注意。陈明华(杭州师范大学)的《移民、信仰与叛乱:以清代闽、浙、赣边山区的斋教为例》一文对此问题进行了探讨。他将东南一带的斋教叛乱置于社会脉络之中,探讨"念经型"的斋教与暴力之间的关系,以及斋教在山区迅速传播的原因。文中认为山区垦荒的移民是斋教信徒的主要来源,信仰、精神安慰以及群体认同等因素吸引移民加入斋教。斋教活动并不具有谋反叛乱的意图,且信仰斋教也未必导致叛乱,斋匪叛乱只是得自"谣闻",暴动也非蓄谋已久,而多是外界刺激下群体矛盾升级的结果。官方将斋匪叛乱归结为斋教异端思想的传播过于简单,真正的原因则是因为太平天国以后土客矛盾的激化和地方武装力量的散布。周月峰(华中师范大学)指出本文研究叛乱较少涉及官员书写问题,即"叛乱"还是"被写成叛乱"的问题。张侃(厦门大学)认为谈及叛乱的产生机制前,首先要解决的问题是明晰移民与当地人之间的关系,外来人群或者说外来宗教与当地社会的张力。

本次会议上,有学者注意到晚清权力格局的新变化。彭剑(华中师范大学)的《从"内外"到"三权"——辛亥革命前夕的帝国权力新结构》一文便在此方面做了探讨。该文一反过去学界关于晚清权力结构的话语体系,认为预备立宪期间权力结构超出"内""外"相制格局,朝着立法、司法、行政三权鼎立的方向发展,权力由传统官府流向新设立的司法审判机关和议会机关。资政院和咨议局在实际运作中并非架空机构,在拥有实权的同时还对传统的官僚系统造成冲击。在清季权力结构的悄然变化之中,除了军人集团,绅士集团的崛起也在推翻清廷的过程中发挥了重要作用。汪颖子(伦敦大学)赞同彭文提出的新政以来三权分立格局建立的观点,同时指出,在新政持续时间较短的前提下,新政期间出现的新机构在多大程度上分享了实权,是一个值得深究的问题。应星(中国政法大学)认为"绅士"在中国传统社会中一直是一个核心词汇,因此谈及"绅士崛起"概念时,首先要确定此时"绅士"的界定。周月峰指出讨论"内外"问题时,加入"省"的考量,会更为清晰。

重新认识辛亥革命,不仅要从清廷方面切入,还要重视外国列强的因应。庄和灏(贵州大学)的《从法国文献解读辛亥革命的西方认知及其历史影响》一文便践行了此种做法。该文依据法国外交部档案、法国报刊等域外史料,再现了他者眼中的辛亥革命,梳理了革命进程中法国方面对清廷、革命党人和袁世凯等多方势力的不同认识。辛亥革命前夕,法国方面对中国革命的认知不尽相同,比如广州起义对中国社会的影响。文章指出,西方列强对于中国革命党的质疑一直未曾消弭,对革命党主政中国的方案也不予支持,双方之间更无合作可能,因此革命党沦为牺牲品,列强将砝码押在了袁世凯身上。转移视角、借助他人眼光重新窥视昔时的中国革命,更加有助于回到历史现场,一些史实的认知也随之越发清晰。承红磊(华中师范大学）较为关心外文资料在中国语境下对研究中国史的意义。张仲民（复旦大学）则提出应关注法国对辛亥革命的认知当中的自相矛盾之处。

演说是革命宣传动员的重要形式之一，随着近二十年来文化史和社会史的转向推动，演说与革命之间的关系得到学界的持续关注。尹钛（中国政法大学）的《清末的演说与革命——对一种政治文化的考察》便是从演说的政治现代性展开论述，将演说视为一种政治文化，探究演说在中国产生之时面临的问题及其呈现的特征。新式演说相对传统宣讲而言具有现代性的特征，它与集会、结社活动有着密切的联系。政治演说在最初出现时并非一帆风顺，不少与会者仅为"观光"或赶时髦。演说是革命党人筹饷的重要手段（演说并非完全为了筹款，但筹款与革命宣传往往是合二为一的）。章博（华中师范大学）认为补充演说在清政府立宪过程中所发挥的作用或许能够呈现更多的面相。张侃提到探究受众与演说者之间的互动关系更能体会演说声音的力量，同时他也指出演讲与演讲稿的整理有一定的差异，文本的整理在不同人的记述中也存在差异。

清季民初"趋新"之势所造成的问题层出不穷，因"译本书、时报纸"而新名词滥觞即是其一。张仲民的《"文以载政"：清末民初的"新名词"论述》便以这一时期大量贩入的"新名词"为研究对象，考察时人对新名词的批评抑或辩护，并进一步论述新名词的运用之法。新名词的普遍流行导致误用、滥用的诸多杂况，世人对其持两种看法，或担忧，或捍卫。但实际上很多使用者，只为追赶时髦，假维新之名，行谋利之实。文章指出，看似喧嚣的清末民初新名词热潮，实际上不管是趋新之人，还是守旧一派，均是在使用新名词为自己背书，他们背后的利益诉求才是新名词在相似语境下出现不同解读的主因。任伟（中共中央党校）提出在否定新名词误用、滥用的前提下，新名词应有一个正确的解释。如果新名词在传入之时即是错误之意，那么对新名词的批评则陷入精英主义和启蒙主义的后见之明的说教之中。

北京政府在洪宪帝制运动时期的外交活动，尤其是对日外交，多有值得讨论的空间。承红磊的《洪宪帝制运动时期北京政府的对日策略》一文综合利用北洋政府外交部档案、英国外交档案、日本外交文书、美国外交文件等资料，考察了袁世凯政府在帝制问题上对日本采取的各种策略。既往学界关于袁世凯政府对日意图有"忽视说""受骗说"等种种成论，承文认为此类既定结论低估了日本的敌意，未能清晰展现帝制运动时期对日外

251

交政策的复杂变化。此外，在中国参加一战的问题上，承文也对学界旧说提出了质疑，过去的研究多以为北京政府直接提出参战，但北京政府实际上进行了一定形式的伪装，由英国政府先提出建议。陈明华指出日本对待袁世凯政府态度的背后，应将日本复杂的内政格局纳入考虑范围。尹钛和汪颖子就资料的补充问题提出自己的见解，认为除了档案外，与袁世凯关系密切的，如幕僚等人在帝制时期的资料也有参考价值。申晓云（南京大学）认为袁世凯政府在对日策略中利用民众舆论对日本进行制衡也是很重要的方面。

二 地方、军队与中共革命

20世纪中国革命的主体是中国共产党领导的无产阶级革命，而无产阶级自身地位的提高，蔡元培的"劳工神圣"思想起了很大的助推作用。马学军（北京大学）《自食其力与合群互助：蔡元培"劳工神圣"思想释义》一文系统研究蔡元培的"劳工神圣"思想，从文本语境和内在思想演进的脉络解释"劳工神圣"的内涵。"劳工神圣"思想不是凭空出现的，而是长期以来蔡元培一以贯之的思想表述，在很大程度上受到严复"群学"思想和无政府主义的互助论和劳动观的影响。"劳工神圣"语境中的"劳工"并非专指某种工种、某种职业或某种身份，而是那些自食其力，有利于自己和社会的人，因此"劳工神圣"并非强调劳心、劳力的差别，亦非强调劳资阶级斗争的学说。饶佳荣（"澎湃新闻"）赞同文中提到的蔡元培"劳工神圣"思想受到无政府主义的影响，同时指出需要注意的三个关系：严复的群学思想与无政府主义互助论的关系；马克思主义劳动观与无政府主义劳动观的关系；"劳工神圣"与市民社会的关系。王奇生（北京大学）则指出在研究中应注意蔡元培所强调的"劳工神圣"与受众所理解的"劳工神圣"存在的差异。

研究"新革命史"，除了新观点的补充，亦需注重跨学科之视角。应星的《从"地方军事化"到"军事地方化"——以红四军"伴着发展"战略的渊源流变为中心》便是研究中共革命中的军事问题。该文从社会学的研究视角出发，深入探究红四军在1927—1930年将苏区革命实践经验逐渐凝结成"伴着发展"战略思想的过程，重新诠释军队与地方的关系。井冈山时期，正规武装和地方武装相结合，重调土客关系，"波浪式推进"的发展道路成为"伴着发展"战略的雏形;闽西时期建立赤色地方武装;从陂头会议到罗坊会议期间,"伴着发展"战略最后成型。而后"伴着发展"战略成长为中共军队的基本发展战略,从而使军队获得强大而持久的动员能力,克服了近代军阀部队漂浮在地方上的无根状态。申晓云肯定了应星在中共党史研究方面做出的突破:还原历史真实,将党史研究回归到历史学。她认为"伴着发展"更多意义体现在工作方针上,战略层面则稍微牵强,"伴着发展"战略只是工农武装割据整体战略思考中的一环。

革命史研究要想达到新境,对革命领袖的研究亦是必不可少的。孟庆延(中国政法大学)便将视角放在了参加农村调研的毛泽东身上,他的《在"问题与主义"之间:毛泽东农村调查思想的形成、演化与实践》以毛泽东从大革命时期到苏区时期主要的农村调查实践与文本为核心考察对象,在"问题与主义"的社会思潮背景下,重新理解毛泽东农村调查文本和实践的过程及意义。毛泽东的农村调查有三个阶段,第一阶段是大革命时期在湖南进行农村调查,此时对农村阶级的分析主要以租佃关系为基础对农民进行分类。第二阶段是井冈山时期,从闽西地方干部的革命实践中提炼总结"抽多补少"原则。第三阶段是1930年末在赣西南的农村调查,这一时期毛泽东将调查焦点转到"富农问题"上。文章指出毛泽东调查研究的基本逻辑是"阶级—革命性",调查文本不仅仅是工具,更是毛泽东试图改造社会、打破原有社会的新的处理方法。庄和灏谈到富农概念作为一种舶来品,在传入过程中,应该明晰毛泽东是主观接受还是被动接受这一问题。阮清华(华东师范大学)认为在有预设的情况下,调查文本在实际问题中有多大程度的应用是值得继续探究的问题。

与会学者除了从地方与军队层面研究革命史,从地方政权层面考察中共革命的亦有之,张飞龙(南京大学)的《组织形态视角下中共"商南事变"问题的历史考察》便是其中代表。文章以1928年发生在鄂豫皖苏区的"商南事变"为个案,从列宁主义政党的组织原则重新审视"商南事变"及其产生的争论和各方面的论辩,聚焦中共革命中传统因素对中共组织形态制约的一面。文章秉持考证史实的精神,对"二徐事件"、戴案和中央巡视员出逃事件进行细致剖析,呈现了"商南事变"的整体面貌。"商南事变"暴露了商城党组织浓重的地方主义观念,因中共尚未建立严密高效的组织体系,对下级组织的控制力有限,中共中央把权力伸向边区的意图在实践中屡番受挫,但组织控制和组织改造的努力一直持续。鄂豫皖苏区时期,对苏区组织进行简单粗暴的组织整肃成为中共的必然选择。尹钛建议在深化社会史研究方面，可以对地方精英出现的背景加以考虑。

"三结合"武装力量体制乃是中共的一大特色。李夏（中国政法大学）的《红四军、地方武装与地方革命领袖——以闽西红四军第四纵队为中心的考察》一文以苏维埃时期红四军将闽西地方红军编入第四纵队为中心，探究"三结合"体制在实践中的逐渐形成。地方武装在转换为红四军第四纵队过程中存在三种张力，一是地方党保留地方武装与主力军扩编之间的张力，二是保卫家乡与外出游击的张力，三是服从个人与服从党组织的张力。红四纵队在闽西的工作方式与"伴着发展"战略密切相关，其组织基础是"一元化"领导，武装统一指挥地方工作。在红四军的"伴着发展"工作过程中，地方武装在地方"打通""连贯"，扫除地主武装，联合分散地方武装。文章指出随着红四军"伴着发展"工作方式的实践，地方武装逐渐演化成"执行阶级武装"、"枪杆子出政权"的武装。应星认为李夏和张飞龙的文章的共同之处在于摒弃了传统中共革命研究中的革命色彩。张仲民建议资料可以有所扩展，比如傅柏翠和中共分裂以后国民党和地方的相关材料。

20世纪的中国革命既有中共革命，亦有国民党主导的革命。彭晓飞（华中师范大学）在《革命与利益：南京国民政府没收盛宣怀遗产案研究》一文中将南京国民政府时期盛宣怀遗产案放到南京国民政府建立初期的逆产清理运动中进行考察，展现革命、私产、司法、外交的复杂关系。1929年盛宣怀及其子孙被视为"贪官污吏""土豪劣绅"，财产被南京国民政府2月扣押，9月全部没收。没收盛氏租界财产时引发不小的中外纷争，外国人指责国民政府行政干预司法，并借此反对废除治外法权，以维护其既得利益。在发还过程中，考虑到国内形势政策，以及外国人对此事件的诸多意见，国民政府最终发还了部分财产。郑成林（华中师范大学）认为南京国民政府处理盛宣怀遗产案一定程度上是革命形象建构的手段，最终发还部分遗产，与革命秩序的建立有着密切关系。

抗战时期的敌后游击战亦是中共革命的重要组成部分。任伟（中共中央党校）的《中共游击队的战斗生活——〈杨思一日记〉释读》围绕《杨思一日记》，呈现浙东金萧游击队的战斗生活，以小见大，论及整个中共游击队的战斗生活。高速流动、适时应变是浙东游击队的特点，合纵连横为其手段。合纵连横的成功有两种表现：一是在进攻上渗透性强，高度灵活；

二是在防守上坚固性好，内部矛盾一般在组织内部解决。正规情报系统和百姓口头传送的结合构成了浙东游击队出色的情报系统。考虑到地域环境和通信环境等客观因素，获取情报有一定的运气成分，情报发生失误，游击队遭受损失也是不可避免的。彭晓飞认为在文章写作中应突出对话意识，与既往研究相比，此时的中共策略有何特别之处。应星指出游击队与地方有着密切关系，因此在研究时要注意挖掘地方文史资料，从地方史脉络中去探寻。

三 1949年后的社会、文化与革命

从1949年中华人民共和国建立到1956年"三大改造"完成的社会主义革命时期，城市的社会改造十分关键，对上海等旧的大都市人口进行疏散是其中的重要议题。阮清华的《重建与固化：1950年代上海城市人口疏散中"农民"身份的再建构》一文通过梳理1950年代上海数次人口疏散过程，探究中共将上海人口疏散到农村，并重新建构农民身份的策略及其背后的理念。疏散上海城市人口主要有三种举措：一是遣送"灾难民"返回原籍，二是动员外来进城的"农民"回乡进行生产劳动，三是将"失业工人"迁到外省进行垦荒。但是很多"农民"和"难民"回乡返籍之后并无土地，1955年开始的农村合作化运动推动了大量人民公社的组建，返乡"农民"加入其中，重新构建了自己农民的身份，顺利达成疏散城市人口的目的。张侃认为身份标签意味着资源的重新分配，中国传统社会利用身份划分建立集权制国家的思路适用于普遍的中国史研究。同时，他指出丰富的档案材料存在书写陷阱，容易使行文平铺直叙，丢失核心点，模糊问题意识。石岩（北京大学）和邵岩（河北师范大学）均提出在大规模的人口疏散过程中，是否出现了反对的声音。

新中国建立初期，中外关系"另起炉灶"，三大外交原则下的外交工作成为学者们新的研究对象。赵诺（中国社会科学院近代史研究所）的《新中国外交部的诞生——组织源流·人事安排·领导体制》与过去着重强调外交行为与外交政策的研究不同，他力求梳理新中国外交部内部的组织源流与人事安排，以期从部门史的角度细化建国初的外交史研究。中共办理外交早在土地革命战争时期便已开始，解放战争末期在全国各地建立了一批地方外事机构，作为新中国外交工作的初步尝试。中央对地方外事机关

进行增设和整顿，其实也是中央对地方的收权过程。外交部的组建最初是效仿苏联，不过模仿程度有限。外交部的职能特点，一是"职权不均"，二是"职事分离"。在驻外使团筹组的问题上，文章指出中央对选派"将军大使"并非早有安排，也不是以政治忠诚度为单一标准，而是有实际的针对性。应星肯定了研究建国外交史对理解建国的特殊意义。他指出组织干部的研究倾向有两种，一是革命的抽象原则，二是海外强调的权力斗争、派系斗争。革命的组织原则和权力斗争、派系斗争不是简单的对立关系。他指出文章在探究外交部的整个脉络时，还要注意毛、周和留苏派之间的复杂关系；在讨论外交部的边缘性时，还要从外交在中共建国中的位置和当时的外交环境方面考虑。王奇生指出，确定外交部是不是边缘化的事务型机构，要以代表外交部的人为标准。

既往研究多关注1962年的"社会主义教育运动"，对1957年的"社教运动"关注甚少。石岩收集利用1957年8、9两月杜惠的工作笔记，结合其他相关史料撰成《从草根到庙堂——1957年社会主义教育运动的"表"与"里"》一文，力图呈现真实的、下层视野中的"社会主义教育运动"。作为主体史料的杜惠工作笔记主要有两部分内容，一是农民在大会上的发言，二是从区一级到乡一级再到工作组一级的上传下达。文章将"社会主义教育运动"作为"表"，合作化运动作为"里"，探寻1957年"社会主义教育运动"的原因及影响，指出早在合作化运动的灾难性后果尚未显示之时，农民对合作化运动已有诸多不满，官方记录"难忘的1957年"与农民记忆中的1957年有明显的错位。所谓的"社教运动"其实就是农民整风运动，通过"大鸣大放"统一思想，使其可以更好地走合作化道路。阮清华指出"社教运动"的背后有着工业现代化战略的选择。张侃提出"社教运动"中工作组是否展开合作社的经济核算一问题值得关注。

探究学术与政治的关系，亦是革命史研究的重要方面。项浩男（北京大学）的《政治运动中学术刊物的命运沉浮——以〈历史研究〉的停刊为中心的考察》一文，以国内史学界的权威刊物《历史研究》作为研究对象，对其1960年代的停刊历程以及编辑部成员的因应进行了全面的梳理和考察。《历史研究》本是以"百家争鸣"作为指导方针的学术刊物，却因"政治挂帅"的运动而逐渐偏离学术轨道，学术观点受制于政治立场，沦为毫无学术价值的政治宣传品。黎澍、刘大年等人为求保住刊物，在政治风浪中适应形势，却换来《历史研究》长达八年的停刊，以黎澍为首的编辑部也成为批斗的对象。文章认为政治与学术之间有着复杂而微妙的关系，学术不可能也无法完全摆脱政治而存在。孟庆延认为此文研究学术刊物的命运浮沉，其实是在研究知识分子的命运浮沉。结合黎澍、刘大年等人的文章揭示他们的复杂心态则可使文章更为饱满。申晓云指出对《历史研究》停刊背后政策原因的交代是很有必要的。

在本次会议中，学者们立足史料，深入观察，对20世纪新革命史的相关议题发表真知灼见，为推动深化新革命史研究做出了值得肯定的努力。分组会议结束以后，与会学者举行了圆桌会议，就"中国革命史研究的新境"展开讨论，肯定新革命史研究的价值意义，提出新革命史研究的新思路，强调口述史料和田野调查的重要性。

(作者单位：华中师范大学中国近代史研究所)

Table of Contents

Studies on University and Society in Modern China

Position and Reputation: Liu Yizheng's Situation in the Southeast University,
1916 −1925 *Niu Li*

Abstract: Liu Yizheng is a well-known professor of Southeast University in Republic of China. But in the university's power structure, he has a very different situation. Liu Yizheng served as the director of the Chinese Literature and History Department of Nanjing Normal College, but left the post in the academic transformation from traditional disciplines to western learning. Due to the personnel contradiction and the different ideas of school governance, he declined the director of History Department twice, advocated to reform the school governance, and became an important representative of the school against the headmaster. During the wave of Southeast University in 1925, Liu Yizheng was accused of "traitor" by the teachers and students, and ultimately left away. Liu Yizheng's situation in the Southeast University, is the epitome of the shift in the power pattern, and reflects the dilemma and choice faced by university governance.

Keywords: Liu Yizheng; Southeast University; Xu Zeling; Replacement of Presidents

"Factions Tear the Campus": On the Expelling of University Principal in National Chi'nan University, 1933 −1934 *Chen Ling*

Abstract: At the end of 1933, the Huangpu group of Kuomintang and CC Clique controlled Chi'nan University's students to launch the unrest of expelling Zheng Hongnian, the Principal of Chi'nan University. This was the result of long-term contradiction between factional forces and Zheng Hongnian. After the construction of Nanjing, the National Government tried to implement party education in Chi'nan University, the old overseas College, to build it as "the highest overseas Chinese institutions guided by Three Principles of the People". As a result, it attracted the political forces to compete the position of Principal. Principal Zheng Hongnian's political origin, his school-managing measures aimed at combating factional activities and balancing politics and academy, failed to receive the desired effect and intensified the contradiction with the factional forces, which led to the unrest of expelling Zheng Hongnian at last. Inside and outside the school, the different forces that surrounded with expelling Zheng Hongnian and supporting Zheng Hongnian launched a multi-party game, Zheng Hongnian could not keep the principal position, which showed the destruction of factionalism to university governance.

Keywords: Zheng Hongnian; National Chi'nan University; the Unrest of Expelling Zheng Hongnian; Clique Confliction

Studies on Religious Social History in Modern China

From Temple Management to Temple Supervision: On the Conceptual Transformation in Republican Legislations on Religion *He Jianming*

Abstract: In order to manage and control Buddhism, Daoism and their respective temple properties, the early Republican states successively promulgated Provisional Rules for Temple Management, and Regulatory Ordinances on Temple Management. But these government rules soon met stiff Buddhist opposition. Citing the principle of freedom of religious belief stipulated in the early Republican constitutions and conventions, the Buddhist demanded that the Republican government rescind and abolish the rules. Finally in 1929, the Republican state relented by promulgating The Rules and Regulations on Temple Supervision which has since remained in effect, particularly in present-day Taiwan. The evolution from the early Rules for Temple Management to the later Rules and Regulations on Temple Management demonstrates that the Republican state underwent a historical transformation in its approach to the management of the state-religion relations.

Keywords: Temple Management; Temple Supervision; Legislations on Religion

Late Qing Management Disputes at Shaanxi's Mian County Wuhou Temple: A Case Study in Cooperation Becoming Conflict Between Local Confucian Scholars and Quanzhen Daoists *Yin Zhihua*

Abstract: During the Qing Dynasty's Jiaqing and Daoguang reign periods, Li Fuxin, the famous Quanzhen Daoist was the abbot at Shaanxi's Mian County Wuhou Temple. During that time, he maintained a positive relationship with local government officials and Confucian scholars, and everyone worked together to rebuild the temple. Not long after Abbot Li's death, however, his grand-disciples were expelled by local scholars who did not approve of their moral character. As a result, the local government decided to invite another Quanzhen Daoist named Ren

259

Yongzhen from the Liuhou Temple to take over, and Wuhou Temple became an auxiliary temple of Liuhou. Nevertheless, the management rights for the Wuhou Temple remained unresolved, and a prolonged lawsuit ensued between local scholars and the newly appointed abbot. The local government, in the end, decided that the management of the two temples should be kept separate. From this case, we can see how the local government played a crucial role in determining the Wuhou Temple's character and future direction.

Keywords: Wuhou Temple; Liuhou Temple; Quanzhen Daoist; Confucian Scholar

Special Topics

From the Frontier to the Sacred Place: The Construction of Political Symbol of Yan'an
                                   Yin Qian

Abstract: During the Anti-Japanese War period, Yan'an gradually became a symbol of political symbolism with rich meanings, and exerted great influence and attraction on the whole country. This political symbol is formed by the political practice of the border area, the government of the border area and the self-image of the people and the rendering of the observer from home and abroad. The Communist Party of China has also greatly increased the efficiency of political communication, which has become the basis for the party to win political recognition and the state power.

Keywords: Yan'an; Sacred Place of the Revolution; Political Symbol

The Unpredictability of World Affairs: Understanding the War of Resistance Against Japan From *The Diary of Chen Kewen*   Hong Fuzhong

Abstract: As a senior civil servant and middle-level officer of the executive of the wartime National Government, Chen Kewen provided a unique perspective for us to observe the multiple aspects of wartime China. In the beginning, due to the situational entanglement of war and peace, Chen Kewen's opinion on the war was unclear. However, when he had observed that the war was inevitable, a "City-centered Theory" came into being and was served as a decision fundament for his judgement on the war. Although the European War, the Soviet-German war and the Pacific War were not directly translated as a joy of the coming victory in the writings of Chen Kewen, they had a great bearing on the War of Resistance Against Japan and were propitious to the occurrence of international events in China. The arrival of victory was like a dream to him. Delighted as he was, he still embraced a sense of complete off-guard at the same time. The unsettled situation in the war times and a sense of unpredictability of world affairs were presented throughout the whole process of his observation on the war. For the evaluation of Chiang Kai-shek, the leader of the National Government, he on the one hand could offer us a superficial impression as a ordinary observer, on the other hand his practice on dealing with the government and party affairs enabled him to make a approachable evaluation on Chiang Kai-shek which could provide us a new perspective to understand Chiang Kai-shek in the war time. The war and human affairs appeared in his diary would also present us a multidimensional picture of the War of Resistance Against Japan.

Keywords: *The Diary of Chen Kewen*; the War of Resistance Against Japan; Chiang Kai-shek

Unfulfilled Dream for a Prosperous China: The Second Mining Tide Guided by the Qing Government after the First Sino-Japanese War, 1895 – 1899

Zhang Hairong

Abstract: China was faced with serious challenge following the failure of the First Sino-Japanese War. In order to "strive for national survival" and "build a wealthy country and a strong army", "the Practical Reform" guided by the Qing Government gave priority to the economic, military and educational reforms. The Practical Reform was a transitional one which connected the Self-strengthening Movement, Hundred Days Reform, and the New Policy in late Qing Dynasty. The Reform not only shared the similarities with the others, but also had its unique characteristics. Mining was a widely involved and participated reform. By conducting a macroscopic investigation and case study about the mining situations during that time, the author concludes the Qing Government's real stand and general attitude towards the mining reform at that time, as well as the features of the thought development, clique struggles and administrations of the Qing Dynasty. Moreover, the author reveals the strong opposition to the Chinese self-managed mining by foreign powers and unscrupulous speculators, and also shows a broader general situation of the reform and more complex relations among various players, which had never been touched in the previous studies. Therefore, this paper lays a foundation for the study of China's reform situations after the First Sino-Japanese War, as well as its relevance to the other reforms in the late Qing Dynasty.

Keywords: After the Sino-Japanese War of 1894 – 1895; Qing Government; Mining Reform

Monopoly and Free System: The Evolution of the Salt Tax Collection System in Guangdong during the 1920s

Yu Guang

Abstract: Salt tax was a major revenue source of government in modern China. In the period of the Republic of China, the tax collection system has experienced the evolution from Salt Certificate System to Free System. But in 1920s, the Guangdong tax collection system experienced the conversion from Free System to Monopoly. Monopoly System stipulated that businessmen need to pay taxes before selling salt. As a result, it can avoid salt losses better, and it helped the government levy more tax for some time. But the Monopoly System ignored the interests and demands of other common businessmen, which led to the failure of changing the government's financial difficulties fundamentally. It was eventually abolished. The evolution of the salt tax collection in Guangdong during the 1920s reflects that the operation of government under military priority fiscal system mainly depended on the instant revenue. Such revenue increase mode resulted in the caprice of the government while reformed the tax system. And it caused the confusion of tax system which was difficult to solve.

Keywords: the Republic of China Era; Guangdong; Salt Tax; Free System; Monopoly System

The Cognitive Difference to the Western World between Xu Jiyu and Lin Zexu in the Shen-kuang-szu Incident   *Yin Sumin*

Abstract: Both Xu Jiyu and Lin Zexu were typical representatives who were "opening eyes to the world" in the early period from ancient China to modern China. In the Shen-kuang-szu Incident in 1850, there appeared profound differences dispite of many similartities between them. Superficially it was due to the different judgment to the foreigners's affairs in Fuzhou, accutally due to the profound differet cognition to the western world and environment in China. It also reflected the multifaceted life in the people of "opening eyes to the world".

Keywords: Lin Zexu; Xu Jiyu; Shen-kuang-szu Incident

Book Review

Deconstruction and Reconstruction to the Hu shi's Early History of Life
—Review on "If I can't do it, Who can? Hu Shi(First Part, Our right wall, 1891 – 1917)" By Jiang Yongzheng   *Zhang Shaopeng*

Reviews

An Overview of Modern Financial History Of Hubei Province

The Academic Seminar Review of "University and Modern China"

Summary of the Second "New-revolutionary History Workshop"

稿　约

　　《近代史学刊》为近代史学界交流学术成果之公开园地，原由华中师范大学出版社出版，至第 11 辑始，由社会科学文献出版社出版。由于学界的支持与厚爱，本刊在近代史学界获得了比较好的评价，并成为 CSSCI 收录集刊，中国知网也已经收录本刊全部论文。2014 年起本刊改由社会科学文献出版社出版，并每年增加为两辑。为了进一步提升学刊水准，非常希望得到您的支持和赐稿。

　　本刊倡导"走出中国近代史研究中国近代史"，因此，研究对象可以是 1840—1949 年的"近代中国"历史，也可以是 1840 年以前及 1949 年以后与近代中国历史源流有关的内容，以求融会贯通地理解近代中国的"古今之变"。本刊奉行英雄不问出处、佳作不拘形制的开放性编辑方针，专题论文、问题争鸣、学术综述、书介书评、读史札记均所欢迎，字数长可 3 万，短可数百，选取稿件唯在学术建树，实行匿名审稿，不收取任何费用。

　　本刊注释一律采取脚注形式，每页单独排序，标为①②③……具体规范请登录社会科学文献出版社网站（www.ssap.com.cn），从作者服务模块下载。

　　来稿邮箱：jindaishixuekan@126.com。一经刊用，将寄赠样刊并略致薄酬。

《近代史学刊》编辑部

图书在版编目（CIP）数据

近代史学刊. 第18辑 / 马敏主编. -- 北京：社会科学文献出版社，2017.12
　ISBN 978-7-5201-1834-7

　Ⅰ.①近… Ⅱ.①马… Ⅲ.①中国历史-近代史-研究-丛刊 Ⅳ.①K250.7-55

中国版本图书馆CIP数据核字（2017）第289556号

近代史学刊（第18辑）

主　　编 / 马　敏

出 版 人 / 谢寿光
项目统筹 / 宋荣欣
责任编辑 / 邵璐璐　李从坤

出　　版 / 社会科学文献出版社·近代史编辑室（010）59367256
　　　　　地址：北京市北三环中路甲29号院华龙大厦　邮编：100029
　　　　　网址：www.ssap.com.cn

发　　行 / 市场营销中心（010）59367081　59367018
印　　装 / 北京季蜂印刷有限公司

规　　格 / 开本：787mm×1092mm　1/16
　　　　　印张：17　字数：285千字
版　　次 / 2017年12月第1版　2017年12月第1次印刷
书　　号 / ISBN 978-7-5201-1834-7
定　　价 / 59.00元

本书如有印装质量问题，请与读者服务中心（010-59367028）联系

版权所有 翻印必究